JN445128

한국어로 내려온
New Bible

새로운
성 경

제126권

8부 | 총10부

하얀마음

하나님 말씀 중에서

1. 사랑의 하나님

- 세상을 창조하신 하나님은 모두를 사랑하신다. 인간만 특별히 더 사랑하지 않고, 우주 만물을 다 똑같이 사랑하신다. 그러니 하나님이 창조하신 천지 만물과 화친하고, 미물까지도 소중히 대하라.

- 하나님은 특정 종파나 민족만을 더 사랑하지 않으신다. 자기 자신만 구원받겠다는 욕심을 버리고, 자기 종파만 구원받는다는 편협한 교리에서 벗어나야 한다. 종파를 초월해서, 모두를 사랑하라.

- 원수까지 사랑하라 했으니, 이 세상에 사랑하지 못할 자가 누가 있겠는가? 종파가 다르다고 해서 부모 형제와 원수처럼 지내는 자는 인간의 근본을 모르는 자다. 가장 가까운 가족부터 사랑할 때 남도 진심으로 사랑할 수 있다.

- 한 사람을 원수같이 생각하던 마음에서 사랑하는 마음으로 돌리면, 자기 자신의 마음이 가장 기쁘고 행복하다. 하나님께서는 인간의 마음속에 무거움이 없이 기쁘고 행복한 삶을 살기를 바라신다.

- 이웃을 "내 몸처럼" 사랑하라 했으니, 마지막 한 장 남은 천국의 티켓도 이웃에게 양보하라. 자기 중심적인 신앙에서 벗어나서 남을 위해 살아야 한다.

- 독초도, 약초도, 이단도 사탄도 천사도 다 필요하기에 존재한다. 독초일지라도 극소량을 사용해서 생명을 살릴 수 있고, 약초라 하더라도 남용하면 생명을 잃을 수 있다.

- 세상 모든 것을 명약으로 활용하는 것은 인간의 지혜에 달렸다. 어떤 것이든 어떤 사람이든 적재적소에 꼭 필요한 명약으로 승화시키라.

- 사탄도 이단도 천사도 모두 하나님의 주관하에 존재한다. 진정한 하나님의 백성은 사탄과 마귀까지도 감화시켜서 천사로 거듭나게 한다.

2. 기도

- 하나님은 인간의 생각까지 모두를 다 알고 계신다. 우리의 소원도 이미 알고 계시기에, 소원의 기도를 할 필요가 없다. 우리가 받을 자격이 되면 내려 주신다.

- 죄를 짓고 아무리 회개를 해도 용서받지 못한다. 도둑질한 자는 용서해 달라고 기도하고, 도둑맞은 자는 도둑을 잡게 해 달라고 기도하면, 공의의 하나님은 누구의 편에 서시겠는가?

- 자기가 잘못한 것은 그 사람에게 직접 갚고 용서를 구하라. 그가 용서하면 하나님도 용서하신다. 땅에서 매면 하늘에서도 매이고, 땅에서 풀리면 하늘에서도 풀리는 이치다.

- "회당에서 기도하지 말고 골방에서 기도하라" 했다. 눈에 보이는 골방이 아니라, 골방과 같이 고요한 마음이다. 잡념을 버리고 하나님을 향해 마음을 집중하며, 사랑하고 용서하는 아름다운 생각만 나오도록 하라.

- "두드리면 열릴 것이다." 하는 것은 육의 소원을 위해 두드리라는 것이 아니라, 진리의 깨달음을 얻기 위해 두드리라는 것이다.

- 기도하는 방법: 생활 속에서 수시로 기도하는 삶을 살아야 한다.

- "저의 죄를 용서하여 주옵소서." 하는 회개의 기도를 하라.
- 범사에 "하나님! 감사합니다." 하라. 현재 가진 것에 감사하며, 과욕하지 말라. 자기 노력 이상의 것을 더 갖고자 기도하는 것은 도둑놈심보다. 공의의 하나님은 각자 노력한 만큼 주신다.
- "하나님 뜻대로 살아가겠나이다." 하며 마음의 각오를 다지라.

- 기도는 하나님의 말씀을 받아서 "행하는 것"이다. 하나님이 계심을 굳건히 믿고, 하늘을 향하여 한 점 부끄럼 없이 사는 삶 자체가 가장 위대한 기도이며, 삶이 곧 예배다.

3. 지도자

- 똑같이 사랑한다는 말을 해도, 순수하게 하는 말은 천사의 말이지만, 사기 쳐서 재산을 가로채려고 하는 말은 사탄의 말이다.

- 종교 지도자가 아무리 훌륭한 설교를 해도, 신도의 재물을 거둬서 더 큰 교회를 짓고 자기의 부귀영화를 바라며 설교하면 사탄의 가르침이 된다.

- "저희 교회는 만원사례요, 믿음은 다 같으니 이웃의 개척 교회에 가서 예배를 드리시오." 하며, 이웃 교회의 부흥을 먼저 생각하여 제 신도를 보내는 종교 지도자가 있다면 그를 따르라. 그가 하나님의 사랑을 실천하는 자다.

- "부자가 천국에 들어가는 것은 낙타가 바늘구멍을 통과하는 것보다 더 힘들다" 하였거늘, 지금의 교회에서는 부자가 되기만을 기도하고 소원하니, 이는 곧 천국을 포기하고 지옥 행 열차의 티켓을 사는 것과 같다.

- 예수는 빈손이었다. 종교 지도자가 예수보다 더 호화롭고 편안하게 살아간다면 잘못된 것이다. 부귀영화와 명예를 바라는 자는 절대로 갈 수 없는 좁고 협착한 길이 종교 지도자의 길이다.

- 종교 지도자는 유리로 비춰 봐 한 점의 부끄러움이 없이 살아야 한다. 의식주도 직접 일해서 해결하고, 예수의 가르침과 행함을 그대로 따라야 한다.

- 종말은 없다. 지금의 잘못 가는 종교 집단에게만 종말이 있다. 보이지 않는 하나님은 보이는 육의 종말은 관여하지 않으신다. 환경 파괴로 인간이 스스로 멸망을 자초하는 것이다. 종파끼리 싸우기 전에, 무너진 인성을 바로잡고 지구의 몸살을 해결하는 데 뜻을 모으는 게 급선무다.

4. 성전이란

- 이 세상 자체가 하나님께서 만드신 성전이다. 자연보다 더 아름다운 성전이 있는가? 보이는 건물이 성전이 아니라, 성스러운 마음가짐이 성전이다.

- 반석 위에 교회를 지으라 했다. 지상의 단단한 돌은 인간이 쪼갤 수 있으나, 마음속의 굳은 결의는 세상 무엇으로도 쪼갤 수 없다. 바르고 굳건한 믿음으로 성경의 가르침을 실천하는 것이 마음의 반석 위에 교회를 짓는 것이다.

- 손으로 지은 건물의 교회에 모여서 복음을 전하는 것이 아니라, 교회를 개인과 가정에 심어 주어야 한다. 무너지고 부서지는 건물을 짓지 말고, 마음속에 영원히 불변하는 참진리의 교회를 지으라.

5. 십계명

- 십계명은 인간이 죽어서 반드시 통과해야만 하는 열 개의 관문이다.

- 부모를 공경하지 아니한 자는 "네 부모를 공경하라." 하는 제5계명의 관문이 열리지 않으니 구원받을 수 없다.
- 살인, 간음, 거짓, 우상 등의 나머지 계명도 마찬가지다.

- 십계명은 하나님의 친필이다. 모기소리만 한 하나님의 음성이라도 들어 보겠다고 여기저기 찾아 헤매지 말고, 십계명부터 암송하고 지키라.

- 십계명은 영혼을 구원하는 양식이며, 십계명을 지키는 것이 구원을 받는 길이다. 인간이기에 지키고자 노력하고 또 노력한다면 지킬 수 있다.

- 십계명을 지키고 천사처럼 아름답게 살아가는 그 마음 하나면 세상에 이루어지지 않는 것이 없다.

6. 보물

- 하나님은 재물이 아니라 우리의 마음을 받으신다. 사랑을 실천하며 천사처럼 변하는 마음이 하나님께 바치는 보물이다.

- 보이지 않는 하나님께 재물을 바치려 하지 말고, 너희를 길러 준 부모에게 용돈 드리고, 찾아뵙고, 효성을 다하라. 그것이 하나님께 효도하는 것이다.

- 하늘에는 선과 악의 창고가 있다. 자기 창고에 선이 많으면 천국으로 구원을 받고, 악이 많으면 심판받아 지옥으로 간다. 그것이 바로 "선한 일을 행한 자는 생명의 부활로, 악한 일을 행한 자는 심판의 부활로" 나오는 것이다.

- "선악과를 따먹지 말라"는 것은 양심을 지키라는 것이다. 선과 악을 구분할 수 있는 양심을 최초에 인간에게 주셨다. 선한 열매는 취하고, 악한 열매는 버리며, 양심에 비추어 부끄럼 없는 삶을 살아가라.

- 가장 작은 거짓말을 하지 않고, 가장 작은 죄를 짓지 않으며, 가장 작은 선행을 하고, 가장 작은 악행을 멀리하는 것이 율법의 일점 일획도 빠뜨리지 말고 다 지키는 삶을 사는 것이다.

7. 우상

- 박물관에 있는 불상은 하나의 예술품이다. 그 조각품에 대고 제 소원을 빌 때 우상숭배가 된다. 십자가라 하여도 그 앞에서 소원을 빈다면 우상숭배하는 것이며, 하나님께 소원을 빈다면 하나님을 우상으로 전락시키는 것이다.

- 지금 기복신앙에 젖어 있는 모든 사람이 우상 앞에 절을 하고 있다. 조각품을 우상이라며 파괴하지 말고, 네 마음속에 있는 욕심의 우상을 무너트리라.

- 생수를 약초가 먹으면 약을 만들고 독사가 먹으면 독을 만든다. 같은 성경을 봐도 선한 지도자는 신도를 천사로 만드는 데 활용한다. 그러나 욕심이 가득한 지도자는 재물을 거두어들여 제가 부귀영화를 누리는 데 악용한다. 그가 바로 성경을 우상숭배의 도구로 전락시키는 거짓 선지자다.

- 성경을 한 획도 빼거나 더하지 말라는 것은, 그 가르침을 빠트리지 말고 온전히 지키라는 것이다. 성경 속에서 자기에게 유리한 구절만 보는 것은, 자기에게 불리한 구절들을 빼 버리는 것이다. 믿음이 제일이요, 행함은 구원과는 관계없다는 것은 자신에게 유리한 쪽으로 성경을 악용하는 것이다.

- 진정한 종교 지도자는 종파에 관계없이 어떤 종파든 어떤 책이든 접하고 보고 깨우쳐 견문을 넓히도록 인도한다. 참진리를 모르고 자신이 없는 자가 남을 이단이라며 배척하고, 신도들의 눈과 귀를 가린다.

8. 예수

- 예수의 재림은 없다. 예수가 다시 온다 해도, 과연 누가 그를 예수라고 믿겠는가? 예수와 같은 삶의 행함이 곧 예수의 재림이다. 각자 모두가 "재림 예수"가 되는, 차원 높은 믿음으로 가야 한다.

- 예수는 "주여 주여 하지 말고, 아버지의 뜻대로 행하라"고 했다. 예수가 전한 하나님의 뜻이 곧 "길이요, 진리요, 생명"이며, 그 가르침이 예수의 보혈처럼 소중한 것이다. 예수를 믿는 것은, 예수의 가르침을 믿고 따르는 것이다.

- 예수는 낮은 자로서 만백성을 섬기고자 했다. 만나는 모든 사람을 다 하나님이라 생각하라. 돈을 벌수록 겸손하고, 높은 지위를 얻을수록 낮아지라.

▪ 예수는 종파를 만들지 않았다. 인간이 만든 종교와 인간의 교리를 따르지 말고, 예수를 통해 전한 하나님의 참진리를 연구하고 따르라.

▪ 예수가 2천 년 전에 만백성을 위해 죽었으니, 지금 이 땅에는 예수의 가르침대로 사는 천사만 존재해야 한다. 예수가 죽어 가면서 바란 것은 만백성이 천사가 되어 예수의 자리를 채워 주는 것이지, 지금과 같이 재물을 바치면서 중언부언 제 소원만을 비는 백성들을 바란 것이 아니다.

9. 구원

▪ 천사가 사는 천국에는 천사만 갈 수 있으니, 천사 같은 마음을 길러야 한다.

- "천국 열쇠를 네게 주리니 땅에서 무엇이든지 매면 하늘에서도 매일 것이라" 했다. 땅에서 천사같이 사는 자가 하늘에서도 천사가 되어 천국에 들어간다. 모든 사람에게 천사같다는 말을 듣는 삶을 살아야 한다.

▪ 천사의 곱고 아름다운 마음은 부모를 공경하고 어른을 어른으로 대접하는 데에서 출발한다. 효도하는 자는 형제와 화목하게 지내기에 가정이 화목해지고, 이웃과 화목해지고, 국가가 화목해지고, 온 인류가 화목해진다.

- 그러므로 지상의 아름다운 소왕국은 가정에서부터 이루어야 한다.

▪ 선택된 14만 명만 구원받는 것이 아니라, 천사처럼 변하고자 하는 14만 명을 기초로 온 인류가 천사처럼 거듭나는 영적인 개혁이 시작되는 것이다.

▪ 천 년에 걸쳐서 하늘에서 이루어진 것같이 이 세상을 낙원으로 만들어, 만백성이 지상의 천국에서 살다가 죽어서 그대로 하늘의 천국으로 들어가는, 영원한 지상 낙원을 건설하는 것이 하나님의 계획이다.

- **이것이 구약과 신약에 이어 "새로운 성경"으로 역사하시는 하나님의 창조의 완성이다.**

▪ 지금의 믿음으로 구원받을 수 있다면 그 길을 가라. 그러나 자신이 없다면 하나님께서 직접 내리신 160권의 "새로운 성경"을 읽고 구원의 길을 보라!

하나님 머리말씀

이 새로운 성경을 읽는 너희 모두는
이 율법에 따라 행하면 영원히 구원받을 것이니라.

너희 인간이 수년, 수십 년, 평생
성서를 공부하고 기도하는 것은
하늘나라 나의 곁으로 오고 싶은 소망일진대,

몇천 년 전의 너희 인성과 생각이
지금의 너희와는 판이하게 다르니,

꺾여 가고 병들어 가는 너희를 고칠 수 있는 길은,
오늘 내가 선지자에게 내리는 새로운 성경과 같이
너희가 변화되는 것뿐이니라.

나의 예수가 태어난 것처럼
내가 아들 선지자를 선택하여
나의 새로운 성경을 온 세계에 전하고자 하니,

묵은 것은 버리고 새로운 것은 취하여,
너희 모두는
'여호와 하나님! 저의 죄를 용서하여 주옵소서.'
하는 기도문으로 기도하고, 죄를 뉘우치라.

이 새로운 성경은
수천 년간 내려온 성서를 요약한 것이니,
너희는 이 책을 정독하여 쉽게 깨달음을 얻고,
이대로 실천하여 하늘에 오르라.

대역자 머리말

■ 하나님의 율법을 지키는 선지자로 선택을 받도다.

저는 남들처럼 그저 열심히 살아온 평범한 사람이었습니다. 그러나 50대 중반에 사업에 실패하여 많은 부채에 시달렸으며, 건강도 악화되어 눈이 잘 안 보이고, 걷기도 어렵고, 두통이 심해서 잠을 이룰 수 없는 고통의 나날을 보냈습니다. 그때 제가 선택할 수 있는 것은 육의 삶을 끝내는 길뿐이었습니다.

죽기 직전에 그동안에 죄를 지은 이들에게 용서를 빌고 인생을 끝내기로 작정하였습니다. 어려서부터 지은 죄를 빌고 빌다 보니 끝이 없었고, 죽음으로도 그 많은 죄를 용서받을 길이 없다는 생각에 하염없이 눈물이 흘렀습니다. 그 순간 '재래식 화장실의 구더기는 죄를 짓지 않는데, 나는 인간으로서 구더기만도 못한 삶을 살았구나.' 하는 생각이 들면서 괴로움에 몸부림칠 때, 갑자기 하나님의 음성이 들렸습니다.

"나는 여호와 하나님이니라. 너는 십계명을 암송하고 내가 내려 주는 메시지를 받아 책으로 만들어 만백성을 구하라." 하시며, 제 눈을 손으로 문지르게 하시고, 아픈 머리와 다리를 손으로 두드리게 하셨습니다. 그러고 나니 눈도 잘 보이고 걸을 수 있었으며 머리의 통증도 말끔히 낫게 되었습니다. 그때부터 십계명을 암송하고 나면 들려주시는 말씀을 기록하였고, 1999년 8월부터 2004년 7월까지 권당 288쪽, 총 160권을 받아서 "새로운 성경"이라는 책으로 펴내게 되었습니다.

그러한 저에게 죽기보다도 힘든 길이 시작되었습니다. 모든 교인들이 저에게 사탄이요, 이단이요, 악마요, 마지막 시대에 온 거짓 선지자라 하면서 공격하였고, 저를 짐승을 보듯이 대하는가 하면, 편협한 종교 지도자들의 선동으로 신도들이 이 책을 직접 읽어 보고 평가할 기회마저 막아 버렸습니다. 그래서 하나님의 말씀을 세상에 내는 데 많은 어려움을 겪으며, 피를 토하는 심정으로 책을 전하고 있습니다.

그러나 아무리 인간의 힘으로 막으려 해도, 하나님의 뜻이 세상에 전해지는 위대한 역사는 계속될 것입니다. 책으로 전해지는 "하나님의 말씀"은 세상 끝날까지 항상 우리와 함께하실 것입니다. 사람은 죽어도, 책에 기록된 말씀은 영원히 남으니까요.

■ 따뜻한 실천

하나님께서는 어려운 사람들에게 삶의 터전을 마련해 주고, 미래를 열어 주는 것을 기뻐하십니다. 어려운 이웃이 스스로 자립할 수 있도록 이끌어 주는 것이 진정으로 이웃을 돕는 것이라고 말씀하셨습니다. 그래서 일자리가 없는 제자들에게 작은 사업장을 만들어 주는 "달란트 사업"을 하고 있습니다. 식당, 반찬 가게 등을 차려 주고, 기존의 어려운 사업장이 자립할 수 있도록 돕고 있습니다(커피숍, 미용실, 의상실 등).

하나님께서는 교회에 나와서 모든 시간과 재물을 쏟기를 원하지 않으시고, 그 시간과 재물을 교육에 투자하여 스스로 미래를 열어 가기를 원하십니다. 그래서 제때 공부하지 못한 제자들에게 학업을 이어 가도록 하였습니다. 중화요리 주방장을 하며 초등학교 검정고시부터 공부하여 2012년에 방통대를 졸업한 36세 남성, 만학도들의 2년제 중학교에 입학해서 2007년에 명지대학을 졸업한 38세 여성, 중학교 검정고시를 시작으로 숭의여자대학을 졸업한 47세 여성 등이 있습니다. 그밖에도 많은 제자들에게 나이를 초월하여 배우고 깨우쳐서 사회 속의 당당한 일원이 되도록 인도하고 있습니다.

학자금 대출로 힘겨워하는 젊은이들을 위해 "따뜻한 바람 장학회"를 발족하여(2016년 12월) 대출받은 학자금 전액을 매월 갚아 주고 있습니다. 또한, 다문화 가정을 위해 "다문화 가족 랜드"를 조성하여, 각종 시설을 무료로 활용하도록 하고 있습니다.

이러한 따뜻한 실천이 아직은 미약합니다. 그러나 책의 수입이 늘고, 저와 뜻을 같이하는 분들이 늘어나면 계속 확대할 것입니다. 지도자로서 신도의 재물을 헌금으로 거둬들여 착복하는 것이 아니라, 하나님께서 기뻐하시는 일에 사용하도록 중매 역할만 하며 살아가고자 합니다. 이런 제가 과연 사탄이고 이단인가요? 하나님께서 기뻐하시는 일이라면, 저에게 사탄이라 하든 거짓 선지자라 하든 굽히지 않고 실천해 나갈 것입니다.

끝으로, 일상의 삶 속에서 "지금 내가 하는 행동이 과연 하나님께서 기뻐하실까, 슬퍼하실까?" 생각하고, 매사에 하나님께서 기뻐하시는 길을 택하기 바랍니다. 교회에 모여서 집단적으로 예배 드리는 것이 아니라, 개인이나 가정 단위로 새로운 성경을 읽어 스스로 깨우치고 그대로 행하면 충분합니다. 그것이 마음속에 성전을 짓고, 신령과 진정으로 예배 드리는 길입니다. 그러면 천국의 문에 들어서게 됩니다.

2017.2.1.

하나님 말씀 대역자 김용철

차 례

십 계 명

이 책은 십계명을 암송하고 나면 내려 주시는 "하나님의 음성"을 듣고 그대로 받아쓴 기록입니다. 하나님께서 십계명을 모세에게 내려 주셨지만, 그것은 만백성에게 내려 주신 것입니다. 마찬가지로 이 책의 모든 말씀도 저에게 내려 주셨지만, 만백성 각자에게 들려주시는 말씀입니다. 여러분도 이 책을 접할 때마다 십계명을 암송하고 나서 정독해 주시기 바랍니다.

제일은, 너는 나 외에는 다른 신들을 네게 있게 말지니라.

제이는, 너를 위하여 새긴 우상을 만들지 말고, 또 위로 하늘에 있는 것이나, 아래로 땅에 있는 것이나, 땅 아래 물 속에 있는 것의 아무 형상이든지 만들지 말며, 그것들에게 절하지 말며, 그것들을 섬기지 말라.

제삼은, 너는 너의 하나님 여호와의 이름을 망령되이 일컫지 말라.

제사는, 안식일을 기억하여 거룩히 지키라.

제오는, 네 부모를 공경하라.

제육은, 살인하지 말지니라.

제칠은, 간음하지 말지니라.

제팔은, 도적질하지 말지니라.

제구는, 네 이웃에 대하여 거짓 증거하지 말지니라.

제십은, 네 이웃의 집을 탐내지 말지니라.

나 여호와가 존재함을 믿는 그 자체가 구원의 길에 들어서는 기본이요, 근본이며, 나의 새로운 성경을 가슴에 안고 정독하는 자, 반석 위에 서서 하늘에 오르는 찬란한 빛을 보게 되는 영광을 얻게 됨이니라. 진정 나를 따르고 믿는 자는 감히 사탄이나 마귀도 근접하지 못하느니라.

〈하나님 말씀〉

2004년 1월

9,331 번째 하나님 말씀

2004년 1월 24일 11시 06분

1 사랑하는 나의 아들아!
2 "네, 아버님! 말씀하옵소서."
3 나 여호와가 사랑하는 나의 아들을 따르는 제자 너희들을 얼마나 사랑하면, 그리고 나의 법전을 읽고 깨우친 만백성 너희들을 내가 얼마나 사랑하면, 너희들이 가진 모든 것을 나누어 주며 덜어 주며 베풀며 살라 그리 말했는지 알겠느냐?
4 너희들은 나누어 주라, 베풀라 함이, 곧 그것이 손해 보는 것이요, 잃는 것이라 생각하나 그렇지 아니함이니라.
5 이제 너희들이 깨달음이 높으며 믿음이 높으니,
6 내가 왜 너희들에게 전해 주고 나누어 주며 손을 비우라 하는지 알겠느냐, 그리고 너희 자신이 모든 것을 버릴 수 있는 나의 아들딸로서 거듭나라 전한 그 뜻을 알겠느냐?
7 너희들의 욕심, 시기, 질투, 교만함, 거짓말하고자 하는 것, 그 모두가 바로 무엇이더냐?
8 너희들은 지금 모든 것을 너희 손으로 수레라는 것에 싣고 어렵게 끌고 가는 그와 같은 형국이 아니더냐?
9 수레에 모든 짐을 싣고 비탈길을 올라가는 자가 얼마나 힘들고 어렵더냐?
10 그러니 지금 수레를 끌고 가는 것이 너희들이거늘, 네 수레 위에 욕심이요, 질투요, 교만함이요, 거짓이요, 사기함이요, 남을 시기, 질투하는 그 사악한 마음을 그득히 싣고 올라감이니,
11 과연 네가 어찌 그 비탈길을 오를 수 있으며 갈 수 있다 생각하느냐?
12 그리하여 짐이 너무 무거워 너희들이 나에게 오를 수 없으며 그 비탈길을 오를 수 없기에, 너희들에게 그를 하나씩 덜어 놓으라는 것이 나 여호와의 뜻이니,
13 이제 내가 너희들에게 모두를 다 놓으라 함을 알겠느냐?
14 너희들이 가벼워져야 나에게 오를 수 있으며, 너희들이 가벼운 수레를 가볍게 끌고 갈 수 있지 않겠느냐?
15 너희들이 욕심이요, 그 모든 것을 그득히 싣고 끌고 올라가려 하면 갈 수 있겠느냐?
16 짐이 무거워 절대로 갈 수 없음이니라.
17 부자들이여, 그리고 재물을 가진 자들이여! 내가 너희들에게 무엇을 말하는지 이제 알겠느냐?
18 부자라는 자들이요, 가진 자요, 명예 있는 자들이요, 너희들은 어찌 그 무거운 짐을 수레에 그득히 싣고 혼자 끌고 가려 하느냐?
19 너희들이 그 무거운 짐을 하나씩 나누어 주고 베풀고 가면 네가 편안하며 그 수레가 가벼움이니, 그것이 나에게 오를 수 있는 길이라는 것을 어찌 모른단 말이더냐?
20 너의 제자와 나의 법전을 읽은 백성

너희들은 이제 나누어 주기를 즐거워
하라, 그렇지 않으면 그 무거운 짐 때
문에 그 수레를 너희들이 끌고 나에게
오를 수 없다는 그 이치를 알겠느냐?
21 그러니 내가 너희들에게 비우라, 던져
주라, 놓으라 하는 것이 너희들이 나
에게 오르는 길이니, 그를 깨우쳐 줌
이 얼마나 소중한 것이라 하겠느냐?
22 아직도 너희들이 그를 알지 못하며 깨
닫지 못함이니, 내가 수레를 비유하여
너희들에게 깨우쳐 주니,
23 이러고도 부자여! 너희들이 나누지
못하며 베풀지 아니하며,
24 사랑하는 나의 아들을 따르는 소중한
나의 백성 너희들, 그리고 법전을 읽
고 깨우친 만백성 너희들이 놓지 못하
고 버리지 못한다면,
25 그것은 무거운 짐 때문에 너희 스스로
무너지며 깨어지고 부서진다는 것을
잊지 말라.
26 가벼운 수레를 끌고 너희들이 나에게
오를 수 있으니, 네 마음이 가벼워야
만 나에게 오를 수 있으며, 무지개 속
을 날아와야 되는 것이 너희들이라 내
가 나의 법전에 기록하여 전하지 아니
하였더냐?
27 그러니 비우라, 던지라, 그리고 나누
어 주라는 것이 얼마나 귀하고 소중한
가르침인지 이제 너희들이 알겠느냐?
28 너희들이 나누어 주고 가면 너희들이
나누어 준 것만큼 반드시 돌아오는 것
이 세상의 이치이니,
29 만일 너희들이 그 수레의 짐을 나누어
주고 덜어 주고 베푼 것만큼 너희들이
죽어 나에게 와 나로부터 상을 받는다
면, 그것이 얼마나 축복되고 영광된
것인지 너희들은 알겠느냐?
30 그러니 그와 같은 것을 받을 수 있는
그 길을 오라 함이 나 여호와가 너희
들을 사랑함이니라.
31 교회요, 법당이요, 회당이요, 너희들
이 거기다 바치는 것은 수레의 짐을
더는 것이 아니요, 너희들이 죄라는
무거운 것을 수레에 더 얹는 그 행위
를 하는 것이니, 과연 너희들은 거기
에서 헤어날 수 있다 생각하느냐?
32 절대 너희들은 헤어나지 못하며, 그것
은 무거운 짐을 더는 것이 아님이니,
33 네 이웃에게, 가난한 백성들에게, 주
변에 있는 모든 자들에게 나누어 주고
베풀라, 부자들아!
34 그리고 힘 있는 자들이요, 가진 자들
아!
35 네 수레를 가볍게 하라, 그래야만 네
가 그 수레를 끌고 비탈길을 오를 수
있음이니,
36 너희들이 오르는 그 길이 얼마나 험난
하고 험악한 길인 줄 알겠느냐?
37 사랑하는 나의 아들딸들아! 이 이치
를 깨달았다면 너희들이 그대로 행하
고 살라.
38 만백성이 어찌 가든, 지금의 종교 집
단이요, 믿음의 길을 가는 백성이 어
찌 가든,
39 나의 아들을 따르는 제자들이요, 나의
법전을 읽고 깨우친 만백성 너희들은
두 번 다시 다른 것 생각하지 말며 계
산 두려 하지 말며, 그저 믿고 그저 그
리 가도록 하라, 사랑하는 나의 아들
딸들아!

9,332 번째 하나님 말씀

2004년 1월 24일 11시 11분

1 사랑하는 나의 아들아!
2 "네, 아버님! 말씀하옵소서."
3 세상이 아무리 어두워졌으며 암흑의 세상이요, 사탄이 이 세상을 지배할 것처럼 덮고 저희들이 통제하고 있다 해도,
4 나의 법전을 읽고 깨우치는 만백성 너희가 있음이니, 결국 나의 참진리요, 나의 뜻은 세상에 전해질 것이며,
5 하늘에서 이루어진 것같이 이 땅에서 모두 이루어진다는 것을 너희들은 믿어야 될 것이며, 그리 역사할 것이니라.
6 나의 아들을 따르는 제자들이요, 나의 법전을 읽고 깨우친 백성 너희들이 있는 한, 이 땅에서 하늘의 천국처럼 모두 이루어질 것이며,
7 하늘에서 이루어진 것처럼 반드시 이루어진다는 것을 너희들은 믿고 그리 가라.
8 이 땅에 반드시 내가 이룰 것이며, 또한 너희들이 이룰 것이니 그리 알라.
9 너희가 나의 법전을 만들고 전하는 데 정성을 다하며 너희들이 몸과 마음을 다 바쳐 역사하니,
10 그와 같은 너희들이 있는 한 나의 뜻은 세상에 이루어질 것이며, 참진리요, 복음은 만백성에게 전해질 것이니라.
11 지금 하늘에 오르는 길이라 하여 달려가는 그 백성들이 지옥의 열차를 타고 달려감이니, 그 백성들이 정녕 한 번은 돌아설 것이며, 돌아설 수 있는 기회가 있을 것이니라.
12 그러니 저희들이 한 번 들어가면 영원히 나오지 못하는 지옥의 길을 달려가는 그 불쌍한 백성들, 그들이 한 번은 볼 것이며 한 번은 접할 것이며 한 번은 들여다볼 기회가 있을 것이니라.
13 나의 법전이 하얀 눈처럼 세상을 덮었을 때, 저희들이 그 한 번의 기회는 얻게 될 것이니,
14 그들을 위하여 너희들이 있으므로 그들이 깨우칠 것이며, 그들이 또한 하늘에 오르는 길이 무엇인지 알게 될 것이니라.
15 지금 참진리요, 나 여호와의 뜻을 거부하며 사는 것이 거부인지도 모르며, 나에게 등을 돌리는 것도 모르고 구원의 길이라 하여 달려가는 그 불쌍한 백성들,
16 지금은 등을 돌리고 돌아앉아 저희들이 쳐다보지 아니하나,
17 모든 백성들이 밤과 낮을 가리지 아니하고 등불을 밝혀 나의 법전을 읽고 또 읽으니, 저희들이 어찌할 수 없이 등 돌려 나의 법전을 들여다볼 것이니,
18 그때 저희들이 깨달음을 얻는다면 그 백성은 구원을 얻는 것이 아니더냐?
19 그러니 그와 같은 역사가 이루어질 것이며 그는 반드시 이루어질 것이니라.
20 이는 곧 무엇이더냐?
21 사랑하는 나의 아들을 따르는 제자들이요, 법전을 읽고 깨우친 백성 너희들이 존재하는 한, 그리고 너희들이 몸과 마음과 정성을 다하여 나의 법전을 만들어 전하는 데 최선을 다하는

한 나의 복음은 세상을 덮을 것이며,
22 등 돌리고 있는 자, 욕하는 자, 그리고
보지 아니하려는 자, 지옥의 문턱으로
가는 자, 그 모두가 다 구원의 길로 돌
아서는 은혜와 영광을 얻게 될 것이니
라, 사랑하는 나의 아들딸들아!

9,333 번째 하나님 말씀

2004년 1월 24일 11시 17분

1 사랑하는 나의 아들아!
2 "네, 아버님! 말씀하옵소서."
3 수천 년 동안 믿음 속에 매달려 온 그
많은 나의 백성들이 정녕 저희들이 가
는 길이 하늘에 오르는 길이요, 참진
리의 길이라 하여 그리 달려왔으나,
4 그것이 나에게 오는 참진리의 길이 아
니라 비진리의 길이요, 저희들이 지옥
으로 떨어지는 그와 같은 길을 달려가
고 살아왔다는 것을 알아야 될 것이
며, 지금의 사는 백성 너희들이 그를
알아야 될 것이니라.
5 비진리의 길을 가는 것을 모르는 백성
들이니라.
6 그러니 지금 지옥으로 가며 비진리의
길을 가고 있는 그 불쌍한 백성들을
꿈에서 깨어나도록, 그들을 외면하지
말라, 사랑하는 나의 아들딸들아!
7 너희들이 참진리요, 하늘에 오르는 길
을 알면서, 너희들 몸에 상처투성이가
다 되도록 모두를 다 바쳐 그들을 깨
우치고 가르치지 아니하고,
8 그들을 외면하고 너희 자신만 닦아 가
고자 한다면, 이것은 너희들이 아름다
운 백성이 아니지 않더냐?
9 그러니 네 몸이 찢어지고 상처투성이
라 해도, 그들을 구하는 길에 모두를
다 바치도록 그리해야 될 것이니라.
10 그것이 너희들이 아름다운 나의 아들
딸이요, 나의 아들로서 선택된 백성이
그 직분을 다하는 것이 아니더냐?
11 내가 너희들에게 왜 그리 말하는지 알
겠느냐?
12 지금의 믿음이요, 구원의 길이요, 하
늘에 오르는 길이라 하여 달려가는 그
백성들이 더 이상 달려가 무너지고 더
타락되면 그들을 구원하고자 해도 절
대 구원할 수 없는 것이 그들이니라.
13 그러니 그들이 구원할 수 없는 그 선
을 미끄러져 넘어가게 되면 어찌 그들
을 구원할 수 있단 말이더냐?
14 지금의 나의 피조물 만백성이 생명이
다 끊어지지 아니하며 죽음의 문턱을
넘지 아니하고, 지금 육이 존재하며
이 세속에 살아 있는 이상, 그들은 언
제나 구원할 수 있는 기회가 있다 함
을 너희들은 알라.
15 더 이상 그들이 미끄러지고 무너져 그
선을 넘어서면 절대 그들에게 기회가
없으며 구원할 수 없는 것이니라.
16 그러니 그들의 몸과 마음이 지금 온갖
상처투성이요, 내가 볼 수 없을 만큼
아픈 상처로 뒤범벅이 되어 있으나,
17 그들 자신만 그 상처를 모르며 그 아
픔을 모르고, 지금 저희들이 그저 구
원을 받았다, 나에게 와 받을 상만 남
아 있다는 그 착각 속에서 그 상처의
아픔을 모르고 살아가는 불쌍한 백성
들이니라.
18 그러니 그들은 아직도 구원을 받을 수

있으며 돌아올 수 있으며, 그들이 영
영 오지 못하는 그 강을 아직 넘지는
아니하였으니,
19 그들을 구하도록 하라, 사랑하는 나의
아들아!

9,334 번째 하나님 말씀

2004년 1월 24일 11시 27분

1 사랑하는 나의 아들아!
2 "네, 아버님! 말씀하옵소서."
3 지금의 신앙의 길을 가고 있는 백성
들, 신앙의 길을 잘못 가고 있는 그 백
성들 또한 나의 법전을 읽을 수 있는
눈이 있으며, 나의 법전을 들을 수 있
는 귀가 있는 자들이니라.
4 아직은 그들이 완전히 눈을 감지 아니
하였으며 귀를 완전히 막지 아니하였
음이니라.
5 다만 저 스스로 그 귀를 막고자 하나,
인위적으로 막는 그 귀에 들리는 작은
소리까지 완벽하게 막을 수는 없는 것
이 아니더냐?
6 이를 읽지도 듣지도 못할 만큼 그들이
지금 눈이 감겨져 있으며 귀가 막힌
것은 아니니라.
7 스스로 저희들이 눈을 감고 귀를 막고
있는 것뿐이니, 저희들이 귀를 막은
마개를 빼 버리며 눈을 가린 손을 너
희들이 떼고 본다면 그들은 보고 들을
수 있음이니, 아직도 그 백성들에게는
희망이 있다 하지 않느냐?
8 그리하여 내가 나의 법전을 세상에 전
하니, 저희들이 스스로 눈을 감고 귀
를 막고 있는 자, 언제까지 감고 막고
있겠느냐?
9 결국 그들은 눈을 뜨게 되며, 귀마개
를 빼야 되며, 제 손을 떼게 될 것이니
라.
10 그러니 그들을 깨우쳐 가르치고자 하
는 것이 나 여호와의 뜻이니라.
11 그들이 복잡한 여러 가지를 깨우칠 필
요도 없지 않더냐?
12 너희들이 단 한 가지, 간단한 치료법
이 거기 있음을 나의 아들을 따르는
제자 너희들은 알고 있지 않으냐?
13 그들의 마음 하나를 비우는 것이라 하
지 아니하였느냐?
14 욕심 하나를 버리면 된다는 것을 너희
들은 알고 있지 않으냐?
15 세상을 보게 되는 것이니, 그와 같이
하나를 버리는 것으로써 모든 세상을
보게 되며 깨닫는 것이니, 그들에게
간단한 치료법이 아니더냐?
16 그러니 너희가 그 치료법을 그들에게
깨우쳐 주고 치료해 주도록 그리하라.
17 그리하여 그들을 구원해야 되지 않겠
느냐?
18 그들의 가슴속에는 아직도 나로부터
받아 나간 아름다운 인성이요, 천사
같은 그 마음의 불씨가 완벽하게 꺼진
것은 아니니라.
19 다만 세상사에 살면서 저희들이 비진
리요, 참진리를 구분하지 못한 죄요,
20 그리고 무엇이 인간의 도리요, 살아가
는 것이 무엇이며 하늘의 이치가 무엇
인지를 모르며, 육의 세상에 저희들의
욕망이요, 향락에 젖어 바로 보지 못
하기 때문이니,
21 아직 저희들이 나로부터 받아 나간 천

사 같은 인간 본성의 불씨가 조금은
그 가슴에 남아 있음이니 그리 알라.
22 그러니 그 불씨가 완전히 사라지고 꺼
지지 아니하였으니, 거기에다가 불을
붙여 피운다면 그것이 희망이 있는 것
이며, 미래를 바라볼 수 있다는 것이
나 여호와의 뜻이니라, 사랑하는 나의
아들딸들아!
23 그들이 이제 마음 하나를 비우며 욕심
하나를 비울 수 있다면 세상사의 모두
를 볼 수 있는 깨달음을 얻게 될 것이
니,
24 그때부터는 그들이 지금 남아 있는 작
은 불씨가 그들을 지배하고 있는 사악
한 마음이요, 그 욕심을 모두 태워 버
릴 것이며, 그들이 거듭나는 영광을
얻을 것이니라.
25 그러니 그들을 구하도록 그리하라.
26 아직은 저희들이 완전히 눈이 먼 것이
아니요, 귀가 완전히 막힌 것이 아니
니라.
27 제가 눈을 감고 돌아앉은 것이요, 제
가 귀를 막고 손을 떼지 않고 있음이
니,
28 제가 결국은 눈을 뜨지 아니하고 귀를
막고 있는 손을 떼지 않고 얼마나 버
티겠느냐?
29 그러니 그들은 결국 나의 법전을 볼
기회가 있으며 들을 기회가 있음이니,
아직까지 희망이 있는 백성들이라 내
가 그리 생각하며, 너희들에게 그 뜻
을 전함이니 그리 알라.
30 작은 불씨에 불을 붙일 수 있도록 그
들을 도우라, 그리고 그들을 인도하도
록 하라, 사랑하는 나의 아들딸들아!
31 그것은 말없이 나의 법전을 하얀 눈이
세상을 덮듯이, 산소가 세상에 가지
아니하는 곳이 없듯이, 바람이 스치지
않는 곳이 없듯이, 그 모두를 그리 전
하고 전하면 역사할 것이니라.
32 태양이 비치는 그 빛보다도, 부는 바
람보다도 더한 역사를 이루겠다는 굳
은 결의와 용기와 희망을 갖고 너희들
이 전진하라.
33 그러면 모두 다 이루어질 것이며, 너
희들의 꿈이라 생각하면 그 꿈이 현
실로 이루어질 것이니라, 사랑하는 선
택된 나의 아들딸들아!

9,335 번째 하나님 말씀

2004년 1월 24일 11시 32분

1 사랑하는 나의 아들아!
2 "네, 아버님! 말씀하옵소서."
3 너희들이 살아가는 인생에 굴곡이 있
다 하지 않느냐?
4 높고 낮음이 있다 하였음이니라.
5 너희들이 어렵고 힘든 그 고비를 참고
인내한다면 인간 세상에서 얻어지는
영광과 은혜요, 그 보람이 얼마나 값
진 것이더냐?
6 너희들이 산을 오르면 오르는 데 어렵
고 힘듦이 있으나, 또한 너희들이 정
상을 정복했을 때 그때의 기쁨이 있으
며, 또한 내려올 때 너희들의 마음이
편안함이요, 내려올 때의 그 즐거움이
있지 않겠느냐?
7 그와 같은 것이 오늘의 나의 피조물
만백성 너희들이 지금 가는 그 믿음의
길임을 알라.

8 너희들이 산을 정복했을 때 얻는 기쁨
보다도, 너희들이 어렵고 힘든 인생의
파도를 넘어 목적을 달성할 때보다도
천배 만배 더 기쁨을 얻는 것이 너희
들의 오늘의 믿음이요, 믿음의 승자가
되는 것이니라.
9 좁고 험난한 그 길을 너희들이 무사히
인내하고 넘었을 때 얻어지는 것이니
라.
10 지금의 믿음은 무엇인 줄 알겠느냐?
11 다 죽음 속에서 믿음의 길을 가고 있
음이니라.
12 그러면서 너희들이 살아 있는 믿음이
요, 움직이는 믿음이요, 하늘에 오르
는 길이요, 축복받은 믿음이요, 영광
된 믿음이라 그리 말함이니, 모든 지
금의 신앙이 잘못 가고 있으니,
13 잘못 간 것은 사탄의 자식이요, 사탄
의 후예가 되었음이니, 그는 죽어 있
는 그 속에 있는 믿음보다도 못한 것
이 오늘의 믿음의 길을 가는 백성들이
니,
14 내가 그들은 죽음의 믿음이요, 무덤
속에 있는 믿음이라는 것도, 내가 그
들에게 작은 희망이라도 있기에 그와
같이 말하는 것임을 너희들은 알아야
될 것이니라.
15 그러니 죽음의 믿음 속에서 허덕이는
그 가련하고 불쌍한 너희들의 형제를
깨우쳐 구원하는 것이 너희들이 해야
할 일이 아니더냐?
16 지금은 너희들보다 뒤지며 너희들을
따라갈 수 없으나, 그들이 죽음 직전
에 잘못된 믿음에서 저희들이 너희들
로 하여금 구원을 받았으며 새로운 길
을 열었으며 하늘에 오르는 길을 알았
다면,
17 그들이 너희들에게 감사하는 건 다음
이요,
18 그들이 얼마나 굳은 믿음이요, 굳은
신앙으로써 나를 따르겠는가?
19 나의 법전을 읽고 정독하며, 너희들보
다 열배 백배 더한 열과 성의요, 정성
으로써 나의 법전을 전하며, 만백성을
구원하는 길의 앞에 설 수 있는 자들
이 아니더냐?
20 죽음에서 살아난 백성이 그 감사함을
알며 나 여호와가 손을 내밀어 저를
구원한 것을 안다면, 그는 나의 법전
을 가지고 세상에 역사하는 것을 누구
도 따라갈 수 없을 만큼 그리 역사할
것이니라.
21 제가 수십 년 동안 모두를 바쳐 속아
왔던 그곳, 그 속에서 속고 있는 백성
들의 심정을 잘 알 것이며, 속으면서
어쩔 수 없이 가고 있는 그 불쌍한 자
들의 내면의 사정을 그가 더 잘 알 것
이니,
22 그는 그들과 교감을 이룰 것이며, 그
들이야말로 그 모두를 무너트리는 데
너희들보다도 열배 백배 더 능력을 발
휘할 수 있으며, 잘 역사할 수 있는 백
성들이 아니더냐?
23 그러니 죽음 직전에 있는 그들을 깨우
쳐 주며, 죽음 속에서 허덕이는 그 백
성들을 깨우치는 것이 너희들이 바로
나의 뜻을 역사하는 길이라는 것을 잊
지 말라.
24 그들이 다시 살아나 태어난 그 영광을
얻었으며 거듭나는 영광을 얻었을 때,

너희들을 따르는 것은 어떠하며, 나를
믿는 것은 어떠하며, 나의 법전을 가
슴에 안고 정독하는 것은 어떠하며,
그들이 나가서 강론할 때는 어떠한 마
음으로 강론을 하겠느냐?
25 그러니 지금 죽음의 어둠 속으로 헤매
는 그 백성들을 너희들이 깨우쳐 밝은
빛을 보고 거듭나는 영광을 얻을 수
있도록 그리하라.
26 그와 같이 나의 피조물 만백성에게 거
듭나는 은혜를 주었을 때, 그들은 남
아 있는 삶의 그 목숨을 나의 법전을
만들고 전하며 만백성을 구하는 데 아
낌없이 바칠 수 있으니,
27 그들이 순교자의 길을 갈 수 있는 백
성들이 아니더냐?

9,336 번째 하나님 말씀

2004년 1월 25일 07시 33분

1 사랑하는 나의 아들아!
2 "네, 아버님! 말씀하옵소서."
3 너를 따르는 제자요, 그리고 나의 법
전을 읽고 깨우친 만백성 너희들은 네
형제를 사랑하며 네 주변을 사랑하며
만백성을 사랑하는 것이 너희들이 가
는 길이 아니더냐?
4 그러니 너희들이 지금 살아가는 그 삶
이요, 그리고 나의 아들과 더불어 가
는 그 제자들, 너희들이 지금 법전을
만들며 그 모두를 역사하는 것을 봉사
요, 희생이요, 그리고 힘든 길이라 그
리 생각하지 말라.
5 너희들은 '소를 희생하여 대를 이룬
다.'는 말이 있음이니, 또한 그러한 것
을 생각해서도 아니 됨이니라.
6 다만 이것을 행복이요, 즐거움이요,
기쁜 마음으로 모두를 행하고 역사하
는 그와 같은 마음으로 너희들이 가야
할 것이니라.
7 너희가 봉사하며 또 작은 희생을 하고
있다 하여 그를 너희들이 희생이라 생
각해서는 아니 되며, 또한 소가 희생
하여 대를 이룬다는 그와 같은 대업을
맡은 자라 생각하지 말라.
8 그 모두가 행복이요, 기쁨이라는 그것
만 생각해야 될 것이며 그 이상의 것
도 너희들이 생각해서는 아니 됨이니,
그리 알라, 사랑하는 나의 아들딸들아!
9 내가 너희들에게 무어라 말하였느냐?
10 너희들이 가는 길은 마지막 하나 남아
있는 하늘에 오를 수 있는 그 자리를
남에게 양보할 수 있는 자라 그리하지
아니하였더냐?
11 그러니 너희들 제자들의 그 마음이 변
함을 들여다보도록 그리하라.
12 너희들은 위로는 하늘에 있는 나 여호
와가 너희들을 기억해 주기 바라며,
내가 너희들을 사랑해 주기 바라며,
내가 너희들을 알고 있기를 바라는 것
이 아니더냐?
13 그 모두도 다 부질없는 욕심이 아니더
냐?
14 모두를 다 버리라 하였음이니, 위로는
내가 기억해 주기 바라며 나로부터 사
랑을 받고자 하는 그와 같은 생각을
저버리고 가도록 그리하라.
15 그것이 너희들이 사랑하는 마음이니
라.
16 위로는 나 여호와가 기억하지 아니하

며 사랑하지 아니하며, 사랑받지 않고
기억해 주지 않는 백성으로 살아가는
마음으로 가며,
17 아래로는 나의 아들로부터 너희들을
기억해 주며 너희들만 더 생각해 주
며, 네 이름을 기억해 주며 너를 가까
이하며 사랑하기 바라는 그와 같은 것
을 생각하지 말며, 그와 같은 것을 마
음으로 바라지 말라.
18 그것이 다 부질없는 욕심이요, 마음을
비우지 못한 자들이니라.
19 그러니 그와 같은 마음을 가지고 있는
자, 너희 자신이 불행하며 너희 자신
의 마음을 다스리지 못함이니라.
20 그러니 위로는 나로부터 기억을 받는
사람이라 생각하지 말며, 아래로는 나
의 아들이 더 기억해 주며 더 사랑하
며 너희들을 불러주는 그와 같은 제자
가 되고자 하는 마음을 갖지 말라.
21 그 마음을 가졌을 때, 나의 아들은 갈
수가 없는 것이며, 모두 역사할 수 없
으며, 너희들 자신이 무너짐이니라.
22 그와 같은 마음을 다 지우고 버리는
그와 같은 제자가 되지 아니하면 너희
들이 영원히 바로 서 나에게 올 수 있
는 그 기회를 놓치게 됨이니라.
23 이제 나의 아들을 따르는 제자들 너희
들이 무엇인지 알라.
24 너희는 그 모두가 다 희생이요, 봉사
로 생각하나, 그것은 희생이요, 봉사
가 아니라 너희들의 기쁨이요, 사랑이
요, 나로부터 받은 그 은혜에 대해 너
희들이 작으나마 갚는다 생각하며,
25 기쁜 마음으로 오늘과 내일을 살아가
도록 그리하라, 사랑하는 나의 아들딸
들아!
26 그것이 너희들이 하늘에 오르는 그 길
에 모두를 다 양보하며 모두를 놔 버
리며, 구원을 받는 하나 있는 그 기회
를 남에게 양보하는 그 아름다운 마음
보다 못하지 않더냐?
27 그것을 양보하는 것보다 더 큰 마음이
라면 무엇이 있겠느냐?
28 너희들은 그보다 더 위대하고 바라는
소망이요, 큰마음이 없을 것이니라.
29 그 모두를 놓기 위하여 오늘을 살아가
며 나를 따르고 경배하는 나의 선택된
아들딸들이,
30 위로부터 나에게 사랑을 받으며, 아래
로부터 나의 아들의 사랑을 받으며 그
가 기억해 주기 바라며 너희들을 찾아
주기 바란다면 그것이 다 욕심이니,
31 그 욕심도 버리지 못하고 너희들이 하
나 남은 하늘에 오르는 그 길을 양보
할 수 있겠느냐?
32 그와 같은 이치를 제자들에게 깨우쳐
주고, 나의 법전을 읽고 깨우친 만백
성은 이를 기억하라.
33 그리하여 너희들이 구원을 원하는 기
도를 하지 말며, 너희들이 소원하는
기도를 하지 말라함이 여기 있느니라.
34 나의 사랑하는 아들딸들아, 내가 너희
들에게 이와 같은 말을 전하며 이와
같은 깨달음을 전할 수 있는 나 여호
와의 기쁨은 이루 말할 수 없음이니라.

9,337 번째 하나님 말씀

2004년 1월 25일 07시 40분

1 사랑하는 나의 아들아!

2 "네, 아버님! 말씀하옵소서."
3 나 여호와가 너를 통하여 이 어렵고
힘든 길을 가며 160권의 법전을 세상
에 내려보내는 그 의미요, 그 뜻이 과
연 무엇인지 너는 이를 알고 있는가?
4 "네, 아버님! 알고 있사옵나이다.
5 제가 참깊이는 모르오나, 제가 조금은
알고 있으며, 아버님께서 법전을 내려
주시는 그 수많은 뜻의 의미를 일부는
제가 깨닫고 알고 있는 것 같사오며,
느끼고 있사옵나이다.
6 아버님께서 역사하시는 것은 만백성
을 구하고자 함이 아닌가 그리 생각하
옵나이다.
7 그러나 만백성을 구하고자 하셔서 그
법전을 내려보내는 것은, 이 법전의
주인은 바로 만백성 저희들이라는 것,
8 그리하여 저희들에게 이를 내려보내
고 계심을, 저희는 그를 모르고 있는
백성인 것 같사옵나이다.
9 이 법전은 아버님께서 내리며 아버님
께서 새로운 성경을 내리시나,
10 이 주인은 아버님이 아니요, 만백성
저희들이라는 것을 이제 깨닫고 있사
옵나이다.
11 그리하여 아버님께서 그 주인에게 돌
려주며 그 주인에게 그 모두를 보내
주시는 것이 아닌가 그리 생각하고 있
사옵나이다."
12 사랑하는 나의 아들아, 내가 이 법전
의 주인은 너희들이라 하였느니라.
13 그러나 그 주인 중에서도 지금 나의
백성이요, 나에게 오르는 길이요, 믿
음의 길을 간다는 백성들,
14 나의 뜻을 따르며 나의 뜻대로 살아간
다고 하지만 바로 살아가지 못하고 잘
못 가고 있는 그 백성들이 바로 먼저
주인이라는 것을 너희들은 잊어서는
아니 될 것이니라.
15 지금 내 뜻을 따르며 하늘의 뜻에 의
해 살아간다는 그 백성들, 그러면서
나와는 관계없는 그 먼 길을 가고 있
는 그들을 내가 구원하고자 하는 것이
나의 뜻임을 알라.
16 지금 나의 뜻을 따라 공부하며 깨우쳐
가는 내가 불러 쓰고 있는 너희들을
먼저 구하고자 하는 것이 내 뜻이 아
니니라.
17 너희들과는 정반대의 길을 가며 너희
들의 뜻을 모르며 너희들을 사탄이요,
이단이라 말하는 그 백성들을 먼저 구
하고자 하는 것이 나 여호와의 뜻임을
너는 알고 있느냐?
18 "네, 아버님! 알고 있사옵나이다.
19 이미 저희들은 아버님께서 저희들에
게 내려 주신 모든 강론을 듣고 법전
을 읽고 깨우쳐 아버님의 뜻이요, 하
늘의 뜻이 무엇인가를 지금 조금씩
깨닫고 한 걸음 한 걸음 나아가고 있
사오니,
20 저희들보다 급한 것은 지금 아버님과
는 관계없이 반대의 길로 달려가는 아
버님의 아들딸 그들을 구원하는 것이
라 저는 느끼오며,
21 다만 저희들은 깨달아 가고 있으나,
그들은 지옥 불로 지금 계속 떨어지니,
22 저희들은 깨닫고 가고 있으니, 깨달음
에 대하여 저희들은 조금이라도 여유
가 있으며 그래도 저희들에게는 시간
이 있는 것이라 그리 생각하옵나이다.

23 사람이 위험에 처했을 때 죽음 직전에
있는 사람을 먼저 구하고 더 위험한
사람을 구하는 것이 인간의 도리라 저
는 그리 생각되오며,
24 그러하기에 아버님께서 지금 생각하
고 말씀하시는 것은, 저를 따르는 제
자요, 법전을 읽고 깨우친 백성들, 저
희들은 그래도 깨달음이 있고 아버님
의 뜻에 따라서 가고 있음이니,
25 그래도 좀 더 여유가 있으며 그리 급
한 상황은 아니라 생각하옵나이다.
26 그래도 스스로 일어설 수 있으며 스스
로 깨달을 수 있으며 스스로 구원의
길을 갈 수 있는 그 길에 들어섰기에,
27 저의 제자들이요, 아버님께서 명하시
는 그 법전을 읽고 깨우친 백성들은
그래도 그리 급하고 시급하지 아니하
며 위급하지 아니하기에,
28 위급하고 불쌍한 길에 들어서 있는
그 백성들을 먼저 깨우치고자 하는 것
이 아버님의 뜻이라 저는 그리 생각되
옵나이다.
29 그리하여 아버님께서 그 법전의 주인
이되, 저희들이 아니라 지금은 잘못
가고 위험의 길로 계속 달려가는 그
형제들 것이라 하옵시는 말씀을 저는
그리 깨닫고 느끼고 있사옵나이다."
30 사랑하는 나의 아들아, 그러하니라.
31 위험하고 돌이킬 수 없는 그들이 먼저
급하고 시급하니라.
32 한 발 내딛으면 지옥으로 떨어지는 그
백성을 구하는 것이 급하지 않던가?
33 제일 뒤에 서서 아직도 지옥으로 떨어
지는 길이 멀고도 멀며, 이 길이 지옥
의 길이라 하여 항시 돌아서서 나에게
올 수 있는 백성 너희들은 여유가 있
고 시간이 있고 기다림의 그 축복이
있지 않으냐?
34 그러니 내가 내리는 법전은 나의 뜻에
의해 살며 나의 뜻에 의하여 간다는
지금의 믿음과 신앙의 길을 가는 그
불쌍한 지도자요, 그 백성들,
35 맹종 맹신하며 한 길밖에 모르며 좌우
를 보지 못하는 불쌍한 그들의 것이
며, 그들을 위하여 내가 내려보낸다
생각하면,
36 그들을 구원하는 데 너희들이 최선을
다하도록 하라, 사랑하는 나의 아들딸
들아!

9,338 번째 하나님 말씀

2004년 1월 25일 07시 48분

1 사랑하는 나의 아들아!
2 "네, 아버님! 말씀하옵소서."
3 이제 너를 따르는 제자요, 나의 법전
을 읽고 깨우친 너희들은 인간의 자세
가 무엇이며 하늘에 오르는 길이 무엇
인지 깨달았다면, 너희들이 배우고 깨
달은 그 모두를 다 되돌려 주라.
4 그리하여 그를 만백성에게 너희들이
되돌려 줘야 될 것이며, 그리하면 너
희들의 깨달음을 따를 자가 이 세상에
없는 것을 너희들은 그때 알게 될 것
이니라.
5 지금은 너희들이 주저하며 용기 없는
자라 말할 수 있음이니라.
6 그러나 너희들이 지금까지 나의 아들
을 통하여 들은 강론이요, 나의 법전
을 읽고 깨우친 그것을 모두 다 나의

사랑하는 백성들에게 되돌려 주는 그
와 같은 일을 시작해야 될 것이니라.
7 너희들이 되돌려 줄 때, 그들이 그 모
두에 대해 깨달음을 얻을 것이며, 너
희들의 깨달음의 경지가 어디 있는가
를 너희들은 알게 될 것이니라.
8 이제 모든 백성의 창조적인 새로운 믿
음이요, 새로운 신앙의 길을 열어 주
는 것은 오로지 너희들만이 할 수 있
는 길임을 알라.
9 지금 가는 믿음이요, 지금의 신앙으로
써는 그들이 결코 구원을 받을 수 없
음이니,
10 그들은 새로운 믿음이요, 새로운 신앙
의 길을 가야 되니, 그들이 새로운 길
을 갈 수 있는 것은 오로지 너희들만
열어 줄 수 있으며, 그 자격이 있음을
알라.
11 어떠한 백성은 너희들이 절대로 구할
수 없다는 그와 같은 생각을 하지 말
라.
12 너희들은 어떠한 사악한 백성도 구할
수 있는 자들이니라.
13 어떠한 백성도 절대 너희들을 대신할
수 없기 때문이니라.
14 너희들을 대신해서 만백성을 구할 수
있는 지도자가 나올 수 없으며,
15 그리고 나 여호와의 뜻에 따라 만백성
을 인도하고 깨닫도록 하는 것, 그것
도 너희들이 아니면 절대 대신할 수
있는 백성이 이 세상에 없음을 너희들
은 알게 될 것이니라.
16 너희들은 비록 지금 미약하다 생각하
나, 너희 자신이 미약한 자들이 아님
을 너희들은 알라.
17 이제 너희들은 연습이나 훈련의 과정
을 더 이상 거칠 자가 아님이니라.
18 너희들은 연습이요, 훈련이요, 그 많
은 과정을 다 거친 자들이니,
19 이제 나의 백성들의 지도자로서 너희
들이 가르쳐도 손색이 없으며 너희들
이 지도해도 부끄러움이 없음이니라.
20 너희들의 마음을 그들이 이해할 수 없
으며, 너희들이 가지고 있는 깨달음을
알 수 없음이니,
21 너희들을 알지 못하고 따르지 못하는
자, 그들에게 너희들이 알고 있는 모
두를 되돌려 줘 그 백성을 깨우치도록
그리하라.
22 그것이 너희들이 가야 할 길이니라.
23 그러니 너희들은 주저하거나 불안해
하지 말라.
24 너희들을 대신하며 너희들의 뜻을 아
는 백성이 없음이니, 절대 그 누구도
그들을 다스리고 이끌 자는 없으며,
오로지 지도자는 너희들뿐이라는 것
을 명심하고 또 명심하도록 그리하라,
사랑하는 나의 아들딸들아!

9,339 번째 하나님 말씀

2004년 1월 25일 07시 54분

1 사랑하는 나의 아들아!
2 "네, 아버님! 말씀하옵소서."
3 너희들이 백 년을 산다 한들 무엇하겠
느냐?
4 너희들이 백 년을 살아도, 나로부터
받아 나간 인간의 본성이요, 성령의
아름다움이요, 그와 같은 것을 저버리
고 그 뜻에 따라 살지 아니하며 하늘

의 뜻을 거역하고 사는 자, 그리하여
간교하고 교활한 사람으로서 산다면,
백 년을 산들 무엇하겠느냐?
5 이것이 너희들이 사는 기본이요, 삶의
근본임을 알아야 될 것이니라.
6 너희들이 간교하고 교활한 방법으로
써 거짓된 마음을 가지고 산다면, 너
희들이 아무리 오래 살아도 아무런 가
치가 없음이니라.
7 그와 같은 삶은 하루를 아름답게 사는
사람만도 못함이니, 너희들의 삶이 그
러하니라.
8 너희들이 나에게 와 심판을 받으며 결
국 다시 거듭나느냐, 거듭나지 못하느
냐가 달렸으니,
9 너희들이 그와 같이 교활한 방법으로
백 년을 산다 해도, 하루를 아름답게
산 그 사람만도 못한 것이니라.
10 몇천 년 동안 종교 집단들이요, 그 지
도자들, 그리고 나의 백성들이 믿음이
라는 것을 가지고, 그 교리를 가지고
가르치고 배우는 그것이 참진리의 길
이 아니니라.
11 그러니 너희들은 참진리의 길을 가지
아니하며 나의 뜻을 거역하고 가는 것
이니,
12 너희들이 나의 법전 한 줄을 읽고 깨
우치는 것만도 못한 믿음이요, 그 길
을 가고 있다면 너희들이 과연 믿겠느
냐?
13 너희들은 분통이 터질 일이며 그 광분
함은 말할 수 없을 것이니라.
14 그러니 너희들이 이와 같은 말을 기록
하여 전하는 나의 아들의 가슴에 화살
을 쏘려 할 것이며, 이 법전을 세상에
나가지 못하게 하며 많은 백성이 읽지
못하게 할 것이니라.
15 그러나 너희들은 알아야 될 것이니라.
16 몇천 년의 종교 집단이 흘러온 그 역
사가 나 여호와의 뜻을 거역하고 가는
길이며 잘못 가고 있다면,
17 그리고 내가 짓지 말라는 그 손으로
지은 건물 안에서 믿고 기도하고 경배
하는 그것은 나와 관계없는 것이니,
어떠한 사람이든 들어가는 순간에 나
와 관계없다 함이니,
18 그곳에서 너희들이 평생을 산들 나와
무엇이 관계있단 말이더냐?
19 그러니 내가 너희들이 나의 법전 한
줄을 읽고 깨우치는 것만 못하다 하는
나의 마음이 여기 있음을 알라.
20 정녕 이 무서운 사실을 너희들은 받아
들이려 하지 아니하며, 이를 욕되게
나에게 되돌려 받아치는 그와 같은 행
위를 하고 있음을 알라.
21 그러나 돌이킬 수 없는 것이 너희들임
을 알아야 될 것이니, 내가 가르치는
이 뜻이 정녕 맞다 틀리다 시시비비하
지 말라.
22 결국 너희는 정답이 아니며 너희들이
잘못 가고 있음을 내가 깨우치고자 함
이니라.
23 평생 너희들이 나를 찾으며 나의 아들
예수를 부르짖어도, 너희들이 하루에
단 한 번의 선한 일을 한 것만 못한 짓
을 하고 있으며,
24 그것이 너희들이 잘못된 믿음이요, 잘
못 가고 있다는 것을 나는 그리 너희
들에게 명함이니,
25 너희들은 아니라 하나 어찌하겠는가?

26 너희들이 정녕 죽어 내 앞에 와 심판
받을 때, 숨이 막히고 가슴이 터질 것
같은 그 속에서도 너희들이 과연 이
말을 할 수 있는가?
27 그때 너희들이 얼마만큼 잘못된 백성
이었는가를 아무리 후회해도 돌이킬
수 없으며,
28 네 앞이 캄캄하며 네 가슴이 터질 것
같은 그와 같은 고통 속에서만 너희들
이 얼마나 오만하고 교만하며 방자한
자였는가를 알게 될 것이니, 그때는
이미 때가 늦음이니 그리 알라.

9,340 번째 하나님 말씀

2004년 1월 25일 08시 01분

1 사랑하는 나의 아들아!
2 "네, 아버님! 말씀하옵소서."
3 160권의 대장정이요, 그리고 나의 법
전만 관리하는 장소를 만들어 새로운
시대의 역사를 이루어 감이니,
4 내가 너에게 법전을 내려보내며 이 역
사를 이루는 그 뜻을 알고 있다 하지
아니하였느냐?
5 "네, 아버님! 저는 알고 있사옵나이다.
6 아버님의 수천수만 가지의 뜻을 알 수
없으나, 그래도 몇 가지 정도는 제가
느끼고 알고 있사옵나이다."
7 사랑하는 나의 아들아!
8 "네, 아버님! 말씀하옵소서."
9 내가 왜 법전을 내려보내며, 또한 단
독 서점을 만들며, 그를 만백성에게
전하여 하얀 눈이 세상을 덮듯이 덮으
려 하는지 알고 있느냐?
10 "네, 아버님의 뜻이 그러하옵나이다.
11 아버님의 뜻을 깨달을 때마다 제 가슴
이 저려 오나, 그것이 정녕 정답인지
모르겠사오나, 저는 한 가지 한 가지
를 깨달아 가고 있사옵나이다.
12 아버님께서 이리 법전을 내보내며 세
상에 전하고자 하시는 뜻은, 지금까지
잘못 가르치고 잘못 가는 그 모든 백
성들이요, 종교 지도자들이요, 광분하
는 그 신도들, 맹종 맹신하는 그들을
그대로 버릴 수는 없으며, 그들을 버
리지 아니하시려는 것이며,
13 그들을 버리지 아니하며 놓지 아니하
시려는 그 마음보다도, 그들이 지금은
돌아올 수 있는 기회가 있다 그리 아
버님께서 생각하고 계신다 저는 믿사
옵나이다.
14 그들이 지금은 깨우쳐서 돌아올 수 있
는 기회가 있는 백성들이기 때문에 그
리하시는 것으로 알고 있사옵나이다.
15 아버님께서 손을 놓으시려는 것이 아
니요, 손을 놓으시기 전에 아직도 지
금의 믿음 속에서 광분하고 잘못 가는
그 백성들, 저희 형제들에게 깨우치고
돌아올 수 있는 기회가 있기 때문에,
16 그 기회를 살려 주고자 하시는 것이
아버님의 뜻이라 저는 그리 생각되옵
나이다.
17 아버님의 아들딸이요, 저희 형제들이
지금보다 더 미끄러지며 더 쳐진다면
정녕 그들은 돌이킬 수 없으나,
18 지금은 그들을 구원할 수 있으며 돌이
킬 수 있는 그 기회가 있기에, 아버님
께서 그 어리석고 불쌍한 자들에게
법전을 만들어 빨리 전하도록 역사하
시고 큰 은혜를 내려 주시는 것이라

저는 생각하옵나이다.”

19 사랑하는 나의 아들아, 내가 급한 자부터 고치고 구원하는 것이 내 뜻이라 하지 아니하였느냐?

20 그러니라, 그들에게 작은 기회가 남아 있음이니라.

21 꺼져 가는 촛불 같은 그와 같은 기회가 있음이니라.

22 다 타들어 가면 그 촛불은 꺼질 것이며, 그리고 기름으로 존재하는 호롱불도 꺼지지 않겠느냐?

23 이제 꺼지기 전에 그 바닥에 남아 있으니, 거기에 기름을 부어 주며 다시 초를 붙여 그 불씨를 살리고자 함이니,

24 그 불씨를 살릴 수 있는 작은 기회가 있기 때문이니,

25 내 애절한 마음을 안다면, 너를 따르는 형제요, 나의 아들딸에게 그 희생이요, 봉사를 너희들이 기쁨이요, 사랑으로 받아들이고 역사하라 함이니,

26 너희들이 봉사가 힘들고 희생이 힘들기에, 봉사와 희생이라 생각하면 힘들어서 못 가느니라.

27 그러나 즐거움이요, 기쁨이요, 행복이라면 너희들이 지칠 줄 모르고 감이니,

28 지쳐서는 아니 되는 것이 너희들이기 때문에 그러하니라, 사랑하는 나의 아들딸들아!

29 지금의 종교 지도자요, 그 신도들을 돌이킬 수 있는 기회가 지금뿐이니라.

30 너희들이 돌이킬 수 있는 기회도 지금뿐이니라.

31 나의 사랑하는 아들딸, 나의 아들을 따르는 제자 너희들도 깨우쳐야 될 것이니라.

32 그들에게 작은 기회가 있듯이, 또한 깨우쳐 가는 너희들도 항상 수시로 무너질 수 있는 것이요, 악에 빠질 수 있는 것이 지금의 너희들의 상태이니라.

33 너희들은 촛불에 마지막 불씨가 남아 있는 그들을 구하고자 하는 내 뜻을 아는 것이 무엇인 줄 알겠느냐?

34 그들도 마지막 기회가 있으나,

35 너희들 또한 한 번 무너지면 영원히 돌이킬 수 없이 무너질 수 있으며, 악에 빠질 수 있는 것이 너희들이니, 그들과 무엇이 다르겠느냐?

36 너희들도 그리 빠져 버리면 아니 되는 것이요, 너희들도 그리 빠질 수 있다는 것을 명심하라.

37 너희들도 빠질 수 있기에, 너희들이 그들을 깨우쳐 마지막 그 불씨를 살려 주라는 것은,

38 가르치고 지도하는 데에서 너희들도 반석 위에 반듯이 설 수 있기 때문이니,

39 사랑하는 나의 아들을 따르는 제자들이요, 법전을 읽은 만백성 너희들도 무너질 수 있으며 너희들도 지금은 악에 빠질 수 있는 위치라는 것을 잊지 말라.

40 그리하여 너희들이 선생으로 지도자로서 거듭나 확고히 서게 하고자 하여 그 꺼져 가는 불씨요, 그 백성들을 구원하는 마지막 기회를 열어 주라 함이니라, 사랑하는 나의 아들딸들아!

41 너희도 죄에 무너지며 악에 빠질 수 있는 것이니, 서로 구원할 수 있는 것이니라.

42 구원하고 빠질 수 있는 것은 너희들과

똑같은 선상에 서 있다는 것을 잊지
말라.
43 그들은 악에서 선으로 구원을 받을
수 있으며, 너희들은 지금 선에서 악
으로 무너질 수 있는 그와 같은 똑같
은 입장이라 함을 잊지 말며, 너희들
의 입장을 들여다보도록 그리하라.
44 지금의 종교 지도자, 그 신도들은 지
금은 죄에서 벗어날 수 없는 자들이라
말하나, 단 한 번의 기회가 있으며,
45 지금 마지막 기회를 그들에게 주는
것은, 죄에서 벗어날 수 있기 때문이
니 그리 알라.
46 사랑하는 나의 아들딸들아, 그들을 구
원하라.

9,341 번째 하나님 말씀

2004년 1월 25일 10시 03분

1 사랑하는 나의 아들아!
2 "네, 아버님! 말씀하옵소서."
3 너를 따르는 제자들이요, 나의 법전을
읽고 깨우친 만백성 너희들은,
4 나의 아들 네가 나의 성령을 받아 법
전으로 만드니, 네가 그때마다 나의
친필인 십계명을 암송하고 또 암송하
는 그 애절한 마음을 과연 알며, 나의
뜻을 알고 있는가?
5 네가 십계명을 암송하는 만큼 내가 너
에게 성령을 내렸다면, 160권의 법전
이 아니요, 320권의 법전이 세상에 나
올 수 있으나,
6 내가 너에게 꼭 십계명을 암송하게 하
여 그리 전하는 것이 무엇인 줄 알겠
느냐?
7 너희들이 고향을 떠나 타향살이를 함
이니, 고향을 그리워하는 마음을 계속
갖게 되면 그 마음은 고향을 그리며
그 향수를 잊지 못하며,
8 부모를 공경하는 마음이요, 부모를 사
랑하는 마음으로써 너희들이 그 마음
을 갖고 또 생각하고 생각한다면, 부
모를 공경하고 살아가는 그 마음이 또
한 끝이 없음이니라.
9 그러니 너희들이 나 여호와를 생각하
며 사는 하루의 삶이 얼마나 되던가?
10 그러니 너희들이 하루를 살면서 나 여
호와를 생각하며 내가 원하는 것이 무
엇이며 내가 이루고자 하는 것이 무엇
인가, 그리고 사랑하는 나의 아들딸
너희들에게 내가 바라는 것이 무엇인
가,
11 그것을 너희들이 알고 그를 행하는 시
간이 과연 얼마나 되더냐?
12 그러니 나 여호와가 친필로 써 내린
십계명이야말로 사랑하는 나의 아들
너희들이 그를 지키고 행하는 것이 영
혼의 구원의 양식이요, 나에게 오르는
길이라 함이니, 그리하여 내가 나의
아들로 하여금 암송하도록 하고 또 암
송하게 함이니라.
13 그리 암송하고 암송하면서 그 아들의
마음이요, 그 생각이 달라지듯이, 너
희들도 그 십계명을 듣고 그리 암송하
고 암송하라는 나 여호와의 깊은 뜻이
여기에 있음을 너희들은 알라.
14 '나는 할 수 있다. 그리고 역사하겠다.'
생각하고 투혼을 바치는 모든 백성들
은 그를 이룰 수 있는 것이니라.
15 사전에 포기하며 용기를 잃어버린 자

는 아무것도 이룰 수 없는 것이나, 앞을 못 보는 자가 작곡을 하며 듣지 못하는 자가 곡을 만들어 만백성의 심금을 울림이니,
16 그와 같은 장애를 극복하고 역사하는 사람들의 그 투혼의 노력이 과연 어떠하겠느냐?
17 육신이 성한 너희들만큼 그들이 노력하지 아니해도 그 역사가 이루어진다 생각하느냐?
18 그는 그 모든 것을 극복하기 위하여 너희보다 열배 백배 더 노력함이니,
19 멀쩡하게 육신을 가진 자가 열 배만 노력한다 해도 이 세상에 이루어지지 아니할 것이 없으며 역사하지 못할 것이 없지 않더냐?
20 그러나 내가 너희들을 구원하며 하늘의 이치를 알고 깨달음을 알 수 있는 것은,
21 너희들이 지키고 하늘에 올라오라는 그 십계명, 내가 친필로 써 내린 이를 지키고 사는 것이기 때문에,
22 그를 암송하고 또 암송하도록 하며 그를 써 놓고 너희들에게 그를 외우라 함이니라.
23 그 속에서 너희들이 하나하나 다스려 나가며 그 속에서 나 여호와의 뜻을 아니,
24 부모의 마음을 아는 자가 효도할 수 있듯이, 내 마음을 아는 자, 내 마음을 들여다보는 자가 내 뜻을 따라올 수 있는 자이니라.
25 그리하여 내가 지금 320권을 쓸 수 있는 그와 같은 것을 160권으로 줄이면서 나의 아들에게 십계명을 암송하고 또 암송하도록 하여 이 역사를 이룸을 너희들은 알라.
26 이것이 내가 오늘 너희들에게 내리는 귀하고 귀한 상임을 알라, 사랑하는 나의 아들딸들아!

9,342 번째 하나님 말씀

2004년 1월 25일 10시 09분

1 사랑하는 나의 아들아!
2 "네, 아버님! 말씀하옵소서."
3 수천 년 동안 흘러오는 그 종교 집단이요, 지도자들이요, 그리고 광신하는 신도들이요, 맹종 맹신하는 그들이 어찌하여 나 여호와의 그 마음을 모르며 내가 이루고자 하는 그 뜻을 모른단 말이더냐?
4 자식이 부모의 마음을 모르니, 그를 바라보는 부모의 마음이 얼마나 아프고 저려 오겠느냐?
5 나는 너희들에게 친필로 써 내려 너희들이 지키고 살아오라는 것까지 바위에 불로 써 내려보냈거늘,
6 그 두려움을 모르고 그 소중함을 모르고, 어찌하여 너희들이 나의 뜻을 그리 거역하며, 나를 따르고 내 뜻에 의하여 살아가는 삶을 살지 못하느냐?
7 그러니 지금 나 여호와의 뜻을 거역하며 내가 원하는 것을 등지고 가는 나의 사랑하는 아들딸 너희들의 오늘의 그 신앙이요, 믿음이 잘못되었다 하였음이니,
8 그 잘못된 믿음이요, 그 신앙은 내 뜻을 거역함이니라.
9 창조주 나 여호와의 뜻을 거역하고 오

늘의 신앙이요, 믿음의 길을 가는 자,
그 집단이요, 지도자, 그리고 그 신도
들,
10 너희들이 믿고 살아가는 신앙이 지금
은 꿀맛같이 달며 그보다 더 달고 좋
은 것이 없을 것이니라.
11 그러나 너희들은 그 꿀맛 같은 믿음이
요, 신앙이 과연 무엇인지 머지않아
나에게 와서 알 수 있음이니, 오늘의
지상에서 육의 향락을 위하여 부귀영
화를 위하여 살아가는 그 삶이 너희들
은 꿀맛 같은 세상이요, 천국 같은 삶
이라 그리 살고 있으며 그리 생각하고
가고 있느니라.
12 그러나 너희들이 네 생명의 삶을 다하
고 나 여호와 앞에 와 심판을 받을 때,
그때 너희들의 고통이 무엇이며, 꿀맛
같은 오늘의 신앙이요, 믿음이요, 편
안한 삶이요, 그저 향락을 버리지 못
하며 악습을 버리지 못하고 그런대로
너희들이 더불어 인생의 삶을 즐기며
살아온 자,
13 네 고통이 얼마나 무섭고 두려운 것인
가 너희들이 상상이나 할 수 있을 줄
아느냐?
14 너희들은 그 고통이요, 두려움을 상상
할 수도 없을 것이니라.
15 그러니 그때는 너희들이 돌이킬 수도
없으며, 회개해도 기회가 없으며, 반
성해도 기회가 없으며,
16 나 여호와에게 너희들이 단 1초라도
회개하고 반성할 수 있는 시간을 달라
해도 그것도 허용되지 않는 것이 너희
들이 나에게 와 심판을 받는 그 무서
움이니,
17 인간 세상에서는 너희들이 뇌물을 주
며 친척의 힘을 빌리며 이웃의 힘을
빌리며 권력 있는 자의 힘을 빌려 부
정으로 해결하며, 잘못 갔으면서도 덮
고자 하는 혼탁하고 더러운 그와 같은
것이 있으나,
18 하늘에서는 통하지 아니하며 역사할
수 없다는 그 무서움을 너희들은 알라
그리 전하라.
19 지금 나의 아들을 따르는 그 제자들이
요, 나의 법전을 읽고 깨우친 만백성
너희들은 간음하지 말라, 도적질하지
말라, 남을 속이지 말라,
20 그리고 자기를 버리고 남을 위해 살
라, 하늘에 오르는 마지막 한 장의 그
구원의 길을 남에게 양보하라,
21 그리고 너희를 위해서 기도하지 말라,
네 자식의 소원을 위해서 기도하지 말
라, 네 건강을 위해서 기도하지 말라,
너를 위해 기도하지 말라,
22 이웃을 위해 기도하며 남을 위해 기도
하라, 그리고 모두를 다 놓고 살라,
23 재물의 이해관계와 이익의 분배에 관
여하지 말며, 거기에 눈이 어두운 백
성으로 살지 말라 하니,
24 너희들이 오늘의 모든 것을 다 잃는
것 같으며, 고통스러운 것이며, 너희
들이 어렵고 힘든 그 길을 가고 있음
이니라.
25 그러나 너희들이 나에게 와 심판을 받
을 때는 오늘의 지옥 같은 삶이 크나
큰 영광이요,
26 지금 지상에서 꿀맛 같은 것을 누리고
사는 그들보다 더한 아름다움이요, 더
한 황홀함이요, 상상할 수 없는 그 상

을 나에게 받을 수 있다면, 너희들은 어떠한 길을 선택하겠느냐?
27 사랑하는 나의 아들딸들아, 나의 법전에 기록하여 전하는, 나의 아들을 통하여 내리는 그 강론에 너희들에게 옆으로 가라 하는 것이 있더냐?
28 바로 가라 함이니라.
29 아무리 항우장사같은 소라도 멍에를 벗어나서는 그 주인의 뜻을 따를 수가 없음이니, 멍에를 벗어나는 그와 같은 어리석은 소가 되지 말라.
30 비록 힘들고 어려우나, 소는 밭을 갈아야 주인으로부터 사랑을 받을 것이며, 제가 그 직분을 다했을 때 모두 끝남이니,
31 너희들은 그와 같은 간단한 이치를 깨달아, 주인의 뜻을 헤아려 거역하지 말며 벗어나지 않는 그와 같은 삶이 바로 오늘은 힘들고 어려우나,
32 너희들이 나로부터 받을 수 있는 그 상이 있다는 것을 잊지 말거라, 사랑하는 나의 아들딸들아!
33 하늘의 이치가 위대한 것이 아니며, 하늘의 이치가 높이 있는 것이 아니니라.
34 하늘의 이치요, 나 여호와의 뜻은 이미 지상에 내려보냈으니,
35 너희들이 살아가는 것, 행하는 것, 너희들이 더불어 사는 것, 그 모든 나의 뜻이 다 내려가 있음이니,
36 너희들이 그를 보고 골라 쓰고 네 것으로 만들면 되는 것이니라, 사랑하는 나의 아들딸들아!
37 높은 곳에서 내려오기를 바라며, 나로부터 기적이 내려오며, 천국의 나팔을 불며 내려가 소리를 지르고 가르치는 것이, 그것이 구원이요, 역사요, 하늘의 뜻이라 그리하지 말라.
38 개미가 기어가는 것, 물줄기가 흐르는 것, 새들이 우는 것, 그 모두가 다 나 여호와의 뜻에 의해 내가 내린 상이며,
39 내가 모두를 다 세상에 내려보냈으니, 나의 진리요, 나의 뜻은 이미 세상에 다 내려와 있음을 알라.
40 그러니 그 속에서 너희들이 그를 보고 깨우치는 것은 욕심이 없는 그 마음이니, 욕심을 버려 눈이 뜨고 귀가 열리는 자만 보고 들을 수 있음을 알라 그리 전하라.

9,343 번째 하나님 말씀

2004년 1월 25일 10시 15분

1 사랑하는 나의 아들아!
2 "네, 아버님! 말씀하옵소서."
3 나의 피조물 만백성 너희들이 말하며 알고 있느니라.
4 지옥과 천국이 있다는 것을 너희들이 알고 있지 않은가?
5 그리고 그걸 부정하고자 하는 자, 감히 두려워 그 말을 못 하며, 반드시 너희들은 그와 같은 것이 있다 하느니라.
6 그러니 두려워하며 그리하여 구원의 길을 찾고자 하는 것이 나의 백성 너희들이 아니더냐?
7 그러니 그 구원의 길을 찾고자 하는 그 가련하고 불쌍한 나의 백성들을 지도자라는 자들이요, 가르치는 자들이 잘못 가르치며 잘못 인도하고 있다면 이는 어찌 되겠는가?

8 너희들이 바로 인도하고 바로 깨우쳤
다면 지금은 지상의 낙원이 이루어졌
을 것이며, 한 점의 부끄러움이 없는
나의 아들딸로서 살아가는 세상이 이
루어져, 하늘과 같이 그 뜻이 지상에
서 이루어졌을 것이니라.
9 그러나 2천 년 동안 길고 긴 세월을
나는 기다렸으며, 변화될 수 있는 그
많은 시간을 너희들에게 주었으나, 너
희들은 변한 것이 무엇이 있느냐?
10 지금에 와서 너희들이 말하기를, 말세
의 종말의 시대요, 그리고 이제는 심
판의 시대요, 너희들이 열매를 거두는
시대라 그리 말하느니라.
11 그러면서 너희들은 사탄이 우글거리
는 세상이 되었으니, 곧 재앙이 내릴
것이라 그리 말하느니라.
12 그와 같이 만든 결과는 오늘의 종교
집단이요, 지도자들이요, 그 방대한
조직이 그 많은 세월을 가지고 나의
피조물 만백성을 잘못 가르쳤기에,
13 저희들이 그저 들림을 받는다, 그저
하늘에 오른다 하는 그와 같은 어리석
은 백성들이요, 그를 믿고 따르는 자
들이 있는 이와 같은 웃지 못할 세상
이 되었음이니,
14 이 모든 죄악이 무엇인 줄 알겠느냐?
15 성경의 참뜻을 모르는 자들이니라.
16 성경의 참뜻을 모르며 하늘의 뜻을 저
희들이 모르기 때문에, 지금 저희들이
무슨 예수가 내려왔으며 누가 내려왔
다 하며, 저희들이 각자 이 세상에 명
받아 내려온 자처럼 말함이니, 그들이
다 무엇이더냐?
17 제 생각이니라.
18 그러니 바로 종교 집단이요, 지도자
요, 오늘의 믿음의 길을 가는 그 지도
자라는 자들이 참진리요, 성경의 뜻을
알지 못함이니,
19 제 사사로운 어리석은 생각을 접목시
키고 인간 세상에 살아가는 이야기요,
또 인간 세상에 이루어졌던 것들을 거
기에 또 접목시키니,
20 나의 참뜻이라는 것에 사사로운 인간
의 생각을 접목시키며, 인간 세상에
이루어지고 슬프고 괴로웠던 그 모든
이야기들을 접목시켜서 그걸 가르치
니,
21 그것이 하늘의 뜻이요, 나 여호와의
뜻이요, 참진리의 길이라 말할 수 있
겠느냐?
22 그러면서 너희들이 '옳소! 맞습니다!'
하며 울고불고 은혜를 받았다 하니,
모두가 다 변질된 자들이요,
23 잘못된 것을 가지고 지금 나의 피조물
만백성이 하늘에 오르는 길이라 그리
말함이니라.
24 사사로운 생각을 가지고 가르치는 자,
인간 세상에 역사하는 것을 엮어서 가
르치는 자, 그들이 짧은 지식이요, 짧
은 상식밖에 없기 때문이니,
25 그들이 인간 세상에 가지고 있는 인간
의 상식은 길고 넓을지 모르나, 하늘
의 뜻이요, 나 여호와의 뜻을 알지 못
하니,
26 그 짧은 지식이요, 제 사사로운 생각
이요, 인간 세상의 얽히고설킨 이웃집
이야기를 갖다 접목시키니,
27 너희들이 반죽하는 식으로 하여 그 모
두를 반죽하여 그를 가르치니, 그 맛

이 없으며 뜻이 없으며 진리가 없는
것이니라.
28 그러니 참진리요, 나 여호와의 뜻은
뒷전으로 밀려 창고에 쌓여 있으며 그
저 갇혀 있는 형국이 되고, 그저 너희
들의 생각이요, 너희들의 뜻을 갖다
접목시켜 반죽하여 나의 피조물 만백
성을 가르치니,
29 바로잡을 수가 없으며, 이 집단이 잘
못되었다 함을 너희들은 알아야 될 것
이니라.
30 이제라도 너희들이 나 여호와의 참진
리요, 내가 원하는 것이 무엇인지 스
스로 깨우치라.
31 이 세상의 모두는 다 내가 필요하여
세상에 내려보냈다 그리 말하면서, 나
의 법전이요, 참진리를 가르치는 선생
들의 말은 듣지 아니하려 하니, 너희
들이 어찌하여 그와 같은 마음으로 되
었는가?
32 그 모두가 제 것만 최고라는 사행심이
요, 욕심이라는 그 뿌리가 너희들을
지배하고 있음이니,
33 그 욕심은 화를 부르며, 화를 부르는
것은 무엇이더냐?
34 곧 사탄에게 너희들이 끌려가며 사탄
의 종이 되는 근본임을 알라 그리 전
하라.

9,344 번째 하나님 말씀

2004년 1월 25일 10시 19분

1 사랑하는 나의 아들아!
2 "네, 아버님! 말씀하옵소서."
3 나의 아들을 따르는 그 제자들이요,
그리고 법전을 읽고 깨우친 만백성 너
희들에게,
4 이 세상 것은 다 너희들 것이며 너희
들이 승자가 된다 내가 그리하였으며,
너희들이 모두를 지배하고 다스릴 수
있는 자라 하였음이니,
5 이는 너희들이 나의 법전을 접하며 마
음이 변하여 그와 같이 되는 것이 아
니라, 너희들 스스로 변하는 삶을 살
았을 때 그 모두를 얻을 수 있음이니
라.
6 나 여호와는 너희들이 이 세상의 모두
를 지배하고 그 모두를 다스리며 모범
적인 삶을 살아 만백성을 구할 수 있
으며,
7 너희들은 패함이 없으며 승자의 길만
가게 된다는 것을 내가 너희들에게 가
르쳐 주었으나,
8 그 길을 가고 안 가고 하는 것은 너희
들에게 달렸음이니라.
9 이제 사랑하는 나의 아들을 따르는 제
자들이요, 나의 법전을 읽고 깨우쳐
나의 강론을 듣는 너희들이 이제는 나
로부터 상을 받을 수 있기에,
10 내가 너희들에게 이제 세상 것이 다
너희들 것이며, 세상 것을 너희들이
다스리고 지배할 수 있는 승자라 한
뜻을 가르쳐 줌이니라.
11 사랑하는 나의 아들을 따르는 제자 너
희들은 들으라.
12 이 세상에 살면서 너희들은 형제와 이
웃과 세상의 모든 사람들과 화친하라,
그리고 그들을 사랑하는 마음으로써
너희들이 먼저 사랑하라.
13 네가 그들과 화친하며 그들을 사랑한

다면, 상대 또한 너희들을 사랑하며
모두를 너희들에게 다 줌이니,
14 그리하여 너희들이 주인이 될 수 있으
며 승자가 될 수 있다는 그 뜻을 알겠
느냐?
15 너희들은 모두를 사랑하며, 모두를 다
하여 그들과 화친하고 살아간다면 모
두 다 너희들의 편이 될 것이니, 그것
이 바로 너희들이 모두를 다 이끌어
가는 지도자가 되는 것이 아니더냐?
16 네 편일 때 모두를 네가 얻는 것이며,
그리고 모두는 다 너희들과 같이 감을
알라, 사랑하는 나의 아들딸들아!
17 이제 너희들은 인간과 화친하며 인간
을 사랑함은 물론이요, 동식물까지도
화친하며 그들을 사랑하는 마음으로
그 모두를 다스리라.
18 그러면 말하지 못하는 식물이요, 듣지
못하는 동물이라도 그들이 다 네 편이
되는 것은 틀림없는 것이며 다 너를
따를 것이니, 그리하여 너희들은 오로
지 승자라 하였음이니라.
19 그러니 너희들이 승자가 되는 길은 사
랑하는 것이며, 화친하는 것이며, 베
푸는 것이니, 이것을 지키고 살아가면
이 세상 것은 다 너희들 것이며, 너희
를 따르지 않을 자가 없을 것이니,
20 그 뜻을 알았으면 내가 너희들에게 명
하는 이 뜻을 듣고 그대로 행하고 실
천하며 살아가도록 그리하라.
21 모두를 사랑하라는 뜻이 여기 있으며,
나 여호와가 너희들에게 사랑의 전도
요, 사랑이 우선이라 함이 여기 있느
니라.
22 그리고 너희들이 사랑하는 것만이 하
나가 될 수 있다 함이니,
23 사랑을 행하지 못하는 자는 어리석은
자요, 아무것도 얻을 수가 없으며, 아
무것도 이룰 수가 없으며, 이 세상의
지배자가 될 수 없음이니라.
24 그러니 너희들은 화친하라, 그리고 사
랑하라, 사랑하는 나의 아들딸들아!
25 동식물을 사랑하며 또한 인간을 사랑
하면, 그들이 모두 다 네 친구가 되며,
너를 따르며, 너와 동반자가 되는 것
이니,
26 모두를 사랑하는 그 이치를 깨달았으
면 그리 행하도록 하라.
27 사랑은 희생이니라.

9,345 번째 하나님 말씀

2004년 1월 25일 10시 22분

1 사랑하는 나의 아들아!
2 "네, 아버님! 말씀하옵소서."
3 너희는 나를 만나고자 하지 말며, 나
를 보고자 하지 말며, 나를 접하려 하
지 말라.
4 그 모두가 다 너희들의 욕심이니라.
5 너희들의 욕심이요, 그 마음을 비우지
아니하면 나를 만날 수 없으며 볼 수
없으며, 나의 성령이요, 나의 음성을
들을 수 없으며 나를 접할 수 없다는
것을 수없이 너희들에게 깨우쳐 주지
아니하였더냐?
6 너희들이 나를 만나 보고 싶고 나를
접하고자 한다면, 이 세상의 모두를
사랑하라.
7 이 세상 것 모두를 다 사랑하며, 이 세
상의 모두와 다 화친하는 그 마음으로

써 너희들이 화친을 맺으라.
8 너희들이 풀 한 포기와도 화친하고 그
들을 사랑하며, 동물 한 마리까지도
사랑하며 그들과 화친을 맺는다면,
9 너희들과 같은 형제요, 너희들과 같이
더불어 사는 이 세상의 인간을 어찌
저주하며 미워하며 시기하고 질투하
는 그와 같은 마음을 가질 수 있단 말
이더냐?
10 그러니 너희들이 나를 만나고 보고자
한다면 인간 세상에서 화친하며, 사랑
으로 베풀며, 모두가 다 너희들을 사
랑할 수 있는, 사랑을 받는 사람이 되
도록 그리하라.
11 모든 백성이요, 동식물로부터 사랑을
받으며 믿음을 받는 자가 되었을 때,
나 여호와는 내 모습을 너희에게 보여
줄 것이며, 내 음성을 들려줄 것이며,
나의 형체를 너희들이 볼 수 있음을
알라.
12 그러한 백성이 나를 볼 수 있으니, 그
렇지 아니한 백성은 나를 볼 수 없으
니, 나를 찾으려 하지 말며 보려 하지
도 말라.
13 너희들이 나를 보려 하며 나를 만나려
하나 과연 그 자격이 있다 생각하는가?
14 너희 자신을 돌아다보며 그것부터 생
각하라.
15 어찌하여 너희들이 인간 세상에 전하
는 간단한 말 하나의 이치를 모르느냐?
16 떡을 열심히 빚는 자는 줄 생각도 아
니하거늘, 먹을 자격도 없고 받지도
못하는 자가 김칫국을 마시며 물을 마
시며 받을 것처럼 먹을 것처럼 그 꿈
속에 젖어 있다면 그게 어리석은 백성
이 아니더냐?
17 그러니 너희들이 나의 음성을 들으며
나를 보려 하지 말고, 너희들 마음속
에 있는 욕심의 뿌리요, 욕심의 그 공
장을 다 태워 버리라.
18 그리하지 아니하면 너희들이 나를 볼
수 없다는 것을 명심하고 또 명심하도
록 그리하라.
19 모두를 사랑하지 못하는 자, 그리고
모두와 화친하지 못하는 자, 그 백성
은 결코 나와 관계없으며, 나를 볼 수
없으며, 나에게 올 수 없으며, 내가 너
희들을 모른다는 그 무서운 뜻을 알겠
느냐?
20 그러면서 어찌하여 나를 볼 수 있으며
내가 보여 주기 바라며 나의 음성을
듣기를 바라며 나를 만져 보기를 바라
며, 너희들에게 생각할 수 없는 기적
의 역사를 이루어 주기를 바라는가?
21 그 모두가 다 너희들의 어리석은 소치
이니라.
22 모두와 화친하며 모두를 가슴에 안으
며 모두를 사랑하도록 그리하라.
23 그러면 너희들이 원하는 그 모두를 다
얻을 것이니라.

9,346 번째 하나님 말씀

2004년 1월 25일 11시 45분

1 사랑하는 나의 아들아!
2 "네, 아버님! 말씀하옵소서."
3 이 세상에 나의 백성 너희들이 가장
사랑하고 소중한 것은 무엇이더냐?
4 부모는 자식을 사랑하며 그 자식보다
더 소중한 것이 없지 않으냐?

5 그러나 너희들이 그보다 더 소중하고
애절한 것이 있다면 그것이 무엇인
줄 알겠느냐, 나의 아들아!
6 "네, 아버님! 모든 백성들이 구원을
받아 아버님 앞에 불림을 받아 가는
것, 그것으로써 그들은 자식을 사랑하
는 마음보다도 더 그들의 마음 한편
에 애절한 마음이 있다 그리 생각되옵
나이다."
7 그러니라, 사랑하는 나의 아들아!
8 그들은 표현하지 못하며 말하지 못한
다 해도, 그들이 구원을 받기 위한 그
마음이 얼마나 애절한 것이냐?
9 그들이 구원을 받고자 하는 마음은 자
식을 사랑하는 마음보다 더하다 하지
는 못할지라도,
10 자식을 사랑하는 마음과 구원을 받고
자 하는 그 마음은 또한 다른 마음이
니, 그 마음이야말로 너희가 형용할
수 없는 가장 소중하고 귀한 마음이니
라.
11 그러니 구원을 받고자 하는 그 애절한
마음으로 나의 성전을 찾으며 너를 통
하여 내리는 강론을 들으며 나의 법전
을 읽고 깨우치는 그 백성들 앞에,
12 네가 과연 한 점의 부끄럼이 없이 서
있는 자세인지 생각해야 될 것이며,
13 그리하여 한 점의 부끄러움이 있어서
는 아니 됨이니 그리 알라.
14 자식을 사랑하는 마음보다도 더 애절
하고 더 귀하고 소중한 마음으로써 그
들이 나의 성전을 찾으며 나의 법전을
접함이니,
15 네가 그들을 사랑하는 마음이요, 그들
앞에 한 점의 부끄러움이 없는 자로서
서는 것, 그것이 네가 가야 할 길임을
명심해야 될 것이며,
16 그 눈물겨운 애절한 마음에 네가 보답
할 수 있으며 네가 당당히 설 수 있는
자인가를 너는 항상 생각하고 점검하
고 돌이켜 보지 아니하면 아니 될 것
이니,
17 너는 한 점의 부끄러움이 있어도 아니
됨이니라.
18 또한, 나의 아들을 따르는 제자들 너
희들은 들으라.
19 나의 성전이 생기며 모두가 역사할
때, 너희들이 다 그들을 대변할 것이
며 앞에서 나갈 자들이니라.
20 너희들이 구원을 받고자 하는 눈물겨
운 그 정성에 버금가며 거기에 부끄러
움이 없는 삶을 살라 내가 명하였음이
니,
21 너희들을 믿고 나의 법전을 읽고, 너
희들이 있기에 너희들을 보고 따르는
모든 백성들 앞에 너희가 어버이와 같
은 마음이요,
22 나의 아들이 너희에게 부끄러움이 없
이 가고자 하는 마음만큼 그들에게
너희들이 부끄러움이 없는가?
23 그 백성들이 구원을 받고자 하는 그
애절하고 소중한 마음을 너희들이 들
여다보고 안다면, 그들에게 부끄러움
이 있는 삶을 살아서는 절대 아니 될
것이니라.
24 어찌하여 너희들은 백 년도 안 되는
육의 삶에 의하여 모두를 버리려 하는
가?
25 모두를 놓는 것은 너희들이 얻음이라
내가 그리하지 않았느냐?

26 내가 오늘 나의 아들을 통하여 너희들
에게 전하기를, 육의 세상의 삶은 지
옥이요, 그보다 더 험한 삶을 살아야
될 것이며,
27 그것이 너희들이 하늘에 와서 꿀을 마
시는 것보다도 더 아름답고 행복한 길
이요, 그 또한 내가 내리는 상이라면,
너희들이 얼마나 위대한 상을 받는 것
인가 내가 그리 말하였느니라.
28 그러니 육의 세상에서 너희들이 꿀맛
과 같은 즐겁고 행복한 그 삶을 살기
위해 달려간다면, 영원히 사는 다음
세상에서 너희들은 나와 인연이 없음
이니,
29 오늘의 너희들이 지옥과 같은 삶을 과
연 산다 생각하느냐?
30 생명을 유지하기 위해 너희들이 살아
가는 최소의 그 생활이요, 그 마음 외
에 모두를 다 놓고 갈 수 있는 그와 같
은 마음으로 살라.
31 그것이 모든 백성들이 구원받고자 하
여 너희들을 찾아오는 그 애절하고 가
련한 마음에 보답하는 길이며,
32 너희들이 부끄럼이 없는 나의 아들의
참제자로서, 나의 백성으로서 섬을 알
아야 될 것이니, 이를 명심하고 또 명
심하도록 그리하라.

9,347 번째 하나님 말씀

2004년 1월 25일 22시 13분

1 사랑하는 나의 아들아!
2 "네, 아버님! 말씀하옵소서."
3 만물이 소생하는 봄이 되며 여름이 무
성하며 또한 가을이 가고 겨울이 오
며, 이와 같이 동양의 작은 나라의 계
절이 그리 변화되어 있지 않은가?
4 그 변화 속에서 모든 자연은 거기에
따라 또한 번식하며 모두가 변화되는
역사를 이루느니라.
5 그러니 봄이 되어 번식하기 위하여 날
아가 결실을 맺는 그 꽃가루가 날아가
는 것을 너희들은 보는가?
6 그 꽃가루가 날아가 어디로 가서 어떠
한 신비한 결실을 맺는지 너희들은 알
수가 없을 것이니라.
7 다만 바람에 날아가는 그 꽃가루로 인
해서 신비의 결실을 맺는 그와 같은
역사가 이루어진다는 것, 그것은 알
것이니라.
8 지금 나의 법전이 세상에 전해지는 것
이 그와 같은 역사를 이룰 것임을 너
희들은 알라.
9 너희들이 나의 뜻을 기록하여 전하며
그리고 나의 법전을 전함이니, 그 하
나의 법전이요, 또한 너희들이 전하는
메시지요, 그 모두는 바람에 날리는
봄의 꽃가루처럼 날아감이니라.
10 그리하여 그들이 자연의 바람에 따라
어디로 날아가는지 모르듯이, 나의 법
전이요, 너희들이 전하는 모든 메시지
는 그와 같이 결실을 맺어 그 결과를
얻음이니,
11 그를 너희들이 어찌 관리하고 어찌 막
을 수 있단 말이더냐?
12 봄에 결실을 맺기 위해 바람에 날아가
는 그 꽃가루를 과연 너희들이 무엇으
로 막을 수 있으며 그를 너희들이 다
스릴 수 있다 말하느냐?
13 너희들이 성곽을 막아 그를 막을 수

있는가, 그리고 너희들이 인위적으로
그를 막을 수 있다 생각하는가?
14 봄에 번식을 하며 새로운 생명이 태어
나는 그 결실을 위해 날아가는 꽃가루
처럼 인간의 힘으로써 그를 막을 수
없으며 날아가 앉는 장소를 알 수 없
듯이,
15 그리고 그가 날아가 어떠한 역사로써
결실을 맺는 그 신비함이 있는지를 너
희들이 알지 못하듯이,
16 나의 법전이 그와 같이 꽃가루가 되어
세상에 전해지니, 너희들이 가는 곳을
알겠는가, 가서 정착하는 곳을 알겠는
가?
17 그 꽃가루가 어디에 가서 결실을 맺고
어떠한 결실을 이루는지를 너희들이
알 수 없듯이, 나의 법전이 그와 같은
역사를 이루는 것을 알 수 없을 것이
니라.
18 그러니 너희들은 그를 막을 수도 없으
며 방해할 수도 없으며 너희들의 힘으
로써 절대 어찌할 수도 없는 것이니라.
19 그와 같은 것처럼, 너희들이 어디 가
서 무엇을 역사하는지를 모르듯이, 나
의 법전이 어찌 살아서 움직이며 어떠
한 결과를 가져오는지 그것을 모를 것
이니라.
20 다만 그 가루가 날아가 서로 얽히고설
켜 제자리를 찾아가 한 생명을 이룬다
는 그 신비하고 위대함과 마찬가지로,
21 내가 필요한 사람, 보아서 깨달을 사
람, 구원할 수 있는 열매를 맺을 수 있
는 사람, 그들을 찾아 나의 법전이 꽃
가루처럼 날아감이니,
22 오늘의 종교 집단이요, 이를 거부하는
자, 사탄이요, 마귀요, 이단이라 말하
는 자, 나의 아들의 가슴에 화살을 쏘
고자 하는 자, 너희들이 과연 그와 같
은 것을 막을 수 있다 생각하느냐?
23 그러니 나의 아들을 따르는 제자, 만
백성 너희들은 들으라.
24 나의 법전이 전해지고 역사하는 것은
바로 꽃가루가 날아가서 제자리를 찾
아 결실을 맺는 그 신비함보다 더 위
대함을 이룰 것이며, 그를 너희들이
알게 될 것이며, 그보다 더 소중함을
알게 될 것이니 그리 알라.

9,348 번째 하나님 말씀

2004년 1월 25일 22시 17분

1 사랑하는 나의 아들아!
2 "네, 아버님! 말씀하옵소서."
3 나의 피조물 만백성 너희들이 나를 부
르며 나의 아들 예수의 이름을 부르고
너희들이 구하며 소원을 빌면 모든 것
이 다 이루어진다 하여, 나의 피조물
만백성에게 우리 부자의 이름을 부르
기만 하면 구원을 받는다 그리 가르치
고 전함이니,
4 너희들은 그와 같은 것으로써 역사할
수 없으며 그와 같은 것은 이루어질
수 없음을 나의 피조물 만백성들에게
깨우쳐 주어야 됨이니라.
5 그러니 우리 부자의 이름을 부르기만
하면 소원이 이루어지며 모든 게 이루
어진다는 그들에게,
6 그들이 정녕 나에게 오르고 구원의 역
사를 이루고자 한다면, 제 주변에 있
는 모든 백성들과 화친을 하며, 나의

사랑하는 백성이요, 나의 피조물 그들
을 사랑하고 그와 같은 마음으로써 살
아가라 그리하라.
7 너희들이 형제와 이웃과 모든 백성들
과 화친하며 사랑하는 그와 같은 것이
나를 기쁘게 하는 것이요, 나의 뜻이
라는 것을 그들에게 전해 주라.
8 그것만이 너희들이 나에게 오를 수 있
는 길이며,
9 어떠한 형태든 나를 부르며 나의 아들
을 부르는 그와 같은 것으로써 너희들
은 결코 구원을 받을 수 없는 것이니,
너희들이 구원을 받고자 하면 정녕 먼
저 화친하라.
10 그것이 나에게 천 년을 기도하고 울고
불고하는 것보다, 너희들이 죽을 때까
지 울고불고 기도하는 그것보다도 더
소중하며 위대하다는 것을 가르쳐 주
라.
11 그보다 더 위대함이 없다는 것을 그들
은 알아야 될 것이니라.
12 그러하거늘 어찌하여 너희들이 나의
뜻에 따라서 내 뜻에 의하여 행하고
역사하는 것이 아니라, 인간 너희들
생각으로써 모두를 행하며,
13 너희들은 믿음이라는 내가 명한 그 길
을 오고 내가 깨우쳐 준 그 길을 오면
되는 것을,
14 어찌하여 너희들이 불필요한 과잉 충
성을 하여 내 뜻을 거역하며, 너희 임
의로 모든 것을 역사하며 인간의 생각
으로써 모두를 이루었다 생각하는가?
15 그와 같은 행위가 다 무엇인 줄 알겠
느냐?
16 너희들은 나를 위하며 나에게 충성하
는 것이 아니요, 모두가 너희들의 욕
심에서 이루어지는 것이며 욕심에 의
하여 행해지는 것이라는 것을 너희들
은 알아야 될 것이니라.
17 그러니 너희들이 화친하며 사랑한다
는 그 자체는 너희들이 욕심이라는 뿌
리를 버리지 못하면 할 수가 없음이
니, 그것부터 먼저 행하고 실천하는
삶을 살라.
18 그러면 너희들이 바로 나를 볼 수 있
으며 나에게 올 수 있다는 것을 명심
하고 또 명심하도록 그리하라.

9,349 번째 하나님 말씀

2004년 1월 25일 22시 22분

1 사랑하는 나의 아들아!
2 "네, 아버님! 말씀하옵소서."
3 그저 나의 아들 예수의 이름을 부르며
나의 이름을 부르며 울고불고하면 저
희들이 그 보혈로써 구원을 받았다 말
하는 자, 그와 같은 자들과 너희들은
힘겨루기를 하지 말며 그들과 싸우려
들지 말라.
4 그들과 너희들이 정면 싸움으로써 과
연 견디고 이길 수 있겠느냐?
5 결코 너희들은 그들을 정면으로 싸워
서 이기고 승자가 될 수 없음을 알라.
6 그러니 너희들은 나의 법전을 완벽하
게 만들어 만백성에게 전하는 것, 그
것이 바로 너희들이 승자가 되는 길이
요, 너희들이 나의 법전을 가지고 역
사할 수 있는 길이라는 것을 알라.
7 그 누구도 내가 역사하는 길을 막을
수 없으며 단죄할 수는 없음이니라.

8 다만 오늘의 종교 집단이요, 말로써
구원을 받는다 하여 그 속에 젖어 있
는 자들과 너희들이 정면충돌이요, 정
면 싸움을 해서는 아니 될 것이니라.
9 너에게 무어라 말하느냐, 저희들이 잘
못 가는 것을 알고 있으며 잘못된 것
을 알고 있다 하느니라.
10 그러나 그 잘못된 속에서 진리를 찾는
것이며, 잘못된 곳에서 저희들이 깨달
음을 얻는 것이요, 잘못된 그 범주를
벗어날 수 없는 것이 인간이라 그리
말함이니,
11 저희들이 죄를 지으며 잘못 살아가는
그와 같은 속에서 저희들이 깨달음을
얻으며, 그 범주를 벗어나지 못한다
그들이 말하지 않더냐?
12 그것이 그 얼마나 무섭고 두려운 말
이더냐?
13 너희들과 같은 삶을 살 수 없으며 너
희들과 같은 그 길을 갈 수 없으며 너
희들과 같은 그러한 행위를 할 수 있
는 종교 지도자가 세상에 없다 그리
말하느니라.
14 저희들이 뭐라 말하느냐?
15 이웃 교회의 성장을 위하여 자기 앞에
있는 신도들을 보내 주는 그와 같은
종교 지도자가 세상에 없으며,
16 그것은 미친 자요, 그와 같은 행위는
있을 수 없다는 것이 오늘의 종교 집
단이요, 믿음의 길을 가는 자들이요,
17 '우리 교회는 만원사례가 되었으니,
깨우치고 믿는 것은 그저 어느 곳이나
똑같으니, 옆의 교회로 가십시오.' 그
리 말하는 자가 없으며, 종교 지도자
는 절대 그런 자는 없다고 말하는 것
이 누구더냐?
18 그 신도들이니라.
19 그 신도들이요, 교회라는 곳에 믿음이
라는 것을 위해 몇십 년 동안 평생을
바치는 자들이 하는 말이, 이 세상에
그와 같은 종교는 없으며 그와 같은
종교 집단이 없으며 그와 같은 지도자
가 없으며 목회자가 없다 말하느니라.
20 그는 찾아볼 수 없는 것이며, 세상에
그러한 교회요, 그런 종교 지도자가
어디 있느냐 저희들이 그리 말함이니,
21 이것이 얼마나 통탄하고 두려운 일이
며, 얼마나 잘못 가고 있단 말이더냐?
22 그것이 나의 사랑이요, 그것은 원수를
사랑하는 것보다 더 위대한 것이 아니
며 더 큰 사랑이 아니라 내가 말을 했
거늘,
23 그와 같은 것은 있을 수 없으며 그와
같은 종교 집단은 눈을 씻고 본다 해
도 찾을 수 없으며, 그런 교회가 있다
는 말도 하지 말며, 그리 갈 수 있다는
말도 하지 말라,
24 그와 같이 갈 수 있고 그와 같이 역사
할 수 있는 것이 잘못된 것이라 함이
니,
25 과연 지금 나의 아들을 따르는 제자들
너희들의 마음으로써 그리할 수 있는
가 그리할 수 없는가?
26 너희들은 그리할 수 있지 않은가?
27 너희들은 평범하게 할 수 있으며, 자
연스럽게 할 수 있으며, 그 모두를 역
사할 수 있는 것이 너희들의 마음이니
라.
28 그러나 수십 년 동안 믿음의 길을 가
며 구원을 받았다 말하는 자, 사랑을

베풀고 역사한다는 그 지도자들이 뭐
라 말하느냐?
29 그와 같은 교회요, 그와 같이 역사하
는 종교 지도자는 이 세상에 하나도
없으니, 눈을 씻고 봐도 볼 수 없으니,
헛된 소리를 하지 말라 그리하느니라.
30 그와 같은 자들이 그 속에서 구원의
길이요, 하늘에 오르는 길을 본다 함
이니,
31 저희들은 죄 속에서 그 죄를 벗어나지
못하는 그 범주에서 저희들이 깨우치
고 무엇인가를 알고자 하는 것뿐이지,
원천적으로 죄를 짓지 아니하고는 살
수 없는 것이 인간이라,
32 그 죄 속에서 그 범주 내에서 죄를 회
개하고 깨우치고 살아가는 것이지, 원
천적인 그 틀을 깰 수는 없는 것이다,
33 그리고 죄를 벗어나서는 존재할 수 없
는 것이라는 그 믿음이 머릿속에 젖어
있는 자들이니,
34 너희들의 상식과 너희들이 생각하는
것이 얼마나 멀고 먼 거리가 있는지
알겠느냐?
35 하늘과 땅의 차이보다도 더 멀어져 있
는 것이 오늘의 믿음의 길을 가는 그
백성들과 너희들이니, 너희가 깨우쳐
가는 그 길의 차이가 거기에 있음을
알라.
36 이제는 너의 제자들이요, 나의 법전을
읽는 백성 너희들이 오늘의 종교 집단
이요, 지도자요, 그 신도들이 가고 있
는 그 실상을 정확하게 파악해야 될
것이며, 하나하나 너희들이 명확하게
알아야 될 것이며,
37 그들의 깨달음의 수준이요, 그들의 경
지가 어떠한 것이며, 그들의 믿음이라
는 길이 어떤 것이며, 믿음으로 가는
것이 어디이며, 그들이 믿음의 목적을
두고 있는 것이 어디인지 너희들은 알
아야 될 것이니라.
38 너희들은 인간은 완벽할 수 없다 해
도, 완벽할 수 있도록 노력하는 것, 그
리고 노력하도록 되어 있으며, 노력하
는 것이 구원의 길을 볼 수 있는 것이
라 그리 말하나, 그들은 그와 같이 말
하지 아니함이니라.
39 완벽할 수 없기 때문에, 죄 속에서 그
저 한계 내에서 살다 가는 것이요, 그
것을 노력하는 것이요,
40 그걸 원천적으로 봉쇄하고 깨려 하는
자, 그와 같은 자는 잘못된 자라 말하
는 그들의 가르침과 배움과 너희들의
차이가 무엇인지 너희들은 알아야 될
것이니,
41 이를 정확히 깨우치고 정확히 보도록
그리 전하라.

9,350 번째 하나님 말씀

2004년 1월 25일 22시 28분

1 사랑하는 나의 아들아!
2 "네, 아버님! 말씀하옵소서."
3 모든 종교 집단이요, 지도자들이요,
그 신도들이 주고받는 이야기가 무엇
인 줄 알겠느냐?
4 수천 년 그 많은 세월 속에 흘러오면
서 그들이 부르짖은 것은, 너희들이
답답하고 어렵고 고통스러우며 힘든
싸움이라도 절대 걱정하지 말라,
5 너희들의 힘들고 어려운 그 싸움은 나

여호와가 너희들을 위해 다 싸워 주
며 내가 다 처리해 주는 것이라 그리
하느니라.
6 그리고 나의 아들이 너희들을 위하여
싸워 주고 보호해 주기 때문에 너희
들은 그와 같은 것을 걱정할 필요도
없으며 염려할 것도 없다 그리 가르치
느니라.
7 어떠한 고통과 시련 속에서, 그리고
답답하고 어려운 그와 같은 환경이라
도 절대 걱정하지 말며, 적과 싸움이
있어도 너희들은 그 싸움에도 걱정하
지 말라,
8 그 모두는 나 여호와가 지켜 주며 나
의 아들 예수가 너희들을 대신해서 지
켜 주고 대신 싸워 주는 것이 하늘의
뜻이요, 나 여호와가 하는 일이라 그
리 가르침이니,
9 너희들이 나의 백성들을 얼마나 잘못
되도록 가르치는 줄 알겠는가?
10 무엇을 위해 나 여호와가 대신 싸우
며, 나의 아들 예수가 너희들을 위해
서 어렵고 힘든 그 싸움을 맡아서 하
며, 어렵고 힘든 그 모두를 내가 해결
해 주는 해결사라 생각하는가?
11 너희들은 여기서 깨우쳐야 될 것이니
라.
12 너희가 한 일, 너희들이 저지른 것은
모두 너희가 해결해야 될 것이며, 너
희들이 모두 헤쳐 나가야 되는 것이
나의 뜻이라는 것을 알라.
13 너희가 나로부터 그와 같은 은혜를 받
고자 한다면 너희들이 그와 같이 받을
수는 있음이니라.
14 그러나 너희들은 그와 같은 은혜를 나
에게 받을 자가 없음이니라.
15 그러니 나로부터 그와 같은 영광된 은
혜요, 그 모든 축복을 받는다면, 너희
들은 나의 뜻에 의한 삶을 살아가야
되니,
16 바르고 곧은 삶을 살아가는 그와 같
은 백성들이요, 그리고 내가 그들로
하여금 만백성을 구하는 그 역사를 이
루고자 할 때, 내가 너희들에게 그와
같은 기적을 이룰 수도 있음이니라.
17 그러나 나 여호와는 기적으로써 너희
들에게 역사하지 아니함이니,
18 이제 너희들이 답답하고 힘든 어떠한
전쟁 같은 것도 내가 대신해 준다는
그와 같은 착각에서 깨어나도록 그리
하라.
19 인간의 삶은 어떠한 것이든 너희들이
너희 문제에 대해서 책임을 져야 되
며, 너희들이 해결하고 가는 것이 나
여호와의 뜻이라는 것을 절대 잊지 말
라.
20 나를 믿기만 하면 너희들을 구원해 주
고 대신 싸워 주고 역사한다는 그와
같은 허황된 꿈 속에서 깨어나도록 그
리하라.
21 깨어나지 아니하고 태만한 자, 게으른
자는 나에게 올 수 없음이니라.
22 내가 나의 아들을 따르는 제자들에게
무어라 말하였느냐?
23 너희들이 살아가는 그 삶에 있어서 게
으름을 피우는 자는 내가 용서하지 아
니한다 하였음이니라.
24 게으른 자는 모든 것의 흐름을 막으며
모든 것을 썩게 하며, 그리하여 모든
것을 중단하게 된다 하였음이니,

25 너희들이 나의 아들 예수요, 그리고
나의 이름을 부르기만 하면 힘든 싸움
까지 대신해 주니 걱정하지 말라는
그 가르침 때문에 너희들이 과연 어떠
한 삶을 살아가는가?
26 진실한 아름다움이요, 하늘에 오르는
그 길을 노력하여 얻고자 해도 얻지
못하게 하며 그를 중단시키는 자들이
그들이니라.
27 그러니 모두는 너희들이 책임을 져야
한다는 것을 절대 잊지 말라.
28 네 책임에 대해서는 네가 모두 책임
져야 되며 모두를 너희 자신이 역사
해야 한다는 것을 절대 잊지 말라.
29 이제 나의 아들을 따르는 제자요, 나
의 법전을 읽고 깨우친 백성들, 그리
고 나의 법전을 따라갈까 말까 하는
생각으로 가고 있는 그 백성들, 너희
는 나의 아들 예수와 나에게 모든 것
을 맡기면 된다는 그들의 사기극에
현혹되지 말라.
30 그것이 잘못된 것이니라, 그리고 그것
이 나의 뜻이 아님을 너희들은 알라.
31 너희들이 정녕 나에게 오르고 영원히
사는 그 거듭남을 얻으려면, 내가 너
희들에게 지키고 살라 내린 어렵고 힘
든 그 길을 가라.
32 그것만이 너희들이 나에게 올 수 있는
길이라는 걸 절대 잊지 말라, 사랑하
는 나의 아들딸들아!

9,351 번째 하나님 말씀

2004년 1월 25일 22시 32분

1 사랑하는 나의 아들아!
2 "네, 아버님! 말씀하옵소서."
3 지금의 모든 종교 집단이요, 지도자들
이 하는 말이 무엇인 줄 알겠느냐?
4 하나같이 똑같은 말로 나의 피조물 만
백성을 우롱하고 있느니라.
5 너희들은 그리하느니라, 나 여호와가
너희들에게 모든 것을 역사해 줄 때,
그리고 너희들에게 기적을 이루며 너
희들이 바라는 것을 내가 상으로 내려
줄 때까지 그저 기도하고 기도하라,
6 기도하라, 기도만 하면 너희들이 역사
하는 것, 바라는 것이 모두 다 이루어
지는 것이니라,
7 그러니 중언부언 그저 너희들이 생각
나는 대로 그저 지껄이며 소리 지르고
악쓰라, 그와 같이 너희들이 기도하고
또 기도한다면 나 여호와가 모두를 이
루어 줄 것이라 하느니라.
8 그러면서 너희들은 그 성전이요, 죄의
온상인 그곳에 재물을 바치라, 그러면
너희들의 모두를 다 해결해 주며, 심
지어는 죽고 사는 그 싸움까지도 다
대신해 주는 나 여호와라 하느니라.
9 그러니 너희들은 그리하라 가르치는
것밖에 오늘의 종교 집단이 이끌어 온
수단이 무엇이 있느냐?
10 그러니 너희들은 여기서 깨우쳐야 될
것이니라.
11 어떤 것이요, 어떠한 형태든 간에 너
희들이 한 것은 너희들이 책임지는 것
이니,
12 너희들이 말로써 그저 내가 역사해 줄
때까지, 기적이 이루어질 때까지 기도
하고 재물을 바치고 바치라 하는 그와
같은 것이 얼마나 사악한 자들의 행위

인가?
13 그는 사탄 외에는 아무도 그리할 수가 없는 것이니라.
14 너희들이 완벽한 사탄이요, 마귀의 후손이 아니면 그와 같은 행위는 절대 할 수 없는 것임을 알라.
15 그러니 그 대가와 은혜를 받으려면 너희 자신이 얼마나 피나는 노력을 하며 고통의 길을 가며, 너희들이 얼마나 무섭도록 변화되는 그와 같은 삶을 살아야 하는지 알겠느냐?
16 너희들이 정녕 뜻하고 원하는 그것을 역사하고자 한다면,
17 너희들이 그를 받을 수 있도록 피나는 노력과 피나는 변화의 길, 어렵고 힘든 그 길을 가,
18 만백성으로부터 너희는 천사라는 말을 들을 때까지 변화되는 그와 같은 삶을 살지 아니하고는 아무것도 얻을 수 없으며 이루어질 수 없다는 그 무서움을 알라.
19 너희들은 이를 먼저 배우고 깨우쳐야 될 것이니라, 자격을 갖춘 자가 아니면 아무것도 이루어질 수 없으며 구할 수가 없다는 것을.
20 이제는 더 이상 너희들이 그 동굴 속에서 허덕이지 말며, 어두운 그 동굴에서 헤어나라.
21 그리고 찬란한 빛을 보도록 그리하라.
22 어찌하여 너희들은 그 어두운 동굴에서 헤어나지 못하며, 진흙탕 속에서 헤매고 나오지 못하며, 스스로 광명의 길로 헤쳐 나오는 그와 같은 삶을 살지 못한단 말이더냐?
23 이제 너희들이 깨우쳐야 될 것이니라, 그리고 너희들이 바로 봐야 될 때가 되었음을 알라.
24 이것이 마지막 기회이며 두 번 다시 없음이니, 너희들이 죽어 나에게 올 때까지 두 번의 기회가 없음을 너희들은 알라.

9,352 번째 하나님 말씀

2004년 1월 25일 22시 35분

1 사랑하는 나의 아들아!
2 "네, 아버님! 말씀하옵소서."
3 종교 집단이요, 지도자들이 무어라 말하느냐?
4 나 여호와를 찾으며 나의 아들 예수를 믿는 자는 모든 자들에게 핍박을 받으며, 가장 어려운 고통을 당하며 시련을 겪는 것이니,
5 그것이 나의 아들 예수를 찾으며 그 보혈로 은혜 받았다는 자들이요, 나를 찾기만 하면 구원을 받는다는 그 백성들이라 그리 말하느니라.
6 저희들이 진실한 믿음이요, 저희들이 가고 있는 것이 하늘에 오르는 길이기에, 저희들은 사탄으로부터 지탄을 받으며 사탄으로부터 고통을 받으며,
7 이 세상은 다 사탄이 지배하고 있는 세상이 되어 있기 때문에, 나의 아들 예수를 찾으며 나를 찾으며 천국에 오고자 하는 자, 그 백성은 핍박을 받으니,
8 가정으로부터 적이 있으며, 가정으로부터 핍박을 받으며, 그리고 아내와 남편 간에 핍박이 있으며, 자식과 부모 간에 핍박이 있으며, 형제지간에

핍박이 있는 것이니,
9 그것이 진정한 믿음이요, 하늘에 오르
는 길이라 너희들이 그리 말하고 그리
가르치느니라.
10 그러나 과연 사탄이 이 세상을 지배하
고 있다면, 그 핍박하는 자들은 무엇
이던가?
11 지금의 종교 집단이요, 지도자 너희들
처럼 다른 종파요, 다른 집단을 핍박
하고 경멸하고 멸시하며 정적으로 생
각하는 자들이 있는가?
12 지금 타 종교요, 다른 집단을 핍박하
는 그 집단이 어떠한 것인가?
13 그와 같은 행위를 하는 것이 사탄이라
한다면, 오늘의 종교 집단 너희들이
하고 있는 그 행위보다 더 사악하며
간악한 방법으로써 핍박하며 욕하며
그리 가는 자가 어디 있는가?
14 지금 나의 아들을 따르는 그 제자들이
요, 또한 나의 아들이 가르치면서, 그
들에게 다니던 기존 종교 집단에 가지
말라 하는가, 가서는 아니 된다 하는
가, 그것은 잘못된 것이니 가지 말라
그리 가르치는가?
15 나의 아들은 가서 듣고 배우고 깨우치
라 그리 말하느니라.
16 그러니 누가 핍박하는 자더냐?
17 나의 아들의 모든 제자들이요, 그 집
단들, 그리고 성전에 와 배움을 얻고
자 하는 그 백성들이 너희들이 말하는
모두를 다 핍박하는 사탄이라 그리 보
는가?
18 그렇지 않으면 저희 종파가 아니면 절
대 상대하지 않으려 하며, 인정하지
아니하려 하며, 형제지간에도 종교가
다르고 제 믿음과 다르다 하여 핍박하
는 그와 같은 자, 너희들같이 과연 누
가 그와 같은 행위를 하는가?
19 그러니 이 세상을 사탄이 지배하기 때
문에 진실한 종교요, 진정한 믿음은
핍박을 당한다 그리 말함이니, 바로
너희들이 핍박하는 자들이니, 너희들
이 누구더냐?
20 바로 너희들 스스로 사탄이라는 것을
너희들은 모르고 있음을 알라.
21 너희들보다 더 핍박하는 자가 세상에
없다 함을 알라.

9,353 번째 하나님 말씀

2004년 1월 25일 22시 42분

1 사랑하는 나의 아들아!
2 "네, 아버님! 말씀하옵소서."
3 나 여호와가 2천 년 전에 오늘의 나의
아들을 따르는 제자들이요, 나의 법전
을 읽고 깨우치는 만백성 너희들을 위
하여 성서에 기록한 한 토막을 전하고
자 함이니라.
4 '마귀요, 사탄의 자식이 우는 사자처
럼 세상을 돌아다니며 그저 삼킬 자를
찾는다.' 내가 그리 말하지 아니하였
더냐?
5 사자가 배가 고파 울부짖으면서 먹이
를 찾아 헤매듯이, 오늘의 믿음의 길
을 가는 자들이 그와 같은 형국으로써
간다 하며,
6 그러하기에 너희들은 굳건한 믿음으
로 그들을 대적하며 그들에게 먹히지
말라 그리 기록한 대목이 있음이니라.
7 그것은 오늘의 종교 집단 너희들을 위

해서 하는 말이 아니요,
8 오늘의 나의 아들을 따르는 백성들이
요, 그 제자들의 마음을 다스리고자
내가 성서에 기록하여 전한 뜻이라는
것을 너희들은 알겠는가?
9 과연 배가 고픈 사자가 울면서 먹이를
찾아 이리 뛰고 저리 날뛰는 것처럼,
지금 나의 백성들을 어느 종교 집단이
요, 지도자들이요, 그 신도들이 끌어
들이고자 하는가?
10 지금 너희들이 행하는 행위가 바로 배
고픈 사자가 먹이를 찾아 헤매듯이,
사랑하는 나의 백성들을 너희들이 찾
아 헤매고 끌어들이고 있지 않은가?
11 그리하여 그 백성들을 너희들이 끌어
들여 그들을 영원한 노예로 삼으며 너
희들이 그와 같이 부리는 자요,
12 그들로부터 대우를 받으며, 제왕적인
자리를 지키며, 많은 부하를 거느린
제왕처럼 그와 같은 형국으로써 이루
어 가고자 하는 것이 너희들이 아니더
냐?
13 이제는 그와 같은 깨달음을 스스로 깨
닫고 알 때가 되었음을 너희들은 알아
야 될 것이니라.
14 너희들은 무어라 말하느냐?
15 너희들과 믿음이 같지 않으면 형제까
지도 핍박하며 그들에게 고난과 고통
을 주려 하는 것이 너희들이 아니더냐?
16 너희들이 형제와 화합하며 그들을 전
도하는 방법이 무엇이더냐?
17 그저 너희들은 오로지 너희들만 하늘
에 오른다 하며 말로써 참새처럼 재잘
거리며 말로써 너희 형제들을 끌어들
이려 하니,
18 그와 같이 하여 화목함이 아니요, 불
화하며 서로 갈등을 만드는 것이 오늘
의 너희들이 아니더냐?
19 그러나 나의 아들이 그 제자들에게
무어라 강론을 하고 가르치느냐?
20 너희들이 부모를 먼저 공경하며 형제
지간에 우애를 가지라.
21 그리하여 너희들이 몸으로 실천하여
그 백성들이요, 그 형제들이 너를 보
고 깨우쳐 따라올 수 있도록 그리하
라, 나의 아들이 가르치느니라.
22 그러나 너희들은 무엇이더냐, 그저 고
통과 고난 속에서도 너희들이 믿는
그것만 위대한 믿음이요, 진실한 믿음
이니,
23 그 형제와 그와 같은 자도 너희 뜻을
따라오지 않는 자는 핍박하며 상대하
지 말며 대화하지 말라, 그리고 겸상
하지 말라, 같이 가지 말라 하는 것이
너희들이니라.
24 그들을 너희들이 인도하기 위해서 지
금 나의 아들이 가르치는 것처럼 삶의
행동이요, 삶으로써 감화를 받도록 하
여 그가 스스로 오도록 하라는 것이
아니라,
25 그저 너희들은 상대하지 말며 그와 같
은 자들과 같이하지 말라 그리 말하
느니라.
26 그러니 제 믿음이 하늘에 오르는 길이
요, 제가 구원을 받은 자라 말하니,
27 그들은 그저 참새처럼 만날 때마다 재
잘대며 참새처럼 그저 떠들어 댐이니
라.
28 그리하여 그들을 변화시키며 인도한
다는 것이 그들이니라.

29 그러니 그리해 가지고 인도가 되겠는
가?
30 그러니 서로 반목하며 만나면 불화를
이루는 것이 오늘의 잘못된 종교 집단
이요, 지도자들이니라.
31 그러나 나의 아들은 그 제자들에게
무어라 말하여 가르치느냐?
32 너희들이 부모를 공경하며 형제와 화
친하며 모범을 보이며, 귀하고 소중한
것을 다 그들에게 먼저 줄 수 있는 그
와 같은 마음으로 행동으로 보이고 살
라 그리 말함이니,
33 그것이 너희들이 만나면 즐거운 시간
이요, 형제지간에 우애를 돈독히 하며
서로 하나의 깨우침으로 인도할 수
있는 길이며, 기다릴 수 있는 믿음이
요, 아름다움을 가지고 있는 믿음이니,
34 과연 어떠한 것이 진정한 것인가를,
이를 보고 깨우쳤다면 너희들은 알
것이니, 그리 알라.
35 그러니 모든 백성들에게 그와 같은 너
희들의 오늘의 모습을 보여 주며,
36 지금의 종교 집단이 하고 있는 그와
같은 것 또한 그들이 볼 수 있도록 너
희들이 잘 지도하고 깨우쳐, 그들이
깨달음을 얻도록 그리해야 될 것이니
라.

9,354 번째 하나님 말씀

2004년 1월 25일 22시 48분

1 사랑하는 나의 아들아!
2 "네, 아버님! 말씀하옵소서."
3 너는 나의 법전을 가르치며 나의 성령
을 들어 너의 제자들에게 깨우침을 전
하면서, 너는 무어라 생각하는가?
4 나 여호와가 너의 제자들에게 더 강하
게 가라, 더 강하게 변화되라, 그리고
바로 서라 하여 너희들에게 책임만 내
려 주는 나 여호와를 너 스스로 원망
하는 마음이 한구석에 있음을 너는 아
는가?
5 나 여호와가 들여다보는 네 마음은 그
러하니라.
6 네가 나의 법전을 가지고 강론을 하며
내 뜻을 받아 그 백성들에게 설교하
고 가르침이니, 네가 단상에 서서 무
슨 마음을 가지고 하는가?
7 어찌하여 창조주 나 여호와 아버지가
제자들에게 더 강하라, 더 무섭게 변
하라 하며, 그리고 너희들은 어떠한
길을 가야 된다는 그 책임만 주고, 너
희들이 감당키 어려운 그 짐을 내리는
가 하여,
8 너는 한편에서 아쉬운 마음이 있으며
나 여호와를 원망하는 마음이 있음을
아느냐?
9 너희들에게 사랑을 베풀고 재물을 주
며 물질적인 영화와 영광을 주는 것
이 아니라,
10 더 강하게 변하라, 바로 서라 가르치
는 나 여호와를 아무리 무어라 해도
너는 스스로 말없이 원망하는 그 마
음이 있음이니, 너는 그와 같은 마음
을 가져서는 아니 될 것이니라.
11 네가 전하는 나의 뜻에 따라 행하는
것이 네가 가야 할 길이며, 너의 제자
들의 고통을 덜어 주는 것이며,
12 너의 제자들을 네가 지옥에서 구원하
는 그와 같은 역사를 하고 있음이니,

네가 그와 같은 생각으로써 중단하고
자 떼어 내고자 버리고자 하는 그와
같은 생각을 해서는 아니 될 것이니라.
13 사랑하는 나의 아들아, 사랑하는 제자
들이 브레이크라는 것이 고장 난 차
를 타고 간다 하자.
14 너희들이 그 차를 몰고 가면 평탄한
길은 무사히 갈 수 있지 않겠느냐?
15 그러나 사랑하는 제자들이 타고 가는
그 차가 정녕 브레이크라는 제동 장치
가 고장 났을 때, 평탄한 길은 그대로
가나,
16 미끄러운 경사진 길에 도달했을 때 제
동을 걸 수 있는 브레이크라는 것이
작동하지 아니하며 헤어날 수 없는 벼
랑길을 달려간다면,
17 너는 과연 그래도 브레이크가 고장 난
차를 사랑하는 너의 제자들에게 타고
가라 그리 말하겠는가?
18 그렇지 않으면 고장 난 것을 완벽하
게 고치고 다스려서 너희들을 태우고
여행을 하도록 하겠는가?
19 여기서 나의 아들 너는 어찌하여 그
리 어리석은 생각을 하는가?
20 지금 너희들이 그와 같이 바로 서지
못하며 바로 깨닫지 못하며,
21 내가 더 강하게 서라, 그리고 더 무섭
게 변하라는 것을 가슴 아파하는 네
마음보다도 나 여호와의 마음이 더 아
프니,
22 네가 그와 같은 생각을 가지고 강하게
가라, 더 다스리라 하며 책임만 무섭
게 쥐여 주는 나를 원망하는 것은,
23 사랑하는 너의 제자들을 브레이크가
고장 난 그 기계에 태우고 네가 벼랑
길을 가려 하는 것과 똑같음을 알아
야 될 것이니라.
24 그러니 너희들에게 내가 전하는 것,
내가 역사하고자 하는 것은 너희들을
완전케 정비하고 다스려서 태워 보내
고자 하는 것이거늘, 나의 마음을 너
희들은 어찌 모른단 말이더냐?
25 그러니 정비하고 수리하는 것을 중단
하고 너희들을 태워 가려는 것을, 그
대로 가도록 하며 내가 막지 아니하
며 중단시키지 아니해도 되겠느냐?
26 그것이 창조주 나 여호와가 할 길이
라 너는 생각하느냐?
27 그러니 사랑하는 나의 아들아, 네가
나를 원망하는 마음을 가져서도 안 되
며, 그와 같은 마음을 너 스스로 지우
며,
28 너의 제자들만 불쌍하며 너의 제자들
만 가련하다 생각하지 말라.
29 브레이크가 고장 난 차에 태워 벼랑
끝으로 미는 그와 같은 짓을 하지 말
라, 사랑하는 나의 아들아!
30 이것이 내 뜻임을 너는 어찌 모르느냐?
31 잘못 가면 떨어져 죽는 곳에 너희들이
위험 표시라는 것을 단단히 세워, 떨
어지는 백성을 살리는 그 수고로움을
하지 아니하는 자와 같음이니라.
32 너희들이 말하지 아니하는가?
33 고압 전류가 흐르는 곳, 그저 짐승이
요, 식물이요, 닿기만 하면 타는 그와
같은 무서운 고압 전류라는 것이 흐르
는 곳에 너희들이 '접근 금지'라는 것
을 써 붙이는 것을 귀찮아하는 자와
똑같음이니,
34 경고장을 붙이지 아니하면 거기서 어

떠한 불행한 사태가 생기겠느냐?
35 그러니 네가 어찌 그와 같은 수고로
움도 하지 않으려 하며, 그 수고로움
이 힘들다 그리 말하느냐?
36 떨어지면 너희들이 생명을 잃는 곳에,
위험 표시라 하여 거기에 사람이 접근
하지 못하도록 주의하도록 만드는 것,
그것을 네가 하기 싫다며 그것이 힘든
길이라 그리 말하는 어리석은 자와
같음이니 그리 알라.
37 너의 제자들이 어렵고 힘든 그것이 가
슴이 아프다 해도, 너는 그들을 위하
는 것이요, 그들을 바로 서게 하는 것
이요, 내가 그들에게 상을 내리고 축
복을 내릴 수 있게 함이니,
38 네가 인간의 생각을 저버리지 못하여
아직도 헤매는 그와 같은 마음을 갖지
말며, 나를 원망하는 그와 같은 마음
을 정녕 조금도 가져서는 아니 될 것
이며,
39 너의 제자들에게 미안한 마음을 갖지
말 것이며, 그들에게 네가 어떠한 길
이든지 빨리 열어 주고자 하는 그와
같은 생각을 하지 말라.
40 모두가 다 각자 넘고 책임을 져야 하
는 그와 같은 것이 형성되어 있음이
니,
41 너는 모르나 그들이 벗어날 수 있는
것은 오늘의 그와 같은 삶을 사는 그
것만이 그 자신을 구하는 길이라는
것을 잊지 말라.
42 내가 다시 한 번 말함이니, 너는 이제
그와 같은 생각을 하지 말라.
43 그와 같은 마음을 먹고 네가 흔들리
면, 네 사랑하는 제자들을 브레이크가
고장 난 그 기계에 태워서 벼랑길로
미는 것과 조금도 다름이 없음을 알
라, 사랑하는 나의 아들아!

9,355 번째 하나님 말씀

2004년 1월 25일 22시 55분

1 사랑하는 나의 아들아!
2 "네, 아버님! 말씀하옵소서."
3 지금까지 모든 종교 집단이요, 그 지
도자들이, 너희들이 말하는 그 장사의
호황을 이루었으며, 너희들이 한때를
맞는 그와 같은 것으로써 2천 년 동안
흘러왔음이니라.
4 그러나 이제는 너희들이 가장 들어서
는 안 되는 이야기, 신도들이 들을까
봐 마음 졸이며, 그리고 들어서는 절
대 안 되며 그를 막고자 하는 그와 같
은 말들을 지금서부터 너희들은 듣게
되며 그를 깨우치고자 전함이니, 너희
들에게 임박함을 알아야 될 것이니라.
5 지금 가고 있는 그 길이 지옥의 길이
요, 너희가 가고 있는 것은 진정한 믿
음이 아니요, 잘못된 믿음이요, 그와
같은 말을 이제 너희들에게 전하는 시
대가 되었으며 너희들이 듣게 되었으
니,
6 너희들이 가장 듣기 싫어하는 말이며
정녕 들어서는 아니 되는 것은 바로
무엇이더냐?
7 너희들에게 사탄이요, 잘못 가르치는
자들이라 말하는 것이니,
8 나의 법전에 기록된 그 내용이요, 그
대목, 그리고 이를 깨우친 백성들이
너희들이 가는 것은 정녕 잘못된 믿음

이라는 그 말이 너희들은 더 이상 듣
기 싫은 시대가 올 것이며, 그를 위하
여 너희들이 거부하는 방안을 세우는
그와 같은 형국까지 이루어질 것이니
라.
9 그러나 너희들이 가고 있는 믿음이 잘
못된 길이요, 사탄의 길이요, 죽음의
길이라 말하는 것보다 너희들이 더 무
섭고 몸서리치는 것은,
10 너희들이 어떠한 형편이든 어떠한 이
유든 각종 헌금을 걷지 말며, 십일조
를 걷지 말며, 재물을 걷지 말며, 제왕
적인 자세를 하지 말며, 너희들이 섬
기는 자가 되라는 그와 같은 말이 너
희들이 더욱더 들을 수 없으며 듣고
싶지 아니하며,
11 그 소리를 너희 신도들이 들을까 봐
가슴이 터질 것 같은 불안한 공포를
느끼게 될 것이니,
12 그것이 바로 너희들이 앞으로 겪어야
할 일이며 너희들이 당해야 할 일이라
는 것을 알라.
13 각종 헌금이요, 재물을 바치는 자, 그
리고 재물을 제 명의로 해 놓는 자, 감
추어 두는 자는 사탄이요, 마귀의 자
식이라는 이와 같은 말을 너희 신도가
들을까 봐, 너희들을 따르는 그들이
들을까 봐 가슴을 졸이며 공포의 시간
을 보내기 시작할 것이니라.
14 그러니 너희들이 나의 아들이 강론하
는 단어 한마디, 그리고 한줄기의 가
르침, 그리고 나의 법전의 구석구석에
들어 있던 그 내용들이 네 가슴을 터
지게 하며 네 피를 거꾸로 솟게 하며,
네가 숨 쉴 곳을 없게 만들며, 네가 설
자리가 없게 만들며,
15 네 밥줄이 떨어지는 것이요, 네 재물
과 금화가 떨어지는 것, 너희들의 신
도라는 자들이 등 돌리고 돌아서는 것
을 보는, 피 토하는 고통보다 더 어렵
고 힘든 것을 너희들이 겪게 될 것이
니 그리 알라.
16 그와 같은 것을 너희들이 겪어야 할
것이니, 스스로 지금 깨우치라.
17 그러나 너희들이 그를 깨우치지 아니
하며, 바로 가지 아니하며, 너희들이
그를 막으려 하며 그를 듣지 못하도록
한다 하나, 지금은 너희들이 막을 수
있을 것이니라.
18 그러나 너희들은 결코 그를 막을 수
없으며, 그를 듣지 못하게 할 수 없는
것이 너희들이니라.
19 죄짓고 사는 자는 죄짓고 산다 말하는
것이 죽도록 듣기 싫을 것이니라.
20 도둑질하는 자보고 도둑놈이라 하는
말이 가장 그에게 듣기 싫은 말이요,
21 인간은 자기 취약점이요, 자기가 남보
다 부족한 점, 그 약점을 건드리는 자
에게 분노하지 아니하는 자, 없으며
그보다 더 불쾌한 자 없으며, 그보다
더 듣기 싫은 소리가 없으며,
22 그와 같은 말을 하는 자를 저주하고,
그보다 더 미워하고 저주하는 자가 없
는 것처럼 너희들이 지금 잘못 가고
있으며 잘못되었으니,
23 죄를 짓고 있는 자에게 죄를 지은 줄
모르고 살아가는 것이 너희들이라 하
는 그와 같은 가르침을 전해 줄 때, 너
희들은 죽기보다도 그 소리가 듣기 싫
을 것이니,

24 그와 같은 소리를 너희들이 막고 그를
차단할 수 있다 생각하는가?
25 이제 나의 아들딸이요, 나의 백성들이
나의 법전을 읽고 깨우쳐 너희들에게
전하는 그 말은 너희들의 가슴을 비수
로 찌르는 것보다도 더 무섭고 두려운
공포로 역사할 것이며,
26 지금까지 너희들이 몇천 년 동안 누려
온 제왕적인 위치요, 그리고 나의 만
백성을 종이요, 머슴처럼 부렸던 그와
같은 시대는 지나갔으니, 너희들이 꿈
에서 깨어나야 될 것이며,
27 앞으로 모든 종교 집단은 그와 같은
역사는 있을 수 없을 것이니, 너희들
이 피 토하는 고통보다도 더 무서운
그 시련을 앞으로 겪고 가야 된다는
걸 알라.
28 160권의 법전에 나와 있는 그 내용을
너희 신도들이 보지 않을 자가 없으며
읽지 아니할 자가 없음이니, 그들이
읽고 그대로 깨우쳐 가고자 한다면 너
희들이 과연 견딜 수 있겠는가?
29 지금 나의 성전에 오며 나의 아들의
강론을 듣는 자, 나의 법전대로 살아
가고자 하며 거기서 한 치도 벗어나지
않으려고 살아가는 그 백성들이 있음
이니,
30 이 세상에 나의 피조물 만백성 너희들
을 따르고 맹종했던 자들이 법전을 보
고 이것이 옳다 생각할 때,
31 그들은 여기서 한 획도 한 자도 틀리
지 말도록 수십 년 훈련받아 왔으니,
32 그들이 스스로 그리 지키고자 하며 그
리 간다면, 너희들의 가슴에 비수를
꽂는 것보다도 더한 아픔이 있을 것이
니,
33 그게 바로 내가 너희들을 단죄하는 것
이며, 너희들에게 재앙을 내리는 것이
라는 것을 알게 될 것이니라.

9,356 번째 하나님 말씀

2004년 1월 25일 23시 01분

1 사랑하는 나의 아들아!
2 "네, 아버님! 말씀하옵소서."
3 지금의 종교 집단의 지도자요, 그리고
그 신도들, 그들의 머릿속에 박혀 있
는 생각이 무엇인 줄 알겠느냐?
4 그들의 머릿속에는 수천 년 동안 흘러
오면서 종교 집단이요, 지도자들이 그
머리에 세뇌시킨 것을 아무리 빼려 해
도 빼낼 수 없으며, 나 여호와가 뺏으
려 해도 뺏을 수 없는 그와 같은 보물
이 되어 있음이니, 그것이 무엇인 줄
알겠느냐?
5 그들은 인간이 자기 힘으로써 무엇인
가를 이루고자 하며 제가 원하는 것을
성취하고자 하는 자,
6 또한 인간이 생각하면서 제 생각한 뜻
을 생활에 적용하여 그 모두를 스스로
이루려는 자,
7 자신의 생활을 스스로 다스려 나갈 수
있으며 자기가 지켜 나갈 수 있다 생
각하는 사람,
8 그와 같은 자는 진정한 믿음의 길을
가는 백성이 아니요, 창조주 나 여호
와를 믿는 자가 아니요, 나의 아들 예
수를 인정하지 아니하는 백성이라 너
희들이 그리 가르치고 지금 전하고 있
음이니라.

9 그리하여 그 생각은 나 여호와가 뺏으
려 해도 너희들이 목숨을 걸고 지키는
그와 같은 보물로써 너희들의 머릿속
에 박혀 있음이니,
10 이것이 너희들이 깨어날 수 없으며 거
듭날 수 없는 그와 같은 길임을 알아
야 될 것이니라.
11 너희들은 인간으로서 무엇을 이루며
인간으로서 역사하며 인간으로서 스
스로 깨우쳐 나가는 그와 같은 삶을
사는 자는 나 여호와를 믿는 백성이
아니요, 선택된 백성이 아니라 그리
가르치고 못을 박아 놓았음이니,
12 그들이 그것이 두려워서 움직이지 못
하며 거부하지 못하느니라.
13 그러면서 그와 같은 자는 사탄의 자식
이요, 지옥으로 간다 가르치니, 그들
이 어찌 너희들의 그 굴레에서 벗어날
수 있겠는가?
14 그러니 나 여호와가 그것을 뺏으려 해
도 나에게도 주지 아니하려고 움켜쥐
고 있는 너희들이 그 욕심의 한계가
어떠하던가?
15 이방인이요, 잘못된 자라 하여 너희들
이 한 치의 양보도 없는 것, 그리고 그
와 같은 자들과 타협하며 협조하지 말
며 대화하지 말며, 그리고 너희들 것
만 지키고 살아가는 그와 같은 형태로
지금 몰고 가고 있음이니라.
16 그러니 모든 백성들이 스스로 노력하
여 무엇을 이루고자 하며, 자기의 악
습을 하나하나 버려 바로 깨우쳐 나에
게 오르고자 하며, 그리하여 그 백성
들이 구원을 받을 수 있는 그 기회마
저 송두리째 뺏어 가는 자들이 너희들
이니라.
17 그러나 너희들은 알아야 될 것이니라.
18 너희들이 그와 같은 것으로써 나의 백
성이 아니요, 하늘에 오를 수 없는 백
성이라 결정짓는 것, 심판하는 것이
얼마나 무서운 것인 줄 알겠느냐?
19 나 여호와만 그들을 구원할 수 있으
며, 구원을 받고 못 받는 것을 심판하
는 것은 나 여호와의 고유의 권한이거
늘,
20 어찌하여 인간인 너희들이 무엇을 알
기에 제가 남들을 결정하고 심판할 수
있다 하여,
21 모든 신도들이 스스로 일어서고자 하
는 자, 자기 자신이 무엇인가를 역사
하고자 하는 자, 자기 자신이 스스로
깨우쳐 내 뜻에 따라 살아가고자 하는
그와 같은 자들은 나의 아들 예수를
따르는 자들이 아니요, 나를 경배하는
자들이 아니요, 나의 백성들이 아니며,
22 사탄이요, 이방인이요, 잘못된 백성이
라 심판하며 그리 결정하는가?
23 그 심판 자체가 너희들이 오만하고 교
만한 것이며, 그 심판 자체가 나 여호
와의 권위에 도전하는 행위라는 것을
너희들은 어찌 모르는가?
24 나 여호와는 최선의 노력을 다하는 백
성, 그리고 변하고자 몸부림치는 그와
같은 백성들을 사랑하며 그들을 인정
한다는 것을 알라.
25 너희들이 최선의 노력을 다하여 변하
고자 할 때, 내가 너희들의 그 노력 여
하에 따라서 구원하고 구원하지 아니
하는 것은 나 여호와의 특권이요, 나
의 고유의 권한이거늘,

26 어찌하여 너희들이 마음대로 어떠한
백성은 나에게 오를 수 없으며 어떠한
백성은 나에게 오를 수 있다 그리 평
가하고 판단하여 전한단 말이더냐?
27 그것이 나에게 도전하는 자들이요, 내
뜻을 거역하는 자요, 하늘의 이치와
하늘의 뜻의 두려움을 모르는 어리석
은 백성이니,
28 저 자신이나 그와 같은 것을 깨닫고
저 자신이나 바로 서도록 하라 전하라.
29 심판의 기준이 무엇이며 하늘에 와 벌
과 상을 받는 것이 무엇인지도 모르는
그 어리석은 백성들에게, 함부로 입을
놀리지 말라 그리 전하라.
30 나 여호와의 권위에 도전하지 말라 그
리 전하도록 하라, 사랑하는 나의 아
들딸들아!

9,357 번째 하나님 말씀

2004년 1월 25일 23시 04분

1 사랑하는 나의 아들아!
2 "네, 아버님! 말씀하옵소서."
3 너희들이 알면서 실수하는 것과 모르
면서 실수하는 것이 있으니,
4 모르면서 실수하는 것은 애교요, 사랑
으로 봐줄 수 있으나, 알면서 실수하
고 알면서 파괴하는 그와 같은 행위
는, 그를 어찌하여 아름다운 애교요,
아름다운 모습으로 볼 수 있단 말이더
냐?
5 지금의 모든 백성들이 몇천 년 동안
흘러오면서 내 성경에 기록되어 있는
그 비유의 뜻이요, 내가 무엇을 원하
는가 그 뜻을 너무나 잘 알고 있느니
라.
6 그러면서도 저희들이 계산하여 어렵
고 힘든 것은 묻어 버리며 지워 버리
고, 저희들은 그것을 깨우쳐 행하려
하지 아니하는 것이 그들이 지금 가지
고 있는 마음의 상태임을 너희는 알라.
7 너희들은 그와 같은 백성들이 어떠한
백성들인 줄 알겠느냐?
8 그와 같은 백성들이야말로 비유의 뜻
을 알면서 행하지 않는 백성들이니,
9 나의 성경이라 하여 내린 그 성서를
너무나 많이 읽고 암송하여 그 구절구
절을 다 잘 알고, 몇 장 몇 절에 무엇
이 있는지까지 암송하는 자들이니라.
10 그와 같이 암송을 하면서 너희들은 결
국 어떠한 행위를 하느냐?
11 암송해서 너희들이 그를 깨달았다면,
그를 하나하나 끄집어내어 생활에 적
용하며, 너희들이 거기에 위배되지 않
는 그와 같은 삶을 살아야 되거늘,
12 너희들은 천 번 만 번 읽었다 하여 암
송은 잘하며 암기는 잘하느니라.
13 그러나 너희들은 가장 중요한 것인 행
함이 없으니, 행하지 아니하는 것이니
라.
14 중요한 것은, 너희들이 행해야 할 때
행하지 아니하며, 지켜야 할 때 지키
지 않으며, 그저 암송하고 읽는 것으
로써 끝나는 오늘의 신앙생활이요, 믿
음으로 가기 때문에,
15 너희들이 지금까지 온 그 믿음의 생활
이요, 구원을 받았다는 자, 구원을 받
을 수 있다 하는 자, 모두 다 공수표만
남발한 것이며,
16 나에게 올 수 없다는 그 안타까운 마

음을 너희들은 알아야 될 것이니라.

9,358 번째 하나님 말씀

2004년 1월 25일 23시 13분

1 사랑하는 나의 아들아!
2 "네, 아버님! 말씀하옵소서."
3 오늘의 믿음의 길을 가는 모든 백성
그들은 나와 관계없으며, 그들이 왔을
때 내가 그들을 모른다 말하는 가장
크고도 큰 원인이 무엇인 줄 알겠느냐?
4 지금 수천 년 동안 믿음의 길을 온 너
희들의 그 믿음이요, 신앙은 어떠한
이유든 간에 그것은 제자리를 지켜야
되며 어떠한 형태든 변화되어서는 아
니 된다 그리 가르치고 지금 그리 오
지 않는가?
5 그러니 지금까지 오는 그 믿음이 잘못
되었음을 너희들은 알라.
6 제자리를 지키며 한 획도 고쳐서 안
되며 더해도 빼서 안 된다는 그 자체,
그리고 변화되어서는 아니 된다는 그
가르침이야말로 잘못된 것이기 때문
에 그 가르침을 버려야 되며,
7 그와 같은 것에서 깨어나지 아니하면
너희들은 절대 아니 됨이니라.
8 내가 너희들에게 묻느니라.
9 너희들이 정녕 오늘의 믿음이요, 그
믿음 속에서 변화되는 믿음으로 가지
아니한다는 것은, 너희들이 자신이 완
벽한 인간이 되어 있으며, 완벽한 삶
을 살아가는 것이며, 완벽하게 천사가
되어 가는 그와 같은 삶을 살며 그 위
치에 왔다면,
10 너희들은 절대 변화될 필요가 없으며,
변화된 삶을 살 필요가 없으며, 변화
되어서도 아니 되는 것이 너희들임을
알아야 될 것이니라.
11 그러나 너희들 스스로 너희 자신을 들
여다보라.
12 너희들이 과연 지금의 믿음이요, 지금
가는 것이 완전하다 하는가?
13 절대로 너희들은 완전하지 못함이니
라.
14 나 여호와가 보는 너희들은 완전한 자
가 아니요, 완전한 믿음의 자리를 지
키지 못했으며, 완전한 천사와 같은
백성으로 변화되지 못하였기 때문에,
15 너희들은 변화되고 변하는 그와 같은
역사 속에서 나에게 오는 그 길을 봐
야 되기 때문이니, 그리하여 변화되는
믿음이 소중한 것이거늘,
16 그 변화되는 것은 안 되며, 변화되는
자는 지옥으로 가는 자요, 죽은 자요,
사탄이요, 마귀의 자식이라 하며,
17 너희들이 쓸 수 있는 말은 다 갖다 나
의 피조물 만백성에게 주입시켜, 그들
이 꼼짝달싹하지 못하도록 그리 묶어
놓고 세뇌시켰음이니, 과연 너희들이
어찌하겠는가?
18 이제 나의 아들을 따르는 제자, 그리
고 나의 법전을 읽고 깨우친 백성, 너
희들은 완전한 사람이 되었으며 완전
한 참진리의 길을 갈 수 있는 천사와
같은 자가 되었다면,
19 너희들은 변하는 믿음을 추구하지 아
니해도 되며, 변화되는 그와 같은 역
사를 이루어서도 아니 될 것이니라.
20 그러나 너희들이 완전하지 못하며 완
전하게 되지 못하였다면, 너희들은 완

전하지 못하기 때문에 완전을 추구하
기 위하여 언제라도 수없이 변해야 되
며,
21 변화되는 그 소용돌이에서 너희들이
주역이 되어야 되며 변화되지 아니하
면 절대 아니 됨을 알라.
22 내가 나의 아들을 통하여 너희들에게
무어라 말하였느냐?
23 구약의 시대보다 신약의 시대의 그 중
요성은 무엇이더냐?
24 구약의 시대가 지나간 것이며, 신약의
시대가 새로 내려온 것이니, 그 신약
의 시대요, 새로 내려오는 것이 더 소
중한 것이라 하였으며,
25 현실적으로 지금은 그것이 긴박한 상
황이라 하지 아니하였더냐?
26 그러니 신약에 있는 것을 지금의 나의
법전에 내 뜻을 담아서 나의 아들에게
내려보냄이니,
27 이것이 또한 이 시대의 너희들에게 필
요한 것이기 때문에 이게 더 중요한
가르침이요, 내가 역사하는 진실한 그
뜻이니 너희들이 알라 그리하지 아니
하였느냐?
28 그러니 모두가 변화되고 변화시키는
것은 너희들이 완전하지 못하기 때문
이니라.
29 완전하지 못한 너희들이기 때문에 변
화되는 속에서 깨달음의 길을 가야 되
는 것이 나의 아들딸 너희들이 가야
하는 길이니라.
30 그리고 너희들은 언제나 제자리를 지
키고 있는 자들이 아니니라.
31 너희들은 항상 죽을 때까지 성장하도
록 되어 있으며, 성장하는 것이 나의
사랑하는 아들딸 너희들이니라.
32 믿음이 끝없이 성장하며, 언제까지라
도 너희들이 죽을 때까지 계속 성장하
는 그와 같은 믿음으로 가도록 되어
있으며,
33 그리 성장하도록 되어 있는 것이 나
여호와의 뜻이며 너희들이 살아가는
형태임을 알라.
34 너희들의 믿음 또한 변화되는 것이니
라.
35 그리고 너희들의 그 믿음이 변화되는
속에서 어떠한 것을 얻느냐?
36 너희들은 변화되는 믿음이요, 완전한
사람이 되기 위하여 열심히 추구하고
가는 그 삶 때문에 너희들은 스스로
하나를 버리고 둘을 버리고,
37 그리하여 네가 변화되는 모습이요, 악
의 습성을 버리는 그 속에서 너희들
은 변화됨의 성취함을 느끼게 됨이니
라.
38 이 세상에서 너희들이 가장 행복하고
기쁜 것이 무엇이더냐?
39 버릴 수 없는 악습이요, 지울 수 없는
악습을 너희들이 하나하나 버리고 변
화시키는 그 삶에 성취감의 기쁨을 맛
본다면 그보다 더 위대하고 더 소중한
기쁨이 없거늘,
40 그것을 모르고 살아가는 것이 지금 오
늘의 종교 집단이요, 그 신도들이니라.
41 성장하고 변화되는 것이 나 여호와가
너희들에게 원하는 것이니라.
42 너희들이 결코 완벽한 백성이 아니기
때문에, 완전한 너희들이 될 때까지
계속 변해야 되며, 너희들은 변하는
그 길을 가야 된다는 것을 알아야 될

것이니라.
43 너희들이 오늘의 살아가는 그 길이 무
엇인 줄 알겠느냐?
44 너희들이 죄 속에 살면서 그것이 옳
으며 그것이 맞다 하여 거기서 벗어나
지 못하고 너희들이 영원히 거기서 존
재한다면 그것은 무엇이더냐?
45 너희들은 잘못된 속에서 벗어나야 되
며, 잘못된 것에서 헤어나야 되며, 잘
못된 것에서 헤치고 나와야 되는 것이
너희들이 가야 될 것이 아니더냐?
46 제자리를 지키는 것이 아니니라.
47 제자리에서 역사하는 것이 너희들의
믿음이 아님을 알라.
48 나 여호와에게 오르는 길은 너희들이
계속 변함을 추구하며, 변화되며 성장
하며 그와 같은 역사를 이루는 것이
대역사를 이루는 것임을 너희들은 알
아야 될 것이니라.
49 이제 2천 년이요, 수천 년의 역사가
흐른 뒤에 그 변화의 대역사가 필요한
것이며, 그리고 그 흐름이 지금이라는
것을 내가 알기에 너희들에게 깨우쳐
주는 것이며, 그 역사함을 시행하고
있음을 너희들은 알아야 될 것이니라.
50 너희들이 악한 자가 되어 있으며 악한
속에서 살아가기 때문에,
51 이와 같은 흐름을 따르고 이와 같은
변화를 받아들이지 아니하며, 이 모두
를 거부하며 이 소용돌이를 막으려 하
는 것이니라.
52 그러니 정녕 너희들이 그와 같은 속에
서 스스로 무너지고 파괴된다는 것을
어찌하여 모르더냐?
53 너희들이 산산조각 무너지고 파괴되
었을 때 형체를 찾을 수 없음이니,
54 너희들이 나의 아들을 따르며 나의 법
전을 읽고 깨우쳐 구원의 길을 온다
해도 너희들이 올 수 없는 것이니라.
55 그러니 그와 같이 오늘 가르치는 자는
만백성을 죽이는 자요, 만백성을 지옥
으로 이끌어 가니, 너희들이 그 죄를
다 어찌 감당한단 말이더냐?
56 완전한 백성이 있거든 오늘의 성서를
그대로 믿고 변화되지 않는 삶을 살라.
57 그러나 너희가 완전하지 아니하다면,
완전한 그 모습으로 완전한 삶을 추구
하기 위하여 너희들은 변화되는 속에
서 변화와 변화를 이루어야 될 것이며,
58 성장하고 성장하는 속에서 너희들이
성장해 나가야 된다는 걸 절대 잊지
말고 명심하라.

9,359 번째 하나님 말씀

2004년 1월 25일 23시 17분

1 사랑하는 나의 아들아!
2 "네, 아버님! 말씀하옵소서."
3 내 사랑하는 모든 백성 너희들은 그
삶이 무엇이더냐?
4 선택 속에서, 선택을 하는 선택의 연
속 속에서 살아가야 되는 것이 나의
사랑하는 백성 너희들의 삶임을 알아
야 될 것이니라.
5 그러니 그 선택은 너희들과 영원한 싸
움이니라.
6 그러나 나의 아들을 따르는 제자, 그
리고 나의 법전을 읽고 깨우친 만백성
너희들은 축복과 영광이 무엇인 줄 알
겠느냐?

7 나 여호와로부터 가장 큰 상을 받은
것이 무엇인 줄 알겠느냐?
8 너희들이 모두를 다 던지며 모두를 다
놓아도 억울할 것이 없으며 손해 보는
것이 없으며 분한 것이 없는 것이 어
떠한 축복인 줄 알겠느냐?
9 너희들은 가장 위대한 선택에서 가장
큰 선택의 길에 너희들이 들어왔음이
니라.
10 가장 위대하고 소중한 선택의 결정에
서 너희들은 가장 소중한 것을 선택한
승자이니라.
11 나의 법전을 접하며 나의 아들을 따르
며 이 길을 가고자 하는 것, 그것이 인
생에서 가장 중요한 선택의 그 길에서
가장 위대한 선택을 움켜쥔 것임을 어
찌하여 모르느냐?
12 이제 너희들은 가장 크고 큰 선택을
했음이니, 너희들이 살아가면서 계속
되는 그 선택은 작은 선택의 연속뿐이
니,
13 큰 것을 선택하여 바로 선 자들이 작
고 작은 그 모든 것을 선택할 때, 그
선택의 싸움에서 너희들이 넘어지고
무너지겠느냐?
14 절대 너희들은 넘어지지 아니하며 무
너지지 아니함이니라.
15 가장 큰 선택에서 너희들이 승자가 되
었음이니, 가장 작은 것부터 큰 선택
에 이르기까지 그 속에 있는 모든 것
은 너희들이 다스릴 수 있으며 선택의
승자가 되는 것이 당연한 일이 아니더
냐?
16 그러기에 너희들이 가장 위대한 승자
요, 너희들보다 더 큰 축복이요, 영광
을 받은 백성이 없다는 그 의미를 알
겠느냐?
17 가장 위대한 선택에서 가장 위대한 선
택을 한 것이 나의 아들을 따르는 제
자들이요, 나의 법전을 읽고 깨우친
만백성 너희들이 받은 은혜요, 영광이
요, 축복임을 알라.
18 그것으로써 너희들이 무엇과도 바꿀
수 없는 소중함이 있음을 알라.

9,360 번째 하나님 말씀

2004년 1월 26일 07시 45분

1 사랑하는 나의 아들아!
2 "네, 아버님! 말씀하옵소서."
3 나 여호와가 오늘의 종교 집단의 그
믿음이요, 신앙이 잘못 갔다 말하기
전에, 내가 너희들에게 내려 나의 법
전에 기록하여 전하며 너희들에게 그
와 같은 강론을 하지 아니하고 그와
같은 말을 하지 아니한다 해도,
4 지금 그 믿음의 길을 가고 있는 광신
도들, 그들은 자신이 잘못 가고 있으
며 저희들이 구원을 받을 수 없다는
불안함과 초조함을 느끼고 있음이니
라.
5 그리하여 그들은 그 공포 속에서 벗어
나지 못하며 항상 불안한 생활 속에서
하루하루를 생활하며 가고 있느니라.
6 그러면서도 그곳에서 끈을 놓지 못하
는 그 어리석은 백성들이요, 그 불쌍
한 자들을 그대로 버려둘 수는 없지
않은가?
7 너희들이 지금 가는 믿음의 길로써
구원을 받을 수 없으며 불안하다 생각

을 함이니, 너희들이 보고 읽고 깨우
치면 구원을 받을 수 있는 나의 법전
을 세상에 내려보내거늘,
8 어찌하여 이와 같은 법전이 세상에 내
려오며 이와 같은 것이 세상에 역사하
는 그 기쁨이요, 위대함이요, 소중함
을 모르며,
9 제가 지금의 믿음으로 가서는 아니
된다 느끼면서도, 어찌하여 남의 것은
잘못되었다 하며 그는 용서할 수 없으
며 받아들일 수 없다 그리 말하는가?
10 이것이 사랑하는 나의 백성들의 마음
이니, 그곳에 사랑이 어디 있으며 아
름다움이 어디 있겠는가?
11 이제 사랑하는 나의 피조물 만백성 너
희들은 들어야 될 것이니라.
12 너희들이 오늘의 믿음이요, 신앙생활
을 하면서 이것은 아니요, 잘못된 것
이라 생각하며,
13 그리고 자신이 하늘에 올라 다시 태
어나는 영광을 얻을 수 없으며 구원
의 길에 들어설 수 없다는 걸 스스로
알고 공포를 느끼며 불안함을 느끼느
니라.
14 그러나 너희들이 지금 불안과 공포를
느끼나, 나에게 와서 심판을 받을 때,
오늘의 불안과 공포는 아무것도 아니
며, 너희들이 겪고 가야 할 그 길은 상
상할 수 없는 것이니라.
15 그러니 지금 너희들이 바로 서지 아니
하며 바로 깨우치지 아니하면 너희들
은 영원히 돌이킬 수 없는 것이니,
16 내가 그리하여 나의 아들을 통하여 이
법전에 기록하고 전하는 뜻을 너희들
은 알아야 될 것이니라.
17 사랑하는 나의 피조물 만백성 너희들
은 내가 직접 써 내린 십계명이라는
것을 다 알고 있느니라.
18 그리고 그것을 모르는 백성이 없느니
라.
19 그러니 그 십계명을 하나 놓고 내가
너희들에게 물어보고자 하느니라.
20 그 십계명은 나의 뜻을 기록하여 너희
들에게 전하였거늘, 과연 너희들이 그
십계명에 적힌 것을 어찌 생각하는가?
21 그 십계명이 세상에 내려온 것이 축복
이요, 영광이요, 그보다 더 큰 은혜가
없다 생각해야 될 것이 너희들이며,
22 기록된 내용들이 얼마나 소중하고 귀
한 것인가 깨닫고 그를 너희 목숨보
다도 더 귀하고 소중히 생각해야 하는
것이 너희들이 가야 할 길이며 나의
백성들이 깨닫고 행해야 될 길이 아니
더냐?
23 그 십계명의 내용의 소중함을 알며
귀함을 알며, 세상에 그보다 더 귀하
고 값진 보석이 없다는 것을, 너희들
은 어찌 그를 깨닫지 못한단 말이더
냐?
24 내가 나의 아들을 통하여 너희들에게
내리는 이 뜻이 과연 너희들이 그리
모르고 있던 사실이던가, 알면서도 너
희들이 그를 버려둔 것이던가?
25 내가 내린 십계명은 얼마나 귀하고
소중한 것을 세상에 내렸던가?
26 너희들은 그 축복이요, 영광으로써 하
늘을 나는 기분보다 더 기쁜 마음으
로써 받아들여야 될 것이며, 더욱이
그 내용들은 어떠하겠는가?
27 그러니 그 내용을 하나하나 지키고 행

하는 데 목숨을 바치며, 너희들이 행
복해하며, 나에게 은혜 받음을 알아야
될 것이거늘,
28 그 십계명조차 너희들이 시시비비하
며, 그를 지키고 살 수 있다 없다 그런
말을 하니,
29 이것이 나의 백성이요, 나를 따르며
나를 경배한다는 백성들이 할 짓이더
냐?
30 나의 아들 예수의 이름을 부르며 그
보혈로써 구원을 받았다는 백성들이
요, 그 지도자들이 과연 이 십계명을
지킬 수 있다 없다 시시비비를 할 수
있단 말이더냐?
31 이제 사랑하는 나의 아들을 따르는 제
자들이요, 나의 법전을 읽고 깨우친
만백성 너희들은 들으라.
32 이 법전이 세상에 내려온 것이 얼마나
영광스러운 것이며 얼마나 소중한 것
인가,
33 그리고 그 속에 들어 있는 내용들이
얼마나 귀한 것인가,
34 이를 먼저 너희들이 깨닫고, 내려 준
나 여호와에게 감사해야 될 것이며,
35 이를 접하고 읽고 깨우치는 것, 그리
고 나의 아들을 통하여 내리는 강론
을 듣는 것, 그것을 너희들이 세상을
다 주고도 얻지 못할 큰 은혜요, 영광
을 입은 백성이라 그리 생각하라.
36 내가 모든 백성들에게 말하니, 너희들
이 마음을 돌리라, 그리고 생각을 바
꿔야 될 것이니라.
37 지금의 믿음이요, 종교 집단 속에서
가는 그들부터 먼저 바꿔야 될 것이니
라.
38 나의 십계명은 너희들이 감히 손에
받기도 두려울 것이며, 암송하기도 두
려울 것이며, 쓰는 것도 두려운 것이
나의 십계명이요, 그 무엇보다 소중한
것이니라.
39 너희들이 놓치면 깨질까 불면 날아갈
까 하여 그저 애지중지하는 가장 귀한
것, 그보다도 더 소중한 것이 나의 십
계명이거늘,
40 그 귀중한 십계명을 가지고 너희들이
시시비비를 하는 그와 같은 백성들이
니, 나의 법전을 가지고 시시비비하는
그 어리석은 우를 또 범하는구나!
41 그러나 그들을 버려두고 그들을 모르
는 체하고 간다면, 너희들이 좋은 나
의 백성이요, 사랑하는 나의 백성들이
요, 아름다움을 가지고 있는 자들이라
말할 수 있겠느냐?
42 그들에게 깨우쳐 주라, 단 한 가지라
도 그들에게 깨우쳐 주어야 될 것이니
라.
43 나의 법전을 저희들이 이단이요, 사탄
이요, 사악한 자가 말하는 것이라 하
면,
44 너희들이 한 획도 고치지 말며 더하지
도 말라는 그 십계명, 그것이 얼마나
귀하고 소중한 것이며, 그 내용이 너
희들에게 얼마나 큰 기쁨이요, 영광
인 것인가, 그걸 들여다보라 그리 가
르치고, 그와 같은 마음으로 바꾸고
보라 그리하라.
45 십계명을 보는 생각이 바뀌며 그는
시시비비할 수 없는 위대한 것이라는
것을 알면,
46 그들이 다음의 단계요, 구원의 길에

오를 수 있는 나의 새로운 성경을 내
려 줌이 얼마나 귀한 것이며, 그 속에
있는 내용들이 진주보다도 얼마나 더
소중하고 귀한 것인지를 알 것이니,
47 우선 나의 아들을 따르는 제자들이요,
나의 법전을 읽고 깨우친 만백성 너희
들부터 이리 마음을 다스리며 확고히
그리 가라.
48 너희들이 십계명은 금화와 은화를 되
로 받은 것이요, 나의 법전을 접하는
것은 너희들이 무엇인 줄 알겠느냐?
49 너희들이 말로 받는 것보다도 더 크
게 얻고 받음이니,
50 이를 행하고 따름으로 너희들이 하늘
에 오르는 길을 알 수 있으며, 참진리
의 길을 알 수 있으며, 내가 역사하고
자 하는 것을 알며, 내 모두를 알기 때
문이니,
51 내가 태워서 내려보내는 나의 성령이
기 때문이니, 너희들이 나와 하나가
될 때, 내가 된다는 그 가르침을 알라.

9,361 번째 하나님 말씀

2004년 1월 26일 07시 50분

1 사랑하는 나의 아들아!
2 "네, 아버님! 말씀하옵소서."
3 내가 보기도 소중하며 쳐다보기도 아
까운 너를 따르는 그 제자들이요, 그
리고 법전을 만난 그 백성들이요, 나
의 법전을 읽고 깨우쳐 만백성을 구하
고자 하여 마음을 다스리는 그 백성들
을 보는 내 마음이 어떠한 줄 알겠느
냐?
4 내 마음의 기쁨을 이루 형용할 수 없
으며, 나에게 소중하기가 말로 표현할
수 없는 것이 너희들이니라.
5 그러한 너희들에게 내가 바로 서라 다
스리며, 한 점의 부끄럼이 없이 살라,
하늘을 향하여 한 점의 부끄럼이 없는
자세로써 삶을 살라는 나 여호와의 뜻
이 무엇인 줄 알겠느냐?
6 사랑하는 나의 아들딸들아, 그리고 내
가 선택한 너희들은 들으라.
7 너희들이 남에게 무엇인가를 베풀고
자 하며 남에게 전하고자 하면, 너희
들이 그를 가지고 있어야만 베풀지 않
겠느냐?
8 너희들이 먼저 가지고 있지 아니하며
너희들이 지니고 있지 아니하면 남에
게 베풀 수 없는 것이 세상의 이치가
아니더냐?
9 어려운 자, 불쌍한 자에게 너희들이
한 끼의 빵을 전달하고 그걸 대접함이
니,
10 너희들이 그것을 살 수 있어야 될 것
이며, 그렇지 아니하면 너희들이 빵을
가지고 있어야만 모든 백성에게 베풀
어 주고 나누어 줄 수 있는 것이 아니
더냐?
11 빵을 갖지 아니하며 빵을 살 능력이
없는 자가 배고픈 자를 말로만 근심하
고 걱정하면 무엇하더냐?
12 가지고 있지 아니하면 베풀 수 없는
것이 이 세상의 너희들이 사는 이치가
아니더냐?
13 그러니 너희들이 나의 법전을 가지고
만백성을 깨우치고 그들을 인도하려
한다면, 너희들은 나의 법전에 있는
내용을 완벽하게 소화시켜야 되며,

14 그 모두를 읽고 깨우쳐 너희들 것으로 만들어 너희 가슴에 안고 있어야만 나의 사랑하는 피조물 만백성이요, 어리석고 불쌍한 그들에게 너희들이 그를 나누어 주며 전할 수 있는 것이 아니더냐?

15 나의 160권의 법전에 기록된 그 내용들을 너희들이 소화시키지 못했으며 너희 것으로 만들지 못한 너희들은 정녕 갖지 아니한 자와 같음이니,

16 어찌 너희들이 나의 진리를 전하며 내 뜻을 전하며 하늘의 뜻을 전하며 그 백성들을 깨우칠 수 있겠느냐?

17 그러니 내가 너희들에게 법전을 읽으라는 것이며, 바로 서라 하며, 한 치의 어떤 것도 용서하지 아니한다 하며, 게으른 것도 용서하지 못한다는 나 여호와의 뜻을 알겠느냐?

18 너희들이 게을러서는 나의 모든 백성들에게 부지런하라 할 수 없으며, 그를 나누어 줄 수 없는 것이니라.

19 말로써 가르치는 것이요, 말로써 전하는 것은 아무런 뜻이 없다 그리 말하지 않느냐?

20 행함이요, 나눔이요, 베풂이 사랑이라 하지 아니하였느냐, 사랑하는 나의 아들딸들아!

21 너희들이 모두를 가르치고 깨우치려면 너희들이 가지고 있어야 된다는 것을 알아야 될 것이니라.

22 너희가 베풀고자 한다면 너희가 소유하고 있지 아니하면 절대 베풀 수 없는 것이 아니더냐?

23 사랑을 실천하라, 그리고 베풀라, 그리고 무엇인가 너희들이 아름답게 사는 삶으로써 변화되는 삶을 살라는 그 모두가 다 무엇이더냐?

24 사랑을 실천하고 사랑을 가슴에 그득히 품고 있는 자만 사랑을 나누어 줄 수 있으며 사랑을 전할 수 있는 것이니라.

25 너희들이 천사같이 변한 자만 천사의 마음을 전할 수 있으며 천사의 형태를 전할 수 있고 나누어 줄 수 있는 것이니라.

26 그리하여 너희들이 실천하는 삶이요, 행동하는 삶이요, 그리고 행동할 수 있고 실천할 수 있는 그 모두를 너희들이 소유하고 갖고 있으라 하는 것이 나 여호와의 뜻이니,

27 너희들이 나의 만백성을 구하는 것은 나의 법전을 너희들이 완벽히 소화시키고 소유하고 있어야 되며,

28 그리고 참진리의 길을 깨우친다면 너희들이 참진리의 뜻이요, 나 여호와가 원하는 것을 완벽히 소유하고 갖고 있어야 되는 것이니라.

29 사랑을 베푼다면 너희들이 완벽한 사랑을 가지고 있어야만 사랑을 나누어 줄 수 있는 것이요, 사랑을 갖지 아니한 자가 어찌 나누어 줄 수 있단 말이더냐?

30 이제 너희들이 나누어 주는 의미요, 전하는 의미요, 깨우쳐 주는 의미를 알았다면, 너희들을 달구는 나를 원망하지 말며, 나의 아들을 원망하지 말며, 너희들이 오늘의 이 길을 가는 것을 원망하지 말라.

31 나누어 주고자 하면 가져야만 되니, 너희들이 먼저 갖춰야 되기 때문이니

라, 사랑하는 나의 아들딸들아!
32 너희들을 바라보는 내 눈이 아플 정도
로 내가 너희들을 사랑하느니라.

9,362 번째 하나님 말씀

2004년 1월 26일 07시 57분

1 사랑하는 나의 아들아!
2 "네, 아버님! 말씀하옵소서."
3 나의 사랑하는 백성들이 나의 성경을
제대로 읽고 깨우쳐 그 뜻을 깨우쳤더
라면 저희들은 오늘과 같은 수많은 종
파요, 수많은 집단은 생기지 아니하였
을 것이니라.
4 저희들이 그것을 바로 깨우치지 못하
며 바로 이해하지 못하였기에 오늘과
같이 수천수만의 종파가 우후죽순처
럼 생겨 버렸으며, 저희들이 감히 이
세상에서 가장 위대한 자라 그리 말하
는 것이니라.
5 진정한 참진리의 길은 어떠한 길인 줄
알겠느냐?
6 너희들이 인간 세상에서 살아가는 모
든 행동이요, 행함의 그 범위가 좁아
지며, 인간 형태의 삶을 완전히 수정
하지 아니하면 아니 되는 것이 너희들
이 나의 성경을 지키고 살아가는 길임
을 알아야 될 것이니라.
7 다시 한 번 내가 너희들에게 말함이니
라.
8 나의 성경을 너희들이 그대로 지키고
살아가는 사람이 된다면 너희들은 인
간 세상에 살아가는 모든 행동의 범위
요, 살아가는 그 범위가 좁아지고 또
좁아지는 길을 가며,
9 인간의 삶의 형태가 지금 생각하는 것
과는 정반대의 길로 바뀌며 그리고 모
두 다 수정되어야 되며 변화되어야 되
느니라.
10 그와 같은 삶을 산다는 것이 얼마나
힘들고 어려운 길이더냐? 그러니 그
들이 그 길을 피하고자 하는 것이며,
그 길을 가지 않으려 하는 것이니라.
11 그리하여 거기에서 연구하고 생긴 것
이 수많은 종파요, 그리고 진실한 참
진리의 길을 버려두고 너희들 나름대
로 비진리라는 걸 가지고 이끌어 가니,
12 나의 백성들이 인간 세상에 살아가면
서 그 생활의 한계가 좁아지며 생활의
범위가 좁아지며 저희들이 행동하기
가 좁아지는 그 어렵고 힘든 길을 가
기 원하지 아니하는 자들의 그 마음을
이용하여,
13 그와 같은 길을 가지 아니하고도 구원
을 받으며 하늘로 오를 수 있다는 그
무섭고 간교한 방법으로써 너희들이
종파를 만들었으며, 교리를 만들었으
며, 그리고 너희들 나름대로 법도를
만들어 지금 하늘에 오르는 길로 인도
한다는 수많은 종파가 생겼으며 집단
이 생겼음이니,
14 이를 보는 나 여호와의 마음이 과연
어떠하겠느냐?
15 너희들은 인간의 삶의 그 형태를 완전
히 바꿔야 되는 그 고통을 인내하지
않으려 하며, 그리고 완벽하게 변화되
어 가는 그 고통스러운 삶을 살지 않
으려 하니,
16 나의 피조물 만백성에게 그리 가라 하
면 너희들을 따를 자가 없으며 너희들

을 존경할 자가 없으며 너희들에게 재
물을 바칠 자가 없기 때문에,
17 너희들은 그 모두를 알면서도 그들의
약점을 이용하고 그들의 나약한 마음
을 이용하여 모든 집단이요, 종교의
교리요, 그리고 그 모든 것을 너희들
임의로 만들어,
18 수천수만 가지요, 수억 가지 헤아릴
수 없이 많은 그 종파들이 이 세상에
기생충처럼 번식해 가고 있으며 잠식
해 가고 있는 것이니라.
19 누에가 하나의 뽕잎을 먹어 가듯이,
너희들이 그저 죽기 아니면 살기로 그
를 먹기 위하여 그를 잠식하기 위해
대들어 싸우고 있는 그와 같은 형국이
지금 되어 있음을 알라.
20 그러니 지금 나의 아들을 따르는 제자
들이요, 그리고 그 백성들에게 내가
바로 서라, 바로 서라 하며 가죽 채로
써 휘두르는 것보다 더 무서운 체벌로
써 다스림이니, 그것이 바로 무엇이더
냐?
21 너희들은 인간들이 제 삶의 길이 좁아
지는 길을 가기 싫어하는 것을, 그 길
을 가라 함이요,
22 그들은 인간 형태의 마음속에 생각하
는 모든 것을 다 수정하는 삶을 살라
내가 다그치나, 그를 거부하고 가는
자들이니라.
23 그러니 '하나님! 말씀하옵소서.' 나의
새로운 성경하에, 나의 법전 안에 너
희들은 하나로써 그 뿌리를 내려 갈
것이며 한 형제라는 것을 알게 될 것
이니라.
24 나의 아들을 따르는 제자들이요, 나의
법전을 읽고 깨우친 만백성들은 하나
로써 한 덩어리로써 한 길로써 감이니
라.
25 지금처럼 수천수만 갈래의 종파요, 그
씨앗이 독버섯처럼 벗어날 수 없으며,
존재할 수 없으며, 기생충처럼 갈라질
수 없으며,
26 서로 서식하는 길이 다르며, 가는 방
법이 다르며, 사는 방법이 다른 그런
형태로 변질되고 변형된 삶을 살지 아
니하는 것이요,
27 그 길이 아니요, 그를 믿으며 신앙의
길이라 하여 인도하고 깨우치는 그와
같은 형국이 생기지 아니함이니,
28 너희들은 무엇이 진정한 나 여호와의
뜻이요, 내가 역사함이요, 내가 누구
와 같이하고 있는지 알라.
29 기생충처럼 수없이 벌어지고 늘어나
는 자들과 내가 같이하겠는가?
30 오로지 내 뜻에 따라 한 이름 아래 하
나로써 모두 역사하며, 한 형제로서
그 뿌리를 알며 소중함을 알고 가는
자들과 그들이 무엇이 다른가?
31 천 가지 만 가지로 갈라진 그들이 하
나의 집단이 되며, 하나로 살아가며,
하나로써 단결되고 있으며, 하나로 역
사해 내 뜻으로 갈 수 있다 생각하느
냐?
32 한 길로 뭉쳐 가는 자들이 내 뜻을 향
하여 갈 수 있으며, 내가 역사하는 그
길을 갈 수 있으며, 서로 물고 뜯고 싸
우지 않고 갈 수 있는 것이 아닌가?
33 누가 서로를 짓밟으며 누가 서로를 물
고 뜯고 시기하고 질투하는 것이며,
제 것이 최고라는 깃발을 들고 소리

지르는 그와 같은 사악한 형국을 누가
만들 수 있으며 누가 그와 같은 자들
인가?
34 누가 하나로 될 수 있으며, 누가 천 갈
래 만 갈래로 갈라져 하나로 될 수 없
는 집단들인가, 그것을 너희들이 깨우
쳐 판단하도록 그리하라.

9,363 번째 하나님 말씀

2004년 1월 26일 08시 02분

1 사랑하는 나의 아들아!
2 "네, 아버님! 말씀하옵소서."
3 지금 너를 따르는 제자요, 나의 백성
들에게 너는 무어라 말하느냐?
4 너희들이 그리 갈구하고 원하는 것,
너희들이 바라는 것, 그리고 너희들이
구원의 길을 가는 것, 그 모두가 다 남
을 위한 삶을 사는 것이요, 그와 같이
살라 가르치는 것이 너희들이 아니더
냐?
5 구원의 길을 가는 한 자리 남아 있는
것마저도 너희들은 남에게 양보하며
남에게 내줘야 되며, 구원이란 바라는
것이 없는 것이라 내가 너희들에게 그
리 가르쳐 주니,
6 나의 아들 네가 그와 같이 만백성이
요, 너를 따르는 그 백성들에게 지금
가르치고 있지 않으냐?
7 그러니 너희들이 구원의 생명이 거듭
나는 것까지도 양보하며, 바라는 것이
없는 그와 같은 믿음으로 가며,
8 그와 같은 마음으로 나를 경배하고 따
르는 것이 나의 백성이요, 하늘에 오
르는 길이라 하였음이니,
9 그와 같은 삶을 사는 너희들은 바로
무엇이더냐?
10 너희들은 눈앞에 보이는 이익을 버리
는 자요, 남에게 존경받는 것을 버린
자요, 명예를 높이는 것을 다 버린 자
들이요,
11 아무것도 너희들의 손에 쥔 것이 없음
이니, 그저 하늘을 향해 쥐었다 펴면
손에 남는 것이 없는 그와 같은 마음
으로 사는 것, 그와 같은 길을 가는 것
이 너희들이 나에게 오르는 길이라 그
리 가르치고 그리 배우는 것이 지금
나의 아들을 따르는 제자들이요, 법전
을 읽고 깨우친 만백성 너희들이 가는
길이 아니더냐?
12 그러나 지금 수천 년 동안 믿음이요,
하늘에 오르는 길이요, 내 뜻에 의하
여 저희들이 역사하며 모든 백성들을
구원의 길로 인도한다는 그들이 어찌
사느냐?
13 그들은 이익의 분배에 대하여 달리기
선수보다 더 무섭게, 번개보다 빠르게
이익을 추구하는 것이 그들이요, 쟁취
하는 것이 그들이라 하였음이니라.
14 저희들은 존경을 받기 위하여 하며,
모든 백성들로부터 제왕적인 자리를
지키기 위하여 존경이라는 것을 생명
처럼 걸고 존경을 받기 위하여 갖은
수단과 방법을 가리지 아니하며,
15 세상사에 나와서는 그 명예를 가지고
누구와도 거래하고자 하는 그와 같은
사악한 마음을 가지고 있는 것이 그들
이니,
16 과연 그 속에 무엇이 있으며 진리가
있으며 깨달음이 있으며, 내 뜻에 의

하여 간다 할 수 있느냐?
17 그것에 매달려 모두를 다 바치는 것이
오늘의 종교 집단이요, 지도자들이 가
는 길이 아니더냐?
18 믿음의 길을 가는 백성의 지도자는 모
두 그를 버리고 거듭나지 아니하면 아
니 됨이니라.
19 그들이 그와 같이 추하고 더러운 인간
세상의 그 모두를 따라, 너희들이 하
나도 가지고 오지 못하며 버리고 나에
게 와야 되는 그것을 위하여, 그 길이
구원의 길이요, 하늘에 오르는 길이라
하여 지금 매달리고 가고 있음이니라.
20 그러니 너희들이 두 손에 수없는 것을
지키고 가지려는 그 욕심을 버리지 아
니하면 아니 되느니라.
21 너희들이 두 손에 들고 양손에 떡을
들려면 그걸 다 놓치느니라.
22 오죽하면 내가 너희들에게 세상의 이
치를 가르쳐 주겠느냐?
23 너희들이 '산에 있는 토끼를 잡으려
욕심내고 쫓아가다 보면 집안에 있는
토끼마저 놓친다.'는 그와 같은 말이
있음이니,
24 너희들이 열 가지 백 가지 그 욕심에
인간 세상에 살아가는 것을 잡으려고
이리 뛰고 저리 뛰다 보니,
25 너희들이 참진리요, 가장 소중한 것이
요, 거듭나는 생명의 영광을 잊어버리
며, 그와 같은 것을 내려보내는 것도
모르며,
26 십계명이 소중한 것도 모르며, 그 내
용이 진주보다도 얼마나 더 귀한 것인
지도 모르며,
27 나의 법전이 내려짐이 얼마나 소중한
것인지도 모르는 어리석은 백성들이
지금 세상을 지배하고 다스리고 있으
니,
28 욕심으로써 시작하여 욕심으로 끝나
는 형국으로 되어 버리니,
29 악의 뿌리가 악을 심으니 그리하여 말
세가 되었으며 종말이라 너희들 입에
서 나옴이니라.
30 이것이 바로 인간이 인간을 두려워하
는 험악한 세상이요, 다시 돌이킬 수
없는 끝까지 왔다는 것이며,
31 그리하여 인간의 본분을 내가 다시 세
우고자 하여 나의 법전을 내리며, 그
와 같은 길을 돌이킬 수 없는 자는 버
리고, 돌아올 수 있는 자를 구원하는
그와 같은 역사가 이루어짐을 알아야
될 것이니라.

9,364 번째 하나님 말씀

2004년 1월 26일 08시 06분

1 사랑하는 나의 아들아!
2 "네, 아버님! 말씀하옵소서."
3 너희들이 작은 것을 나누며 베푸는 것
을 주저하지 말라.
4 너희들이 큰 것을 나누며 세상의 모두
를 다 놓을 수 있는 것은, 작은 것을
베풀며 작은 것을 놓을 수 있는 그와
같은 훈련이요, 반복 속에서 너희들이
그 모두를 이룰 수 있는 것이니라.
5 작은 것을 나누며 기쁨을 얻으며 작은
것을 베푸는 것으로 너희들이 기쁨을
얻을 때, 그 기쁨을 너희들이 깨닫고
알기 시작한다면 남을 위하여 살아가
는 삶의 형태로 너희 자신도 모르는

사이에 변하게 될 것이며,
6 작은 것을 나누며 작은 것을 베푸는
것을 행하고 실천하여 네가 그와 같은
기쁨을 얻기 시작한다면 너희들은 이
세상에 어떠한 것도 나누지 못할 것이
없으며 놓지 못할 것이 없음이니라.
7 그리하여 너희들이 훈련이라는 게 필
요한 것이니라.
8 인간 세상에 육을 가진 백성들은 거듭
되는 훈련과 반복되는 훈련 속에서 성
장되고 변화되며 그 모두를 인내할 수
있는 힘이 길러지지 아니하더냐?
9 그러니 너희들이 베푸는 것, 나눌 수
있는 것, 모두를 너희 손에서 놓을 수
있는 것, 그리고 버릴 수 있는 것은 작
은 것부터 꾸준히 훈련을 하며, 작은
것부터 반복의 생활을 하며,
10 작은 것을 나누며 베푸는 데 기쁨을
얻고 즐거움을 얻는 그와 같은 삶이
요, 반복과 반복 속에서 그 모두를 다
놓을 수 있으며 너희들이 다 버릴 수
있다는 것을 명심하라, 사랑하는 나의
아들딸들아!
11 그러니 작은 것부터 철저히 행하고 실
천하도록 하라.
12 너희들이 작은 죄를 짓는 것을 죄인지
모른다면, 그것이 쌓이고 쌓이면 그
죄가 무섭다 하였느니라.
13 그러니 큰 것을 짓지 아니하기 위해서
는 작은 것부터 짓지 않는 습성이요,
훈련을 해야만 너희들이 큰 죄악도 넘
어갈 수 있으며,
14 너희들이 크고 작은 선택의 길에서 아
무리 위대한 것이라도 악이라는 것을
버릴 수 있으며, 선을 선택할 수 있는
삶을 가질 수 있으며 용기 있는 백성
으로 거듭날 수 있기 때문이니라.

9,365 번째 하나님 말씀

2004년 1월 26일 08시 10분

1 사랑하는 나의 아들아!
2 "네, 아버님! 말씀하옵소서."
3 내가 너의 제자들에게 십계명을 내린
그 뜻이요, 그 십계명의 소중함을 가
르쳐 주지 아니하였던가?
4 너희들이 십계명을 접한 것, 그리고
십계명 속의 그 내용들을 접하고, 그
리 내려 준 것에 대한 기쁨보다 더 소
중하고 귀한 것이 없다 내가 그리 말
하였음이니라.
5 그러나 너희들은 그와 같은 귀중함과
소중함을 모르고 지금 그를 가지고 시
시비비한다 내가 그리 말하였느니라.
6 그를 가지고 시시비비하는 백성들의
그 근본이요, 마음의 자세가 무엇인
줄 알겠느냐?
7 그와 같은 자들은 겉으로는 모두를 지
키며 천사와 같은 행위를 하나, 속으
로는 악을 따르며 죄를 따르는 그와
같은 백성들임을 너희들은 알아야 될
것이니라.
8 나 여호와가 친필로 써 너희들이 이를
지키는 것이 구원의 길이라 한 그것을
가지고 감히 시시비비하는 자들이요,
그를 뿌리치고 시시비비하면서,
9 저희들은 천국에 오를 수 있는 자들이
요, 하늘나라에 오를 수 있는 자요, 나
에게 오를 수 있는 인간이라, 저희들
이 선택된 귀한 자들이라 그리 말함이

니,
10 그것이 과연 어느 법도에 맞으며 어느
공식에 그것을 대입하여 맞다 너희들
이 가르치고 강론할 수 있느냐?
11 그와 같은 백성들이 겉 다른 자요, 속
다른 자이니, 이리의 탈을 쓰고 양 속
에 숨어서 사는 자들이니, 그와 같은
것보다도 더 사악한 자들이라는 걸 너
희들은 알아야 될 것이니라.
12 그와 같은 자는 절대 나에게 올 수 없
으며 용서받을 수 없음이니라.
13 너희들은 내가 내려 준 십계명의 기쁨
이요, 그 소중함을 영광으로 알고 산
다 해도 너희들이 하늘에 오르는 그
빛을 볼까 말까 하거늘, 그와 같은 것
을 역으로 이용하는 자들이니라.
14 그러니 새로운 진리요, 나 여호와의
뜻이 세상에 내려가도, 내가 직접 세
상에 내려간다 해도, 너희들은 각종
이유와 변명을 붙여 나를 능멸하는 자
들이라 그리 말하지 아니하였더냐?
15 그와 같은 자들이요, 그와 같이 굳어
져 있는 자, 그와 같이 잘못 가고 있는
자들,
16 그리고 마음이 뒤집혔으며 생각이 뒤
집혔으며, 내가 저희들에게 준 선하고
아름다운 것은 찾아볼 수도 없는 그와
같은 형국이 된 그 백성들을 다스리고
깨우치는 마지막 기회를 내가 다시 한
번 줌이니,
17 그는 너희들이 세상에 있으며 나의 아
들이 세상에 가 있기 때문임을 알라
그리 전하라.

9,366 번째 하나님 말씀

2004년 1월 26일 08시 13분

1 사랑하는 나의 아들아!
2 "네, 아버님! 말씀하옵소서."
3 너희들은 나의 가르침을 가지고 만백
성에게 전하며 법전이라 하여 만들어
또한 그를 깨우쳐 전하고자 함이니라.
4 그러니 너희들이 하는 일을 방해하는
자, 그를 욕되게 하는 자들이 과연 어
떠한 자들이냐?
5 저희들의 깨우침을 위하여, 저희들이
바로 보게 하기 위하여, 저희들이 세
상사의 참진리의 믿음을 바로 가게 하
기 위하여 너희들이 금화와 은화를 들
여 그 백성을 깨우치고자 모든 역사를
하고 있지 아니하던가?
6 그러니 그와 같은 것을 저희들이 감사
하며 귀하게 생각하면 될 것을, 어찌
하여 너희들을 핍박하며 그리 욕하며
사탄이요, 이단이라 그리 말하느냐?
7 바로 그것이 믿음의 길을 잘못 가는
자들이니, 저희들이 잘 가고 있는 그
믿음을 도둑질하는 것이요, 저희들을
무너트리는 것이라 그리 생각하는 자
들이니라.
8 그들은 진정한 믿음이요, 신앙과는 관
계없음이니라.
9 나의 사랑하는 백성들에게 재물을 갈
취하자니 그것을 못 하게 생겼으며,
그들에게 금화와 은화를 거둬들이려
니 그것을 할 수가 없으며,
10 그들을 종같이 저희들이 죽을 때까지
부리고 노예처럼 부리고 끌고 가고자
하나 그것을 할 수 없는 것이요,

11 그리하여 저희들이 생명보다 더 소중
한 재물을 거둬들일 수 없는 것이며,
믿음보다도 더 귀중한 금화와 은화를
거둬들일 수 있는 길을 막으니,
12 그리하여 그들이 광분하는 것이며, 나
의 아들을 사탄이라 하며, 나의 법전
이 잘못된 것이라 하며,
13 그를 따르는 자들은 사이비 종교 집단
에 빠진 자요, 불쌍하고 가련한 자들
이라, 그러니 그들과 접하지 말며 그
들이 전하는 것을 읽지 말라는 것이
그들이니라.
14 저희들이 진정 그 백성을 위하여 믿음
의 길을 바로 가게 하기 위하여, 흔들
리는 믿음을 갖지 아니하게 하려고 그
리 말하는 것이 아니라,
15 그들은 재물을 거둬들일 수 없으며,
저희들이 더 큰 교회요, 성전이요, 성
막을 지을 수 없으며, 금화와 은화를
거둬들일 수 없으며,
16 저희들이 바로 서지 못하면 아니 되
며, 말로써 역사하는 것이 아니요, 제
가 행함으로 보여야 되는 어렵고 힘든
그 길을 가야 되기 때문에,
17 그 모두를 반대하며, 그 모두가 존재
하지 못하도록 사탄이라 몰아붙이는
그 가련하고 어리석은 백성이요, 교활
하고 사악한 자들이라는 것을 만백성
에게 전하도록 그리하라.

9,367 번째 하나님 말씀

2004년 1월 26일 11시 32분

1 사랑하는 나의 아들아!
2 "네, 아버님! 말씀하옵소서."
3 인간 세속에 너희들이 살아가는 과학
의 변화요, 그 발전이 과연 무엇이더
냐?
4 미래를 준비하며 미래에 역사할 수 있
는 것을 창조하고 만드는 것 또한 인
간 세상에서 위대한 것이 아니더냐?
5 그러니 너희들이 지금의 삶이요, 과거
의 삶이요, 변화되는 그 속도가 빠르
고 빠른 것은 무엇이더냐?
6 너희들이 살아가는 삶에 과학의 변화
요, 그 역사를 이루는 자들이 있기 때
문임을 너희들은 알고 있지 않은가?
7 그러나 그 과학의 현명함을, 너희들이
그 모두를 가지고 연구하고 세상의 미
래에 필요한 것이라 하여 아무리 설명
하고 가르쳐 준다 해도, 그를 듣지 아
니하고 보지 않는 자들이 있다면 어떠
하겠는가?
8 그러나 그중에서 그것이 미래에 필요
한 것임을 깨닫는 사람이 있을 것이
니, 그들로 하여금 미래에 필요한 그
대단한 발명이요, 과학의 역사는 이루
어지는 것이니라.
9 그를 들어주고 인정하는 자가 있기에
그 모두가 역사하는 것이 아니더냐?
10 그를 들어주는 자가 없으며 힘이 되어
주는 자가 없으며, 그가 발전할 수 있
도록, 전진할 수 있도록, 더 변화될 수
있도록 그에게 모든 공간과 시간과 그
모두를 제공해 주는 자가 없으면 그는
거기서 사장될 것이며 중단될 것이니
라.
11 그리되었다면 너희들은 오늘의 과학
문명 속에서 세계를 하나로 볼 수 있
으며 한순간에 볼 수 있는 이와 같은

변화의 역사도 이루어질 수 없었을 것
이니라.
12 이제 나의 아들을 따르는 그 제자들이
요, 그를 비유하면 너희들이 어떠한
백성들인 줄 알겠느냐?
13 현대의 과학이요, 모두를 다 이룰 수
있는 미래의 첨단 과학 기술을 가지고
설명하고 깨우쳐도 그를 믿지 않고 따
르지 않는 자들 중에서 그를 믿는 사
람이 있어서 너희들이 미래의 변화를
이룸이니,
14 그와 같은 자보다 더 현명한 자들이
요, 그보다 더 소중한 자들이 지금 나
의 아들을 따라 더불어 가며 나의 법
전을 만드는 백성 너희들이니, 이것이
바로 무엇이더냐?
15 수천 년 동안 흘러오는 그 역사에서
믿음이요, 하늘에 오르는 길이라 하며
온 그들에게 그것이 잘못된 것이라는
걸 깨우쳐 주며,
16 미래에 나 여호와가 무엇을 원하며 창
조주 나 여호와가 어찌 가고자 하는지,
17 그리고 어찌해야만 너희들이 그리 갈
구하는 구원의 길을 보며 나에게 올
수 있으며 거듭나는 영광을 얻을 수
있는 것인지,
18 그것을 너희들이 제공해 주며 그것을
전해 주는 것이 나의 아들을 믿고 따
르는 자들이 아니더냐?
19 과학으로써 발명한 자요, 무엇을 연구
한 자의 말을 믿고 그에게 힘을 주는
나약한 백성이 있다면 그로 하여금 세
상은 변화를 이룬다 하지 아니하였더
냐?
20 그러니 나의 피조물 만백성이 수천 년
동안 흘러오는 그 속에서 누구도 믿지
아니하며 그 누구도 따르지 아니하며
인정하지 아니하는 것,
21 더욱이 창조주 나 여호와의 성령의 내
뜻이요, 내가 새로 내리는 성경이라
해도 이를 믿지 아니하며 따르지 아니
하는 그 수많은 백성들 중에,
22 더욱이 그들을 핍박하며 그를 무너트
리고자 하는 자, 그를 사탄이요, 마귀
라 하여 숨을 붙이지 못하며 발을 붙
이지 못하도록 하는 그 세상 속에서,
23 너희들이 나의 아들을 따라 그 모두를
역사하겠다 하여 두 주먹 쥐고 일어선
자들이니, 그것이 얼마나 위대한 것이
며 얼마나 위대한 선택이던가?
24 너희들로 하여금 나의 법전 160권이
세상에 나오고 있지 않더냐?
25 그러니 너희들이 그와 같이 소중한 자
요, 위대한 자요, 미래를 볼 줄 아는
자들이요,
26 너희들의 미래를 보는 것이 인간 세상
에서는 과학을 연구하는 자에게 투자
하며 그에게 힘이 되도록 도와주는 것
이지만,
27 너희들은 거듭나는 것이요, 하늘의 영
광이요, 하늘의 뜻을 역사하며, 그를
믿고 그와 같은 기회를 이루고자 너희
들이 앞을 보고 가는 백성들이요, 미
래를 보는 백성들이요, 하늘의 뜻을
보는 백성들이니,
28 너희들이 그 순간부터 얼마나 나에게
소중한 백성인가?
29 너희들이 내 뜻을 역사하는 데 그와
같은 역사를 할 수 있으며, 나에게 너
희들보다 더 귀하고 소중한 자가 없다

는 것을 내가 나의 아들을 통하여 법
전에 수없이 기록했으니, 이제 너희들
은 그 뜻을 알겠느냐?
30 아무도 바라보지 않는 것을 너희들이
바라보며, 아무도 역사하지 않는 것을
너희들이 만들어 냄이니,
31 이와 같이 너희들은 위대한 백성이요,
미래를 볼 줄 아는 백성이요, 미래를
열어 가는 백성이니,
32 그와 같은 자긍심과 자부심을 갖고,
너희들이 아무리 힘들고 어렵다 해도
주저하지 말라, 승자는 너희들이니라.
33 너희들이 하나의 과학 문명을 만드는
것, 너희들이 여기에 앉아서 멀리 있
는 사람과 통화할 수 있는 그와 같은
기계를 만드는 것, 그것을 만드는 사
람은 처음의 고통이 얼마나 힘들었던
가?
34 그를 미친 자라 하였으며, 정신 나간
자라 했으며, 그것이 저희에게 무엇이
필요하냐 그리 말하였을 것이니라.
35 그저 말을 타고 달리며 전할 것이요,
너희들이 기계 문명을 타고 가서 전하
면 될 것이지,
36 뭐하러 사람이 가지 아니하고 이곳에
서 전할 수 있는 그와 같은 것을 선택
하느냐 하며 어리석은 자라 하였음이
니,
37 말을 타고 가서 전하는 것이 어리석은
자더냐, 이곳에서 앉아서 기계를 이용
하여 말로써 전하는 것이 어리석은 자
냐?
38 바로 이와 같은 짓을 하고 있는 것이
오늘의 종교 집단이요, 지도자들이니
라.
39 말을 타고 가는 것이 현명한 방법이
요, 그것 외에는 다른 방법이 없으며,
다른 것을 선택하는 것은 이 지상에
살 수 없는 백성이요, 이 세상에 살 자
격이 없는 자라 말한다면, 너희들은
어찌하겠는가?
40 그보다 더하게 지금 잘못 가는 것이
종교 집단이요, 지도자들이 얽히고설
켜 있는 그것이니,
41 그 불쌍한 자들에게 미래에 이루어지
는 역사를 깨우쳐 주고 전하는 너희들
이야말로 그들에게 얼마나 소중한 은
인인가?
42 그것을 모르고 너희들을 사탄이요, 이
단이라 말하는 어리석은 그 백성들을
버리지 말며 탓하지 말라.
43 그리하면 너희들이 아름다운 백성이
아니지 않더냐?
44 그리고 나의 아들딸이라 할 수 없음이
니라.

9,368 번째 하나님 말씀

2004년 1월 26일 11시 37분

1 사랑하는 나의 아들아!
2 "네, 아버님! 말씀하옵소서."
3 인간 세속에 살아가면서 너희들이 인
간관계를 어찌 말하느냐?
4 더욱이 서로가 소중히 여기며 서로 사
랑하고 아끼는 연인의 관계 앞에 너희
들은 무어라 말하느냐?
5 너희들은 그와 같이 말하느니라, 사랑
이라는 것은 모두를 주는 것이요, 사
랑은 아무런 조건 없이 주고 바치는
것이라 그와 같이 말하는 것이 아니더

냐?
6 그러니 너희들이 사랑하는 연인 앞에
말하기를, 사랑이라는 것은 조건 없이
무조건 주는 것이며, 베푸는 것이요,
또 끊임없이 주는 것이 사랑이라 그리
말하지 않느냐?
7 그러하니라, 그게 사랑의 기본이요,
근본이니라.
8 그 모두를 알고 있는 자요, 그 뜻을 아
는 백성들이 지금 어찌 가고 있느냐?
9 사랑은 기대하지 않는 것, 그리고 사
랑은 그 자체로 무엇과도 바꿀 수 없
는 소중한 것이라 너희들은 그리 말하
며 그리 알고 있지 않으냐?
10 그러한 것들을 너희들은 어찌 행하고
어찌 사랑하는가?
11 사랑은 누구도 알 수 없는 것이며 누
구도 느낄 수 없는 것이요,
12 사랑이라는 것은 자기만의 느낌이요,
자기만의 기쁨을 얻을 수 있는 것, 자
기만이 행복함을 느낄 수 있는 그와
같은 것이 곧 너희들이 서로 사랑함이
라 하였음이니,
13 서로 사랑하고 사랑함은 남이 알 수
없는 것이요, 자기만 행복함과 기쁨을
느낄 수 있는 것이라 그리 말하지 아
니하느냐?
14 너희들이 사랑이란 또 뭐라 말하느냐?
15 그와 같은 사랑을 영위하고 지키기 위
해서는 사랑이란 끊임없이 베풀어 주
는 것이 진정한 사랑이라 너희들이 그
리 말하고 있지 않으냐?
16 그러니 지금 그 사랑을 실천하며 행하
고 살아간다는 백성 너희들이 아무것
도 모르니,
17 이방인이라는 그 백성도 인간관계의
사랑을 그리 알며 그리 지키고 살아가
거늘,
18 나에게 오르는 백성이요, 나에게 인도
하는 백성이요, 그리고 사랑의 본체인
나 여호와의 사랑을 실천하고 살아야
된다 가르치는 종교 집단과 지도자,
그리고 그 믿음의 길을 가는 그 백성
들,
19 너희들이 과연 진정한 아름다운 사랑
을 하고 아름다운 사랑을 알기나 하는
백성이더냐?
20 그러니 모든 종교 집단이요, 지도자
요, 광분하는 신도들이 나에게 부르짖
고 나에게 소원하는 그 기도 소리를
한번 들어 보도록 그리하라.
21 그들이 모두를 거저 주는 것이며, 끊
임없이 바치는 것이며, 끊임없이 주는
것이 사랑이라 말하는가?
22 그들의 기도 소리를 들어 보면 그들은
순수한 사랑을 모르는 자들이요, 오로
지 조건부의 사랑이요, 그 무엇을 잃
고 얻는 계산에 의한 사랑이 아니더냐?
23 그러니 너희들은 사랑 타령을 말로써
수없이 함이니라.
24 참된 사랑이요, 진실된 사랑이요, 진
정한 나 여호와의 사랑을 실천하고 행
하는 자들이라며 사랑 타령은 저희들
이 끝없이 하나, 그들은 조건부의 사
랑이요, 계산적인 사랑을 하는 것이니
라.
25 그러니 그들이 어찌 나의 백성이요,
나의 뜻을 가르치는 백성이라 말하느
냐?
26 그들에게 전하라, 또한 진정한 사랑은

너희들이 무엇인 줄 알겠느냐?
27 영원히 변하지 않는 것, 그리고 너희
들 말대로 끊임없이 주는 것, 그리고
조건 없이 바치는 것이 사랑이라 그리
전하라.
28 창조주 나 여호와를 사랑하며 나를 따
르라는 자들의 기도 소리를 너희들이
하나하나 분석해 보라.
29 그것이 사랑의 하나님이요, 너희들이
하나님의 본체인 사랑을 따라 사랑을
베풀고 살아가는 백성들이라 말할 수
있는가?
30 그러니 너희들은 나와 관계없는 짓을
하며, 나와 관계없는 백성이라 하는
그 무서운 것을 알라.
31 이제는 너희들이 진정한 사랑의 의미
가 무엇이며, 진정한 사랑이요, 참사
랑이 무엇인가 그를 깨우쳐 행하지 아
니한다면,
32 너희들은 계산된 사랑이요, 조건부 사
랑이요, 이익 분배의 사랑을 하다가
너희들이 나에게 와 심판을 받을 때,
33 그 모두가 죄의 사슬로써 너희들을 끌
고 간다는 것, 절대 너희들이 그 고리
를 끊을 수 없는 자가 된다는 것을 잊
지 말도록 그리 전하라.

9,369 번째 하나님 말씀

2004년 1월 26일 11시 42분

1 사랑하는 나의 아들아!
2 "네, 아버님! 말씀하옵소서."
3 너희들이 하늘에 오르는 길이 사랑을
행함이며, 나 여호와의 그 모두가 사
랑이라 그리하였음이니,
4 과연 사랑이란 무엇이라 말할 수 있으
며, 그 사랑을 너희들은 어찌 생각하
느냐?
5 사랑하는 나의 아들딸들아, 사랑이란
그 자체는 형체가 없으며 보이지 아니
하는 것이니라, 그것이 사랑이니라.
6 그리하여 아무리 남에게 사랑을 베풀
어 주고 끝없이 베푼다 해도 그 사랑
은 끝이 없으며 바닥이 나지 않는 것
이 사랑이요, 베푸는 마음이니라.
7 그러니 사랑의 마음은 없어짐이 없으
며, 그것은 바닥이 나지 아니하며,
8 너희들이 아무리 사랑을 베푼다 해도
너희들 자신이 손해 보는 것이 없는
것이 사랑이 아니더냐?
9 그러니 사랑의 본체는 보이지 않으며
마르지도 않는 것이 사랑이니라.
10 사랑은 너희가 베풀고 행한 만큼 반드
시 너희에게 다시 돌아온다는 그 사실
을 알고 있으면 될 것이니라.
11 너희들이 사랑을 베풀고 베풀어도 바
닥나지 아니하며, 끝없이 베풀고 베풀
어도 너희에게 손해 가는 것이 없으
며, 잃는 것이 없는 것이 사랑의 행함
이거늘,
12 어찌하여 너희들은 그 사랑 하나를 베
풀고 그만큼 행하는 그와 같은 마음으
로 살아가지 못한단 말이더냐?
13 너희들이 베푸는 만큼 사랑은 반드시
돌아온다는 그와 같은 것을 너희들이
어찌 모르는가?
14 너희들은 알면서도 그리 행하지 아니
하는 것이니라.
15 너희들이 사랑을 베풀면 잃는 것이 있
으며 손해 보는 것이 있으며 이익 분

배에 불이익을 당한다는 그와 같은 생
각을 가지고 있기 때문이 아니더냐?
16 믿음이란 또한 어떠하더냐, 믿음도 그
러하니라.
17 나 여호와로부터 너희들이 받는 상도
얼마만큼 사랑하는 마음을 너희 가슴
에 가지고 있느냐 하는 만큼만 너희들
이 나의 사랑을 받을 수 있으며 은혜
를 받을 수 있다는 것을 절대 너희들
은 잊지 말라.
18 이제 나의 아들을 따르는 백성들이요,
선택된 너희들은 알라.
19 너희들의 가슴속에 얼마만큼 사랑하
는 마음을 가지고 있느냐 하는 그만
큼만 나로부터 너희들이 사랑이요, 영
광이요, 축복을 받을 수 있으니,
20 그 이상은 너희들이 절대 받을 수 없
다는 것을 알고 있어야 될 것이니라.
21 그러니 나에게 얼마만큼 받고자 한다
면, 그 마음을 너희 자신이 가지고 있
어야 되는 것이니라.
22 또한 사랑은 무엇인 줄 알겠느냐?
23 너희들은 너희가 베푼 만큼 남의 사
랑을 볼 수 있으며, 남의 사랑하는 마
음을 느낄 수 있는 것이니라.
24 보이지 아니하며, 아무리 베풀어도 끝
이 없는 사랑이라 해도,
25 너희들이 남들이 베푸는 사랑이요, 남
이 가지고 있는 그 사랑의 향기를 볼
수 있는 것은,
26 네가 가지고 있는 사랑의 분량만큼만
볼 수 있으며 느낄 수 있는 것이 사랑
의 무서움이라는 것을 너희들은 알라.
27 아무리 베풀어도 바닥이 나지 않는 그
사랑을 어찌하여 너희들은 베풀며 살
지 못한단 말이더냐?
28 아무리 베풀어도 너희들이 손해 가는
것이 없으며 마르지 않는 그 사랑을
어찌하여 너희들은 계산 때문에 행하
지 못하며, 너희들이 이익의 분배에
눈이 어두워 그를 행하지 못한단 말이
더냐?
29 더욱이 너희들은 명심하라, 너희들이
얼마만큼 사랑하는 마음으로 사느냐,
사랑의 마음을 너희 가슴에 담고 있
느냐, 그것만큼만 내가 너희들에게 은
혜요, 상을 내린다는 걸 잊지 말도록
그리 전하라.

9,370 번째 하나님 말씀

2004년 1월 26일 11시 46분

1 사랑하는 나의 아들아!
2 "네, 아버님! 말씀하옵소서."
3 너를 따르는 제자들과 나의 법전을 읽
은 백성, 그리고 모든 만백성에게 너
희들은 알리고 깨우쳐 줘야 될 것이니
라.
4 너희들이 이 세상에 살아가면서 행하
는 어떠한 행위도, 가장 작은 것 하나
도 놓치지 아니하고 모두를 다 관찰하
고 보고 있는 작은 눈이 세상에 있다
는 것을 잊지 말라 그리 전하라.
5 너희들이 아무리 숨어서 하늘을 속이
고자 하며 행동을 해도, 그 모두를 보
고 있는 무서운 작은 눈이 있음을 절
대 잊지 말라 그리 전하라.
6 너희들이 어떠한 작은 소리를 한다 해
도 그 소리를 놓치지 아니하고 그 모
두를 듣는 귀가 있다는 것을, 이를 너

희들은 명심하고 명심해야 될 것이니
라.
7 더욱이 너희들이 마음을 열지 아니하
며 너희들이 마음을 닫아 놓고 있다
해도,
8 너희들이 마음속에서 가지고 있는 생
각, 그리고 너희들이 역사하고자 하는
생각, 그 모든 너희들의 마음을 들여
다보고 있는 매서운 작은 눈이 있다는
그 사실을 모르고 살아가기에,
9 너희들이 하늘을 속이며 네 마음을 속
이며 세상의 만백성을 속이고 살아갈
수 있다 그리 생각하느니라.
10 그러나 너를 속이는 그것도 들여다보
는 작은 눈이 있으며, 네 마음을 관찰
하는 것이 있으며, 육의 세상에서 너
희들이 인간을 속이는 것도 하나도 놓
치지 않는 작은 눈이 있으니,
11 더욱이 하늘을 속이려 한다는 것은 너
희들이 상상하지도 말라.
12 그 모두를 다 기록하고 그것들을 보고
듣는 눈과 귀가 있다는 것, 이와 같은
무서운 사실만 너희들이 안다 해도 오
늘처럼 험악한 세상의 삶은 살지 아니
할 것이니라.
13 오늘의 종교 집단이요, 믿음의 길을
가는 백성들이 무어라 말하느냐?
14 저희들이 하고 있는 것이 죄인 줄 알
지만, 인간이기 때문에 죄를 짓지 아
니할 수 없으며 죄 속에서 살지 아니
할 수 없다 하며, 믿음의 길을 가는 자
들이 지금 가고 있는 형태가 그와 같
으니,
15 이게 얼마나 잘못됐고 얼마나 무서운
생각 속에서 그들이 살아가는 것인가
를 너희들은 생각해야 될 것이니라.
16 나의 피조물 만백성 그들은 진정한 믿
음이 아니요, 인간관계에서 무엇인가
를 얻고 이루고자 하는 그와 같은 끈
으로 연결하고 이어진 것이 오늘의 너
희들의 교회요, 종교 집단의 그 신도
들이 바라는 마음이라면,
17 너희들이 얻어지는 것이 없으며 이루
어지는 것이 없다 할 때 너희들은 과
연 어떠하겠나?
18 그러나 나의 아들을 따르는 백성들이
요, 나의 강론을 듣는 그 백성들은 저
희들이 만나면 형제라 부르짖으나,
19 그 누구를 이용하여 무엇을 얻으려 하
며, 취하려 하며, 삶의 발판을 삼으려
하며, 남을 이용하려는 그와 같은 마
음을 가지고 있지 않은 것이 나의 아
들을 따르는 제자들이요, 성전에 온
그 백성들이니, 그 차이가 얼마나 무
서운 줄 알겠느냐?
20 목적이 없이 믿음만 가는 그 백성들은
유사시에 하나가 되어 이 세상을 지배
할 수 있는 능력이 있으나,
21 이해관계요, 계산이요, 이익의 분배
때문에 모인 집단이라면 그것이 없을
때 흩어지니, 이는 진실한 믿음이요,
참진리의 길을 가는 것이 아니니라.
22 이해관계요, 인간관계에 얽히고설킨
것을 풀어 가고자 하는 그와 같은 계
산된 마음으로 가는 자들은 백사장의
모래와 같을 것이니, 이것이 유사시에
다름이니라.
23 그러니 참진리의 길을 가는 백성과 참
진리의 길을 가지 않는 백성의 차이점
을 너희들은 지금은 모르나, 유사시에

그는 하늘과 땅보다도 더 무서운 거리가 있다는 것을 알라.

9,371 번째 하나님 말씀

2004년 1월 26일 11시 52분

1 사랑하는 나의 아들아!

2 "네, 아버님! 말씀하옵소서."

3 너희들이 나로부터 생명을 받아 세상에 태어났음이니, 너희 자신이 생명으로 태어나는 한 번의 기회를 더 얻은 그것이 얼마나 소중한 것인지 알며, 자신의 소중함을 아는 백성이 그 부모를 소중히 여긴다 하였음이니라.

4 그러니 제 부모를 소중히 여기지 못하는 자는 형제의 소중함을 알지 못함이니라.

5 그러니 너희들이 형제의 소중함을 알지 못하는 자, 네 이웃을 소중하게 여기지 못함이니, 네 이웃을 소중히 여기지 못하는 자는 만백성을 사랑할 수 있는 그와 같은 자격이 없는 자이니라.

6 또한 거기에 멈추는 자들은 나 여호와를 사랑할 수 있는 백성이 못 된다는 것을 너희들은 알아야 될 것이니라.

7 모든 사랑하는 마음은 변화되는 것이니라.

8 그리하여 단계적으로 너희들이 하나하나 변화되는 그와 같은 사랑을 역사하는 것처럼, 너희들이 나에게 오르는 그 믿음이요, 또한 그 변화도 그와 같이 단계적으로 변하는 믿음으로 가지 아니하면 아니 됨을 너희들은 알라.

9 자기를 사랑할 줄 알며 너희 부모를 사랑할 줄 알면 네 이웃을 사랑할 줄 알며, 그 근본이 바로 무엇인 줄 아느냐?

10 하늘의 창조주 나 여호와를 너희들이 사랑할 수 있는 자이며 사랑하는 마음을 가지고 있는 자들이니라.

11 그러니 오늘의 종교 집단이요, 지도자들은 무엇이더냐?

12 단계적으로 자신을 사랑하며 너희 부모를 사랑하며 형제를 사랑하며 이웃을 사랑하며 만백성을 사랑하며 나 여호와를 사랑하는 그와 같은 사랑의 단계를 하나하나 제대로 쌓고 거쳐 오는 자가 나를 사랑할 수 있는 자격이 있는 자요, 나를 진정 사랑하는 자이거늘,

13 어찌하여 너희들이 이와 같은 단계를 모두 뛰어넘어 창조주 아버지요, 만물을 창조한 여호와 나만 사랑하며, 나만 부르짖으면 너희들이 구원을 받는다 그리 말하느냐?

14 이것이 너희들이 잘못된 것이며 오늘의 근본이 없는 것이니라.

15 너희들이 기초가 없이 무엇을 이룰 수 있으며 기초가 없이 무엇을 역사한다 말하느냐?

16 다시 돌아가라, 그리고 다시 돌이켜 너희들은 기초부터 다시 사랑하는 그와 같은 길을 배우라.

17 그것이 나를 사랑하는 것이요, 나를 찾을 자격이 있는 백성임을 너희들은 알라.

18 믿음의 길이요, 신앙의 길이 이렇게 단계적으로 변화되고 역사하는 것이니라.

19 그리 변화되는 것만 너희들이 나에게

오를 수 있는 길이요, 그것이 산 삶이
요, 지금 살아서 움직이는 믿음이라는
것을 알라.
20 지금의 종교 집단과 지도자들, 그리고
그 신도들, 너희들의 믿음이 어떠하던
가?
21 지금 제자리에서 머물고 있다면 그것
이 나 여호와의 뜻을 알 수 있다 생각
하며 너희가 변하고 역사하는 것을 너
희들은 알겠느냐?
22 나 여호와는 변화에 따라서 내가 다시
역사하고자 하여 수천 미터 앞에 내가
있거늘,
23 그를 붙잡고 그것만 구원의 길이라 하
여 너희들이 그곳에 있다면, 어찌 너
희들이 나의 뜻에 따라 모두를 역사할
수 있다 생각하느냐?
24 그러한 지도자, 변화될 줄 모르는 자,
변하지 못하는 지도자는 저 자신을 먼
저 다스려야 될 것이며, 제가 먼저 변
하는 그와 같은 길을 깨우쳐야 될 것
이니라.
25 그렇지 아니하면 나 여호와의 뜻을 알
수 없는 자요, 만백성을 구할 수 있는
지도자로서 자질이 없으며 그 능력이
없는 자임을 전하라.

9,372 번째 하나님 말씀

2004년 1월 26일 11시 56분

1 사랑하는 나의 아들아!
2 "네, 아버님! 말씀하옵소서."
3 오늘의 믿음의 길을 가는 백성이요,
모든 종교 집단이요, 깨우쳤다는 그와
같은 백성들이 인간인 너희들이 사는
의미가 무엇이며 사는 것이 무엇이냐
하거든,
4 너희들은 인간이 세상에 태어난 것이
며 인간이 살아나가는 것, 그리고 나
여호와로부터 생명을 받아 가지고 나
온 것을 너희들이 시운전하는 그와 같
은 것이 인간의 삶이요, 인생의 삶이
라 그리 말하라.
5 너희들이 나로부터 새로운 생명을 받
아 세상에 나갔으니, 이것이 무엇이냐
그들이 와서 물으며, 생명이 무엇이며
삶이 무엇이냐 하거든,
6 인간의 삶이요, 인간의 생명은 너희들
이 기계를 만들어 그를 시운전하는 그
와 같은 과정이 인간 세상의 삶이요,
너희들이 이 세상에서 사는 것이라 그
리 말하라.
7 너희들은 인간이 무엇이냐 묻거든, 인
간은 시운전의 대상이라 그리 말하라.
8 너희가 지금 인간 세상에서 살아가는
이 삶은 무엇인 줄 알겠느냐?
9 너희들이 나에게 와서 영원히 살 자격
이 있는가 없는가를 이 세상에서 지금
시운전하고 시험하고 있는 것이라는
것을 알라.
10 너희들은 영원히 사는 그 세상에 와서
살 수 있는 백성인가 살지 못하는 백
성인가, 그것을 내가 너희들에게 짧은
기간을 주어 너희들이 시운전을 하며
시험하는 그와 같은 단계라는 것이니,
11 그것이 인간이요, 인생이요, 너희들이
살아가는 근본이라 그리 가르치라.
12 그러면 너희들에게 정신 나간 자요,
미친 자라 그리 말할 것이니라.
13 너희들은 영원히 사는 세상에 와서 살

자격이 있느냐 없느냐, 그 기계로서
가치가 있느냐 없느냐 하는 그와 같은
시험을 하는 그 단계라 하며, 그리하
여 인생은 시험이라 그리 말하도록 하
며 시운전이라 그리 전해 주라.
14 너희들이 기계를 만듦이니라.
15 그리하여 그 기계를 너희들이 영원히
쓸 수 있는 것인가 쓸 수 없는 것인가
를 우선 만든 자가 시운전을 하지 않
는가?
16 시운전하여 너희들이 쓸모 있는 기계
인가 쓸 수 없는 기계인가를 구분하느
니라.
17 그리하여 너희들이 더 보강하고 다스
려서 그 기계를 인간 세상에 살아가는
데 필요한 기계로써 재정비하여 사용
할 수 있는 것인가, 그렇지 아니하면
폐기 처분해야 될 것인가를 보는 것,
18 너희들이 하나의 기계를 만들어 놓고
시운전할 때 그것이 너희들이 시운전
하는 의의가 아니더냐?
19 그러니 너희들이 거듭난 것, 태어난
것, 그 모두가 무엇인 줄 알겠느냐?
20 너희들이 영원히 사는 나의 나라에 올
자격이 있느냐 없느냐, 그와 같은 삶
의 능력이 있느냐 없느냐, 그를 지키
느냐 안 지키느냐, 지킬 수 있는 자냐
지킬 수 없는 자냐 하는 그것을 너희
들이 시운전하는 것이 지상에서 사는
너희들의 생명을 가진 삶이니,
21 그러니 인간이 인생의 삶이 무엇이냐
묻거든, 너희들은 시운전하는 대상에
사는 것이며, 시운전을 당하고 있다
그리 말하라.
22 이제 나의 아들을 따르는 제자들이요,
나의 법전을 읽고 깨우친 만백성 너희
들은 알라.
23 지금 시운전을 당하고 있는 이 짧은
인생에서 너희들이 폐기 처분될 것인
가, 쓸모 있는 사람으로서 거듭날 것
인가, 거기에서 너희들이 어떠한 길을
갈 것인가를 선택하라.
24 너희들이 그저 터럭만도 못하게 그저
먼지가 쌓이는 그와 같은 것으로 갈
것인가, 그렇지 아니하면 너희들이 제
기능을 발휘할 수 있는 기계요, 만백
성을 위하여 역사할 수 있는 것으로
갈 것인가,
25 이와 같이 시운전의 대상에 있는 것이
오늘의 사랑하는 나의 피조물 만백성
너희들의 운명이며 인생의 삶이라 그
리 대답해 주라.

9,373 번째 하나님 말씀

2004년 1월 26일 12시 01분

1 사랑하는 나의 아들아!
2 "네, 아버님! 말씀하옵소서."
3 너희들이 경지가 높으며 깨달음이 높
아 세상사 이치를 다 안다 해도, 높은
지혜를 가진 백성이라 해도, 제가 은
둔 생활 속에서 은둔의 삶을 살아간다
면 과연 그것이 나의 피조물 만백성을
위하여 무엇이 필요하며, 존재하는 의
미가 어디 있겠느냐?
4 그러니 변화될 수 없는 것은 아무런
쓸모가 없는 것이니라.
5 변할 줄 모르는 백성, 그리고 세상을
변화시킬 수도 없으며, 너희들의 삶을
변화시킬 수도 없으며, 믿음의 길도

변화시킬 수 없는 것이 저 혼자만 구
원을 받겠다 하여 은둔 생활을 하는
경지 높은 자의 형태이니라.
6 그러니 지금의 종교 집단이요, 지도
자, 그리고 광분하는 그 신도들, 너희
가 과연 어찌 가는가?
7 너희들은 은둔 생활하는 백성들보다
더 어리석은 자들이니라.
8 너희들은 변화를 적대시하며, 변화를
원하지 아니하며, 변화를 이루고 새로
운 시대를 열고자 하는 자를 사탄이
요, 마귀라 그리 경멸하느니라.
9 그리고 이 세상을 능멸하러 온 자라
그리 말하는 것이니,
10 너희들이야말로 은둔하는 사람의 생
각보다 무엇이 낫단 말이더냐?
11 그보다 못한 것이 너희들임을 알아야
될 것이니라.
12 이제 사랑하는 나의 백성 너희들은 들
으라.
13 너희들은 변화되며 변화되는 삶을 살
아가도록 되어 있음을 알라.
14 변화되고 전진하는 그 삶 속에서 진정
한 행복과 기쁨을 느끼고 살아갈 수
있는 것이 인간 너희들이니라.
15 거기서 얻고 잃는 그와 같은 변화됨
속에서 너희들의 모두가 이루어짐이
니,
16 너희들은 변화되는 삶의 그 행복을 느
끼고 사는 것이요, 기쁨을 느끼고 사
는 것이 나의 피조물 만백성이 가진
특권임을 알라.
17 그와 같이 변화되지 아니하는 자는 나
와 관계없으며, 참진리의 길을 갈 수
없으며, 역사할 수 없는 백성임을 너
희들은 알라.
18 말로써 의사소통하며, 너희들이 즐거
울 때 웃음을 지으며, 슬플 때 눈물을
지을 수 있는 그 특성을 가지고 있는
나의 백성 너희들이 어찌하여 그와 같
은 삶에서 스스로 은둔 생활을 하는
자처럼 가는가?
19 웃을 수 있는 그것 하나만으로도 너희
들이 모든 동식물과 얼마나 차별화된
것인가?
20 그 은혜 하나 받은 것만으로도 너희들
이 나에게 갚을 길이 없을 것이며,
21 슬픔과 괴로움을 말로 표현할 수 있으
며, 너희들의 의사를 표현할 수 있으
며, 눈물로써 표현할 수 있는 그와 같
은 사람으로 살아갈 수 있도록 내가
너희들에게 그만큼 큰 은혜와 영광을
주었거늘,
22 어찌하여 너희들이 그 모두의 변화 속
에서 더불어 가지 아니하며, 너희들은
고립시켜 놓으며 정지시켜 놓으며 은
둔 생활하는 자와 같은 그와 같은 삶
을 산단 말이더냐?
23 내가 특별히 내린 웃음도 작은 웃음이
요, 큰 웃음이요, 기쁜 웃음이요, 슬픈
웃음이요, 쓴웃음이요, 그와 같이 수
천수만 가지로 변화되는 속에 그 웃음
이 있거늘,
24 그리고 너희들이 눈물을 짓는 것도 기
쁨의 눈물이요, 환희의 눈물이요, 괴
로운 눈물이요, 수치의 눈물이요, 견
딜 수 없는 눈물이요, 그와 같이 모두
가 변화되고 역사하는 것이 그 수많
은 뜻이 거기 있으니,
25 나에게 오르는 길이요, 참진리의 길을

가는 그 몸체인 사랑하는 백성 너희들
이 변화되고 역사하는 것은 당연한 것
이며,
26 너희들이 느끼고 체험하는 것 또한
수천수만 가지가 있음이니,
27 하나하나 느끼고 갈 때, 그게 바로 변
화되는 것이며, 그때 너희들이 기쁨을
얻으며 행복을 얻는 것이니라.
28 변화되지 아니하는 것은 은둔자와 같
으니, 지금의 모든 종교 집단이요, 광
신도들이 은둔자의 생활에서 세상을
모르고 살아가는 어리석은 백성들임
을 알라.

9,374 번째 하나님 말씀

2004년 1월 27일 06시 50분

1 사랑하는 나의 아들아!
2 "네, 아버님! 말씀하옵소서."
3 이제 너희들은 수천 년 동안 흘러오고
수천 년 동안 전쟁 준비를 해 온 그 백
성들과 정면으로 전쟁이 시작됨을 알
아야 될 것이니라.
4 지금 수천 년 동안 다져 오고 준비한
그 모든 백성들과 그 나라와 너희들이
지금 전쟁이 시작됨이니,
5 이는 곧 내가 '대전'이라는 곳에 성전
을 만듦이니, 이것이 바로 세상에 전
쟁을 선포하는 것과 같음을 너희들은
알아야 될 것이니라.
6 이제 수천 년 동안 흘러오고 다져진
그 모든 종교 집단이요, 지도자들이
하나가 되어 너희들을 공격하기 시작
할 것이며, 너희들이 존재하지 못하도
록 모두를 다 다스려 나가려는 것이
그들일 것이니라.
7 그러니 나의 법전을 만드는 자는 법전
을 만드는 자로서 전쟁의 마음 준비
요, 전쟁을 하는 그와 같은 마음의 준
비로써 너희들이 자신을 다스리지 못
하며 지키지 못하면 무너질 것이니라.
8 법전을 전하는 것도 나의 뜻을 전하는
그 모든 것도 너희들이 전쟁터에 나가
는 그와 같은 병사의 마음으로써 모두
역사하지 아니하면 너희는 결코 너희
자신을 지킬 수가 없는 자이니라.
9 죽음을 두려워하는 자는 죽게 될 것이
며 죽음을 두려워하지 아니하는 용감
한 병사는 거기서 살아남을 수 있듯이,
10 너희들이 지금 모두가 다 전쟁터에 나
와 있는 전사와 같은 마음으로써 하지
아니하면 절대 아니 됨이니라.
11 수천 년 동안 흘러오는 나의 백성들이
과연 지금까지 어떠한 길을 갔느냐?
12 나 여호와의 뜻을 거역하며 저희들이
편안한 길로 인간의 행복을 추구하면
서 그들이 살아오지 아니하였던가?
13 그러니 행복하고 즐거운 인간의 삶의
그 모두를 바꾸라 하며 그를 놓으라
하는 그와 같은 선포를 함이니,
14 누구도 받아들일 수 없으며 이해할 수
없으며, 모두 너희들을 환영하지 아니
하며 적으로만 간주하는 전쟁의 선포
보다도 더 무서운 것이며, 실제로 전
쟁이 선포되고 시작됨을 너희들은 알
아야 될 것이니라.
15 내가 만든 제2의 성전이요, 대전에서
시작함으로 그곳에서 모든 전쟁이 시
작되는 것이며, 그때부터 너희들은 잠
시도 눈을 붙이고 잘 수 없는 그와 같

은 백성들이 됨을 알라.
16 지금 모든 종파요, 종교들이 어찌하여
생겼는가?
17 그들이 얼마만큼의 각오와 얼마만큼
의 노력으로 그 뜻을 폈으며 날개를
폈는가?
18 그 모든 경험과 충분한 역사를 가진
너희들이 나의 성령이요, 나의 법전이
요, 나의 뜻을 가지고 오로지 한 길만
가지고 싸움을 함이니라.
19 너희들은 변칙이 없으며, 너희들은 융
통이 없으며, 너희들은 권모술수가 없
는 것이니라.
20 오로지 '하나님! 말씀하옵소서.' 내 뜻
이요, 나의 성령이요, 만백성을 구하
는 새로 내려오는 성경, 그것 하나로
써 공격과 방어를 다하는 것이요,
21 너희들은 변칙적인 것을 사용할 수도
없으며, 사용하지도 아니하는 그와 같
은 나의 전사들이라는 걸 알아야 될
것이니라.
22 이제 너희들이 마음의 자세를 다시 하
며 굳건히 하지 아니하면 절대 아니
됨이니라.
23 너희들이 마음에 빈틈을 가지며 마음
의 여유를 가졌을 때, 너희들은 적으
로부터 너희 생명을 잃게 된다는 걸
절대 잊지 말라, 사랑하는 나의 아들
딸들아!
24 제2요, 제3의 성전이 생기고 또 뻗어
나감으로써 그를 공격하고자 그를 무
너트리고자 하는 적은 더 강렬할 것이
며 더 강할 것이니,
25 이를 너희들이 견디고 이기느냐 이기
지 못하느냐는 너희 자신에게 달렸음
을 알라.
26 이제 너희들은 전쟁이 시작됨을 알라,
그리 너의 제자들에게 전하라.

9,375 번째 하나님 말씀

2004년 1월 27일 06시 55분

1 사랑하는 나의 아들아!
2 "네, 아버님! 말씀하옵소서."
3 지금의 모든 종교 집단이요, 지도자
요, 그리고 광신하는 백성, 그들이 참
진리의 길을 찾아 왔으며, 가르치는
자가 참진리를 가르치고 배우는 자는
참진리의 그 양식을 들어 제 것으로
만들었다면 오늘의 이와 같은 세상은
되지 아니하였을 것이니라.
4 저희들이 참진리를 모르며 인간의 교
리를 가지고 깨우치고 전함이니, 옳다
그르다 치고받는 시끄럽기 만한 세상
을 만들었으며,
5 이 시끄러운 세상의 잡소리가 하늘까
지 들려옴이니, 나 여호와가 귀를 막
아야 되는 이와 같은 형국이 되었음이
니라.
6 그저 온화하고 부드럽고 평안한 세상
이 아니요, 온통 시끄럽고 뒤죽박죽이
된 그와 같은 세상이니, 그 소리가 하
늘을 오염시키며 하늘까지 진동하는
그와 같은 형국이 되었느니라.
7 저희들이 참진리를 모르니 참진리를
놓고 연구하고 공부하는 것이 아니요,
8 참진리는 접어 두고 비진리를 가지고
저희들이 지금 모두 저희들만 하늘에
오르는 길이요, 저희들만이 역사한다
함이니,

9 옳은 일을 하려는 사람들은 없어지고,
그저 남을 해하려는 그와 같은 백성들
만 이 세상에 들끓으며 그들이 이 세
상을 지배하는 그와 같은 형국이 되었
음이니라.
10 그러니 수천 년 동안 유한 백성이요,
아름다운 백성이요, 사랑하는 백성으
로 만들고 가르친다 저희들이 떠들었
으나,
11 지금 세상을 보는 것은 옳은 일을 하
는 사람은 없고, 그저 남들을 해하고
시기 질투하는 그와 같은 백성들만 세
상에 들끓도록 만든 것이 오늘의 종교
집단이요, 지도자들이 해 온 형국이니
라.
12 그들이 부끄러움을 모르며 저 자신의
잘못됨을 모르고, 저희들이 회개와 반
성을 수없이 말하면서 정녕 회개하고
반성할 자들이 반성하지 아니하는 것
이 오늘의 그들이 역사한 현실이라는
것을 너희들은 알아야 될 것이니라.
13 그러니 나 여호와가 나의 아들을 통하
여 지금 법전을 만들며 너희들을 통하
여 온 세상에 전하고자 하는 그 역사
가 무엇이더냐?
14 지금 저희들이 잘못 살아온 그것을 바
로잡으며, 지금까지 반대의 길을 가는
그 불쌍한 백성들을 반대로 다스려 바
로 세우고자 하는 것이 나 여호와의
뜻이니,
15 이를 받아들이는 자는 구원이요, 받아
들이지 아니하는 자는 저 스스로 잘못
됨을 알게 될 것이니라.
16 정녕 너희들이 어찌하여 진정한 진리
요, 참아름다움이요, 창조주 나 여호
와의 뜻을 가르치는 것은 사탄이라 마
귀라 그리 말하며,
17 악한 것을 가르치는 것, 악한 말을 듣
고 즐기는 것, 그 악한 가르침은 어찌
하여 너희들이 그리도 잘 따르며, 그
와 같은 것은 너희들이 잘 행하고 있
는가?
18 이것이 오늘의 나의 백성들 너희들의
마음이니, 그것이 다 무엇인 줄 알겠
느냐?
19 저 자신을 버리지 못하고 비우지 못했
기 때문이니, 그 비우지 못한 욕심을
어찌해야 된단 말이던가?
20 너희들이 천길 만길 낭떠러지로 떨어
질 때, 너희들이 붙잡고 있는 손을 놓
으면 죽는다 하여 그를 움켜쥐는 마음
처럼 선을 잡으라 했거늘, 너희들은
마음의 악을 잡고 매달렸음이니,
21 너희들이 그 악을 놓는 것이 그리 어
렵고, 절대 놓지 않는 것이 오늘의 너
희들이 가고 있는 형국이며,
22 나의 사랑하는 백성들을 지금 종교 집
단이요, 지도자 너희들이 그리 만들어
놓았음을 어찌 모른단 말이더냐?

9,376 번째 하나님 말씀

2004년 1월 27일 07시

1 사랑하는 나의 아들아!
2 "네, 아버님! 말씀하옵소서."
3 너희들이 살아가는 죄 중에 가장 무거
운 죄며 너희들이 해서는 아니 되는
그 죄목이 무엇인 줄 알겠느냐?
4 "네, 아버님!"
5 너는 그와 같은 깨달음을 과연 어찌

생각하며 무엇이라 생각하는가?
6 "아버님의 참진리를 모르며 그 진리
를 거역하며, 비진리를 가지고 가르쳐
만백성을 잘못 인도하는 것, 그것은
그 무엇보다도, 단체요, 그 모든 백성
을 살인하는 것보다도 더 무서운 것이
라 저는 그리 느끼고 있사옵나이다.
7 그리하여 불안하며 그것이 공포였다
는 것이 제 마음이며, 이 세상을 어찌
바꾸며 어찌 구원할 것인가를 제가
모르는 그 고통이 거기 있사옵나이
다."
8 사랑하는 나의 아들아, 그러하니라.
9 저 자신이 지금 내가 원하는 내용도
모르며 뜻도 모르며 하늘의 이치와 순
리도 모르는 자들이 나 여호와의 뜻이
요, 하늘의 순리요, 하늘의 이치요, 내
뜻을 가지고 가르친다 하여, 대중 앞
에 서서 다른 사람들까지도 제 정신을
차리지 못하고 혼미하도록 하여,
10 대중적인 심리로 제가 어찌 흘러가는
줄 모르고 그저 싸잡아 흘러가도록 만
드는 것, 그와 같이 나의 피조물 만백
성을 혼동하게 만드는 것이 큰 죄임을
너희들은 알아야 될 것이니라.
11 그러니 대중 심리에 불을 붙여, 그저
그 불꽃만 쳐다보고 가도록 만드는
것, 앞뒤 가리지 아니하고 그저 공격
하고 전진하는 그와 같은 백성으로 만
들어 이끌어 가는 그 사악한 자들,
12 분별하지 못하며 하늘의 뜻이요, 인간
세상의 이치요, 순리도 이해하지 못하
며, 그를 깨우치지 못하도록 하는 자
들,
13 그들이 가장 사악한 자들이라는 것을
너희들은 알아야 될 것이니라.
14 나의 뜻과 하늘의 뜻을 모르면서 만백
성 앞에서 저희들이 하늘의 뜻이요,
내 뜻을 전하는 자요, 만백성을 구원
한다 하여 대중을 모아 놓고 설교하고
저희들이 강론한다 하는 자들, 그와
같은 자들 또한 그 죄가 무서움을 머
지않아 제가 알게 될 것이니라.
15 그러면서 저희들이 나 여호와의 참진
리는 버려두고, 비진리를 가르치면서
참진리의 길을 가는 것이라 하여 나의
백성들을 유혹하는 것,
16 그리고 나의 백성들이 깨우치는 길이
요, 진리의 길을 가고자 하는 그 순박
한 백성들마저 방해하며 그 길을 가로
막으며 비진리를 가지고 가르치는 자,
17 그리고 저희들이 나의 백성들이요, 참
진리를 가지고 내 뜻에 살아가고자 하
는 백성들을 음해하고, 그와 같은 자
를 사탄이요, 이단이요, 마귀라 몰아
붙이며,
18 그리고 그와 같은 것을 선전 선동하는
자, 저보다 앞서가는 자를 시기와 질
투로 모함하는 자,
19 그 무거운 죄가 저희들이 얼마나 감내
하기 어려운 것인지 알 날이 머지아니
하였음이니,
20 이와 같은 사악한 행위를 하는 자들
은, 한 사람을 살인하는 것도 용서하
지 못하거늘,
21 셀 수 없이 많은 백성을 살인하는 자
들이요, 죽음으로 몰아가는 자들이니,
22 네 말마따나 그것이 얼마나 무서운 죄
인가?
23 그를 바로잡으라는 것이 나 여호와의

뜻이니, 그를 바로잡고자 하며 그를
바로 역사하고자 해도, 그들이 귀를
막고 듣지 아니하며 눈을 가리고 보지
아니하려 함이니,
24 그리하여 나의 법전이 세상을 덮는 길
밖에 없으며,
25 그리고 그들을 깨우치기 위해서는 너
희들이 전쟁터에 나가 목숨을 바치는
그와 같은 전사와 같은 노력이요, 피
나는 노력 없이는 그들을 구할 수 없
는 것이 오늘의 현실이니,
26 그리하여 너희들이 모두를 다 버리며
너희들이 자신을 모두 던졌을 때만 그
들이 너희들을 보고 따를 수 있다 함
이 여기 있음을 알라, 사랑하는 나의
아들딸들아!

9,377 번째 하나님 말씀

2004년 1월 27일 07시 05분

1 사랑하는 나의 아들아!
2 "네, 아버님! 말씀하옵소서."
3 수천 년 동안 역사하고 변했다 하는
그 백성들을 내가 오늘 이리 탓함이니,
4 그리고 내가 새로운 성경이요, 나의
법전이라 하여 세상에 내려보내, 너희
들이 그 어렵고 힘든 길을 가며 이를
만들어 세상에 전하지 아니하면 아니
되는 이 아픔을 아느냐?
5 나의 백성 너희들은 신앙이요, 믿음이
요, 모든 생활이요, 너희들이 살아가
는 그 형태가 하나에서 만 가지까지
하나도 빼놓을 것이 없이 수준 높은
변화의 역사요, 수준 높은 가르침이
이루어지지 아니하면,
6 너희들은 죽어져 있는 자요, 변할 수
가 없는 것이기 때문이니라.
7 그러나 지금의 모든 종교 집단이요,
지도자 그들이 가르치는 것은 무엇이
더냐?
8 그저 출발선에서 몸만 풀고 서 있는
선수처럼, 그리고 어렵고 힘든 먼 길
을 가지는 아니하며 만인 앞에 제가
선수라 하여 그저 몸을 풀고 준비하며
저 자신을 내세우고 자랑하고자 하는
자이니,
9 제가 우승자가 되는 것이요, 패자가
되는 것은 생각지도 아니하며, 출발선
에 서 있는 것만 자랑하며, 만인에게
보이고자 하며,
10 제가 우등생이라 부르짖으며, 끝까지
뛰지 못할 선수가 우등생인 것처럼 나
서는 그와 같은 꼴이요, 그와 같은 형
국으로 되어 있으니,
11 지금의 모든 신앙이요, 믿음은 진리를
알지 못하기 때문에 수준 높은 변화의
가르침을 가지 못하고 있기 때문에,
오늘의 이와 같은 무서운 형국이 되어
있음을 너희들은 알아야 될 것이니라.
12 나 여호와는 나의 아들을 통하여 160
권의 법전을 너희들에게 전함이니,
13 그것도 부족하여 나의 아들이 죽을 때
까지 끝없이 너희들의 변화와 전진함
을 위하여 나의 뜻을 기록하여 전하는
그 역사를 이루는 것은 무엇이더냐?
14 너희들이 나의 법전을 전하며 깨우치
면서 하루가 가고 또 하루가 감에 있
어서 과연 퇴보하는 백성이요, 세상
이치를 모르는 백성이요, 주저앉는 백
성이요, 물러나는 백성이더냐?

15 너희들은 너희 자신도 모르는 인간 세
상의 수준 높은 변화요, 네 삶이요, 너
희 자신의 변화의 역사가 이루어지는
걸 스스로 알 수 있을 것이니라.
16 그것이 참진리의 길이요, 나 여호와의
뜻이라는 것을 너희들은 알라.
17 하늘의 뜻이 고여 있는 것이 아니지
않더냐, 하늘의 뜻이 정해진 것이 아
니지 않더냐?
18 너희들이 말로 그리 말하지 않더냐,
쓰고 쓰고 듣고 들어도 끝이 없는 것
이 하늘의 뜻이요, 나 여호와의 진리
라 말하면서,
19 어찌하여 너희들이 하늘의 뜻을 알지
못하며 그를 네 것으로 만들어 역사하
지 아니하고, 고인 물이 되어 썩은 자
가 되느냐?
20 고인 물은 제 물만 썩는 것이 아니라
모든 생물까지도 거기에서 벗어날 수
없도록 모든 생명까지도 앗아 가는
그와 같은 형국이 되지 않더냐?
21 그러니 너희들은 깨우치라, 참진리요,
하늘에 오르는 길은 수준 높은 변화가
늘 이루어지지 못한다면 이는 결코 참
진리의 길을 가는 것이 아니요, 내 뜻
을 역사하는 것이 아니라는 것을 내가
너희들에게 그리 가르치고 전함이니,
22 어찌하여 너희들은 이를 보지 아니하
고 듣지 아니하며 귀를 막느냐?
23 너희가 나의 뜻을 모르고자 함이니라.
24 너희들이 나의 뜻을 알며 나를 따르고
자 한다는 것은 너희들은 수준 높은
변화의 그 역사를 이루는 것이라 하지
아니하였더냐?
25 믿음이라는 것은 너희들이 1년을 믿
는 자요, 10년을 믿는 자요, 30년의
믿음의 길을 가진 자와 평생을 믿은
자가 너희들의 죽음의 자리에 대면했
을 때,
26 모두 다 다르며, 자세가 다르며, 너희
들의 얼굴 형태요, 마음까지도 변화되
는 것이 참진리요, 너희들이 아름다운
길을 온 것이라 내가 말하지 아니하였
더냐?
27 그것이 곧 수준 높은 변화의 역사가
이루어지지 아니하면 그리되지 아니
함이니,
28 너희들이 10년을 믿은 자나 평생을
믿는 자나 똑같다면 그것이 무엇이더
냐?
29 바로 죽음의 길에서 썩어져 있는 자라
하는 나의 이치를 알라.
30 나 여호와는 신앙이요, 믿음을 가졌다
말하는 자, 너희들에게 수준 높은 인
간의 변화를 이루는 것이니,
31 그것이 곧 나의 참진리의 길에 들어선
백성이요, 선택된 백성들이요, 축복과
은혜와 영광 앞에 가는 백성이라는 걸
절대 잊지 말도록 그리 전하거라.

9,378 번째 하나님 말씀

2004년 1월 27일 07시 10분

1 사랑하는 나의 아들아!
2 "네, 아버님! 말씀하옵소서."
3 너 자신이 이 길이 힘들며 어려운 길
이요, 너 자신을 다스리기 위한 그 싸
움이야말로 세상의 어떠한 전쟁보다
도 큰 전쟁을 네 마음속에서 하고 있
음이니, 네 마음의 고통을 내가 알며

너의 제자들의 그 고통을 아느니라.
4 그러나 너희들은 그와 같이 가야 하늘
에 오르는 길이요, 천사와 같은 마음
의 자세로 변하지 아니하면 이 세상에
나의 백성들을 구원할 수 없으며 구원
할 길이 없기 때문이니, 그리하여 너
희들이 인내하고 감을 내가 사랑한다
함이니라.
5 지금의 모든 백성들을 구원하고자 하
며 구원의 모든 문제를 책임지고 있다
는 그 백성들, 그리고 책임지겠다 말
하는 백성들, 그리하여 저희들이 책임
지고 이끌어 간다는 그와 같은 종교
집단이요, 지도자요, 광신하는 신도들,
6 그들이 말하는 종교 지도자들의 자세
가 과연 무엇이더냐?
7 그들은 나의 백성들을 이끌어 간다며
책임진다 하며 그들이 이끌어 가고 책
임을 지는 그 형국을 너희들이 들여다
보라.
8 그러면서도 너희들이 오늘의 그 삶이
고통스럽고 어렵고 힘들다 하여 좌절
하고 중단할 수 있는 것이 있다면 너
희들은 그리하라.
9 그러나 오늘의 종교 집단이요, 지도자
들이 나의 백성들을 책임진다며 이끌
어 가는 그 형태를 들여다볼 때, 너희
자신이 그 책임감을 알게 될 것이며
너희들 스스로 나의 법전에서 손을 뗄
수가 없을 것이니라.
10 종교 지도자들이 무어라 말하느냐?
11 너희들은 믿기만 하면 은혜를 받게 되
는 것이며 축복을 받게 되는 것이며,
그리고 너희들이 있는 것, 없는 것을
모두 다 바치면 열배 백배로써 은혜를
받으며 모두를 역사한다 그리하며,
12 너희들이 먹기 좋은 꿀떡을 먹는 것처
럼 그리 즐겁고 행복하게 가르치고 그
것을 전하는 것이 너희들이 아니더냐?
13 말로써 나의 피조물 만백성에게 먹기
좋은 꿀떡을 그저 먹이는 것이 오늘의
가르침이니라.
14 그러면서 나의 백성들을 현혹하여 저
희들이 하고 있는 짓이 무엇인 줄 너
희들은 알고 있지 않으냐?
15 보지 아니한다 해도 나의 법전을 읽었
다면 그것을 알 것이니라.
16 그것이 너희들이 먹고사는 것이요, 너
희들이 그것을 먹음으로써 나에게 오
를 수 있는 길이라면 나는 너희들에게
말하지 아니할 것이니라.
17 그러나 그 잘못된 자들이 가르치는 꿀
떡보다도 더 달고 좋은 떡을 받아먹는
것을 즐기며, 받아먹는 것이 축복이
요, 영광이라 그리 생각하는 자,
18 그것을 너희들이 얻어먹기 위하여 갖
다 바치면 열배 백배를 더 준다는 그
말로써,
19 모두 이루어지는 것도 없이 무산되며
거품이 되는 것이며 증거하지도 못하
며 책임지지도 못하며 남지도 못하는,
그와 같이 먹을 수 없는 말로써 주는
그 떡으로 먹고살기 위하여 혈안이 되
었으니,
20 거기서 무엇을 이루며 무엇을 역사한
다 할 수 있단 말이더냐?
21 이제 내가 나의 아들을 따르는 제자
요, 선택된 너희들에게 꿀떡 같은 맛
있는 떡을 먹으라 하더냐?
22 쓰고 쓴 떡을 내가 너희들에게 내림이

니라.
23 쓰고 쓴 떡을 먹고 깨우치고 변화되어
도 너희들이 내 뜻을 알 수 없으며 하
늘의 뜻을 모르거늘,
24 너희들이 편안한 자세요, 그저 놀고
먹고 즐기면서 너희들이 먹기 좋은 꿀
떡을 말로써 주는 자들에게 받아먹고
그 길만 가고자 하는 것이 오늘의 광
신하는 신도요, 지금 광분하는 자들이
요, 맹종 맹신하는 자들이니,
25 거기에서 너희들이 어찌 구원의 길을
볼 수 있단 말이더냐?
26 절대 볼 수 없음이니라.
27 그러니 너희들이 나의 모든 백성들을
책임진다 하는 자들이 그저 저희들이
지은 그 죄의 온상에 오면 은혜와 축
복을 받는다 하는 것, 이와 같은 것으
로써 나의 백성들을 이끌어 가는 그
형국을 보고,
28 너희들이 그대로 주저앉으며, 나의 법
전을 만드는 데 너희들이 게을리하며,
이 법전을 전하는 데 게을리하며,
29 만백성에게 보임을 위하여 아름답게
살고 한 점의 부끄럼이 없이 사는 삶
을 주저하고 게을리한다면, 너희들은
아름다운 백성이라 내가 말할 수 없으
니,
30 아름답지 못한 심성을 가진 백성은 나
를 볼 수 없다 함을 너희들은 잊지 말
라.
31 사랑하는 나의 아들을 따르는 제자 너
희들에게 전하노라.

9,379 번째 하나님 말씀

2004년 1월 27일 07시 15분

1 사랑하는 나의 아들아!
2 "네, 아버님! 말씀하옵소서."
3 내가 성서에 기록한 한 토막의 글을
갖고 지금의 모든 종교 집단이요, 지
도자들이 어렵고 힘든 고통의 길을 간
다면서 무어라 말하느냐?
4 우리는 선택된 백성들이요, 그리하여
우리는 시험과 연단을 거쳐 거듭나는
은혜를 받으며 쓰임을 받는 백성이기
때문에,
5 우리는 시련과 고통이요, 연단을 즐겁
게 받으며, 그를 행복으로 생각하며,
선택된 백성이라 너희들이 그리 말함
이니, 그 내용은 이러한 것이 아니더
냐?
6 성서에 기록된 그 한 토막은, '형제들
아, 너희가 여러 가지 시험을 만나거
든 온전히 기쁘게 여기라.' 하는 그와
같은 내용을 가지고,
7 너희들이 어렵고 힘든 것에 부닥쳤을
때, '나는 선택된 백성이니, 이를 온전
하게 기쁘게 여기고 가면 된다.' 그리
생각하는 것이 아니더냐?
8 이는 믿음의 인내심을 기르도록 하여
인내심을 기른 자를 내가 골라 쓰는
것이며, 인내심을 길러 완전하게 내가
이루고 가르친 백성 너희들을 내가 그
중에서 골라 쓰기 위하여, 완전한 구
별을 위하여 내가 너희들에게 그리
역사한다는 것이며,
9 너희들을 부족함이 없는 백성으로 만
들어 쓰고자 하여 내가 너희들에게 그

와 같이 간다 하나,
10 너희들은 먼저 여기서 깨우쳐야 될 것
이니라, 그리고 알아야 될 것이니라.
11 너희들이 먼저 완벽한 믿음이요, 내
뜻을 따르며 그 길을 가고자 하는 그
와 같은 백성들에게 내가 어찌 연단이
요, 훈련이요, 시험이라는 것을 주어
내가 완전하게 너희들을 쓰고자 한단
말이더냐?
12 그러니 내가 나의 아들을 통하여 전하
는 그 뜻은 무엇이더냐?
13 나의 아들은 그리 전하느니라, 너희들
이 완전한 믿음의 길을 가고 있는 자
는 시련이요, 시험이요, 연단이라는
것은 절대 없는 것이다,
14 종교 집단이요, 지도자들이 바른길을
가지 아니하며 잘못 가고 잘못 다스려
제가 지은 죄의 대가를 치르는 것이
라, 나의 아들이 그리 가르치고 전함
이니라.
15 그러니라, 너희들이 참진리의 길을 가
고자 달려가며 변해 가는 삶을 사는
그 백성들에게 내가 어찌하여 연단과
시험이라는 것을 주어 완전하게 만들
어 너희들을 기쁘게 쓴다 하며, 지금
너희들이 선택된 자라 그리 말하느냐?
16 너희들은 믿음 속에서 깨우쳐 가며
스스로 변해 가는 그와 같은 삶의 길
에 들어서는 자에게 나는 결코 그리
하지 아니하느니라.
17 너의 제자들도 그러하니라.
18 너희들이 나의 법전이요, 나의 계명을
따라 지키고자 변하는 삶을 살 때 내
가 너희들에게 시련과 고통의 역사함
을 아니 함이니라.
19 다만 너희들이 아직도 잘못 가고 잘못
가기 때문에 나로부터 받을 수 있는
은혜요, 상을 받지 못하는 것이요,
20 또한 너희들이 지금까지 지은 죄요,
가지고 있는 모든 악습을 버리기 위한
그와 같은 대가를 치르는 것이요,
21 내가 너희들에게 고통과 시련을 줘서
너희들을 골라 쓴다 그리고 선택해 쓴
다 그리하지 말라.
22 다만 너희들이 변하는 그 삶을 가라,
그리고 변하는 길만 위해서 가라.
23 그리고 내가 원하는 길을 위하여 너희
들이 살아가라.
24 그러면 내가 너희들을 쓸 때가 되면
스스로 쓸 것이며 선택해서 내가 역사
할 것이니,
25 모두는 너희들의 부족한 점을 채우는
길이요, 너희들 스스로 지은 죄의 대
가를 치르는 것이요,
26 그러니 너희들이 일찍이 나의 십계명
대로 살겠다는 굳은 마음과 그리고 내
가 내리는 나의 새로운 성경이요, 법
전대로 살아가겠다는 굳은 결의를 갖
고 그리 살아가는 자,
27 너희들에게 고통과 시련이 없을 것이
니 두고 보도록 그리하라.

9,380 번째 하나님 말씀

2004년 1월 27일 07시 20분

1 사랑하는 나의 아들아!
2 "네, 아버님! 말씀하옵소서."
3 너를 따르는 사랑하는 제자들이요, 내
가 보기도 소중한 그 제자들에게 그리
이르라.

4 모든 동식물이요, 독소가 있는 것들은
너희들이 그를 취하여 먹기 위하여 어
찌하는가?
5 너희들은 그를 물에 넣고 불로써 다스
려 그를 삶고 또 삶으며, 때로는 불에
그을려 그가 가진 독소를 다 뽑아내서
그 모두를 음식으로 만들어 섭취하며
생명을 유지하지 아니하더냐?
6 그러니 너희들이 모든 식물이요, 독소
가 있는 것까지도 취할 수 있는 방법
은 그들을 물에 넣고 달궈 삶고 또 삶
으니, 그가 가진 그 독소를 모두 다 뽑
어내지 아니하더냐?
7 독소를 가진 동물 또한 그 독소를 다
뽑아낼 때까지 그와 같이 다스리고 가
꾸어 너희들이 약재로 쓰며 생명을 보
호하는 음식으로 먹지 않느냐?
8 그러니 너의 제자들에게 그리 이르라.
9 너희 가슴에 있는 모든 독소요, 너희
마음에 있는 그 독소를 모두 다 뽑어
내고 뽑아내지 아니하면 너희들이 바
로 설 수 없으며 나에게 올 수 없음을
알라.
10 이와 같은 말을 전하는 나 여호와의
가슴이 얼마나 아프고 저려 오는 줄
알겠느냐?
11 스스로 다 뽑아내며 스스로 일찍 지워
버리면 너희들이 편안한 길이거늘,
12 내 사랑하는 나의 아들을 따르는 그
제자들이 그를 뽑아내지 못함이니,
13 내가 나물이라는 식물을 삶아서 또 삶
고 삶아 물에 씻고 씻어 건져 내고, 그
리하여 그 모든 독소를 뽑아내 약재로
쓰며 또한 음식으로 만들어 먹는 그
형국을 들어 너희들에게 전하는 것이
니,
14 너희들이 그와 같이 되지 아니하면 아
니 된다 그리 전하라.
15 일찍이 너희들이 그저 삶아지며, 물에
담그고 또 담가 불리고 불려 모두를
걸러내는 그와 같은 너희들의 그 마음
의 변화를 갖도록 그리하라.
16 그러니 너희 자신이 있어서야 되겠느
냐?
17 네가 고개를 빳빳이 들고 용기 있는
자같이 보이는 것, 그리고 탐나는 것
같이 보이는 것, 그와 같은 것은 아직
도 너희들에게 그 흥분의 독소가 남아
있음이 아니더냐?
18 너희들이 식물의 독소를 빼내기 위해
삶고 삶아 그 독소가 빠졌을 때 그는
가장 부드럽고 유한 음식으로 변하듯
이,
19 너희들이 모두 그리 유하고 부드러운
심성으로 너희 자신의 모두를 뽑아내
라.
20 탐욕스러운 마음, 질투하는 마음, 시
기하는 마음, 앞에 가는 자를 곱게 보
지 못하고 미워하는 마음,
21 그리고 누가 너희 가슴에 와 닿는 말
을 한다 하여 너희들이 얼굴을 붉히며
언성을 높여 돌아서고 미워하는 마음,
그 모든 마음을 다 뽑아내야 되는 것
이니,
22 너희들이 물에 삶고 삶는 독소 있는
식물처럼 너희 자신을 그리 삶고 또
삶아 너희 자신의 모두를 뽑아내라.
23 그래야만 나의 성령이 그득히 너에게
임함이니, 이것이 너를 따르는 제자들
을 사랑함이요, 나의 아들을 따르는

너희들을 다스리는 방법을 가르쳐 주
고 전함이니 그리 알라 전하라.

9,381 번째 하나님 말씀

2004년 1월 27일 23시 24분

1 사랑하는 나의 아들아!
2 "네, 아버님! 말씀하옵소서."
3 너를 따르는 제자들이요, 그리고 나의
법전을 읽고 깨우친 만백성 그들은 알
아야 될 것이니라.
4 지금 이 세상에 수천 년 동안 흘러오
는 그 세월 속에 종교 지도자들의 수
가 얼마나 많으며, 그 지도자 또한 그
이름이 얼마나 많이 세상을 덮고 있는
가?
5 그리고 내가 죄의 온상이라 하여 짓지
말라는 그 교회는 과연 얼마만큼 이
세상에 많이 널려 있는가?
6 내가 너희들에게 열 발짝을 가지 아니
하고 하나씩 있다 말할 정도로 그와
같이 지금 밤하늘을 향하여 비춰 놓고
있는 십자가의 모습을 볼 때, 과연 너
희들은 어떠하던가?
7 네가 앉아 있는 나의 성전의 창문을
열고 세상 밖을 내다본다면, 이 깊은
밤 하늘에 빨간 불빛을 비추고 있는
십자가를 달아 놓은 교회라는 것, 떡
과 금화와 은화를 가져다 바치는 그것
이 얼마나 많던가?
8 그러니 거기에 있는 지도자의 숫자는
얼마나 많으며, 거기서 평생을 바쳐
가면서 저희들이 믿음이요, 구원을 받
았다는 그 신도라는 맹종 맹신하는 자
들의 그 숫자는 얼마나 많더냐?
9 그러니 그들을 펼쳐 놓고 펼쳐 놓는다
면, 지금 열 발짝도 안 가서 한 사람씩
연계되는 그와 같은 형국이 되어 있느
니라.
10 그러니 그 지도자 또한 헤아릴 수 없
이 많은 세상 속에, 지금 나의 아들이
나의 성령을 받아 160권의 법전을 세
상에 만드니,
11 그 많은 지도자요, 그 많은 신도들과
싸움을 하며 그들과 견주어 가며 의사
를 타진하고 대화를 하며 옳고 그름
을 가리고자 하는 자가 이 세상에 과
연 누가 있더냐?
12 이 세상의 그 많은 종교 집단 지도자
중에서 나의 아들 하나뿐이니라.
13 너희들이 피부색이 다르며 언어가 다
르며 생활이 다르며, 또한 너희들의
생김새가 다르며 모양이 다르며 너희
들의 삶이 모두 다른 그와 같은 모든
백성 중에,
14 이 지상에 있는 그 많은 백성들이 다
믿음을 가지고 있으며 종교 집단 속
에 속해 있는 그들과,
15 나의 아들은 그 모두와 대적하여 제
가 지금 이 길을 가고 있음이니,
16 그가 과연 어떠한 아들이며, 어떠한
백성이요, 어떠한 사람이며, 이 백성
중에 선택되어 있다는 나의 아들이 과
연 누군가를 너희들은 한번 생각해
봤는가?
17 그가 가는 길이 얼마나 힘들고 어려
운 길이며 그가 얼마나 고통 속에 가
고 있는가를 그 제자들 너희들이 들
여다보고 있는가?
18 너희들은 모를 것이니라.

19 그는 저 혼자서 모든 자들과 견주어야 되며, 그들의 질문에 답해야 될 것이며, 그들이 물고 늘어지는 것에 해답을 던져 주어야 될 것이며,

20 그들과 같이 응답하여 그들을 제압하지 못하면 나의 아들이 일어설 수 없는 그와 같은 번뇌와 고통이 있으니,

21 그가 고통스러운 것은 너희들이 가지고 있고 생각하는 것이 아니요, 너희들이 고통스럽게 생각하며 걱정하는 것이 아니며,

22 그 많은 자들과 대화하며 싸우며 이겨야 될 나의 아들의 그 마음과 그가 가지고 있는 마음의 부담을 너희들은 과연 생각해 보았으며 그를 들여다보았는가?

23 백사장의 모래알보다 많은 그 종교집단이요, 그 수를 저 혼자서 그들과 대적하여 가야 되며 싸워야 하는 나의 아들의 마음에 가지고 있는 부담이 어떠한 것인가를 너희들은 생각해 봤는가?

24 그것이 나의 아들이요, 그와 같은 나의 아들과 더불어 가는 너희들이니,

25 너희들 자신이 선택됨이 얼마나 위대한 것이며, 나의 법전을 만들며 너희들이 가슴에 담을 수 있는 그것이 얼마나 귀한 보배요, 얼마나 귀중한 것인가를 과연 생각해 보았는가?

26 너희들이 다시 한 번 원점에서 돌이켜, 너희들이 나의 법전을 접한 영광이요, 나의 아들과 더불어 가는 그 은혜요, 그 모두를 깊이 생각하고 깨우칠 때가 되었음을 알라 전하라.

9,382 번째 하나님 말씀

2004년 1월 27일 23시 31분

1 사랑하는 나의 아들아!

2 "네, 아버님! 말씀하옵소서."

3 구약의 시대와 신약의 시대가 교체되는 그 시대에 살았던 그 백성들은 과연 어떠했는가?

4 구약의 시대에 신약의 시대의 복음을 무엇이라 말하였느냐?

5 구약의 시대는 신약의 시대에 전해지는 그 모든 복음을 사탄이요, 이단들의 행위라 그리 말하였느니라.

6 그러한 고통 속에서 신약의 시대가 열리지 아니하였는가?

7 오늘의 너희들이 나의 아들이요, 나의 법전을 보고 사탄이요, 이단이요, 마지막 시대에 오는 거짓 선지자라 그와 같이 핍박을 하듯이,

8 또한 구약의 시대에서 신약의 시대로 넘어오는 복음의 변천사가 그리하였으니,

9 너희들 또한 그와 같이 핍박을 받는 것은 당연할 것이니라.

10 그러니 그 고통 속에서 신약의 시대는 열렸으며, 행위를 통하여 구원을 받는 시대에서 너희들은 나의 아들 예수를 부르짖고 찾기만 하면, 너희들이 그 모두를 다 믿고 따르면 인정을 받아 그 보혈로써 구원을 받는다는 그와 같은 시대의 변화의 새로운 역사 앞에서,

11 과연 구약의 시대의 그 백성들은 어떠했으며, 또한 너희들은 구약 시대의 백성을 어찌 치받았는가?

12 너희는 지금과 같은 교체의 시대에서

어찌했는가를 너희 스스로 한번 연구
하고 깨달아 볼 필요가 있음을 너희들
은 알라.
13 서로가 이단이요, 잘못되었다 하였으
며,
14 더욱이 구약의 시대의 백성들은 신약
의 시대를 인정하지 아니하려 하며,
새로운 믿음의 길을 열려 하는 것을
이단시하며, 절대 인정치 아니하려는
그 속에서 너희들은 한 시대를 열어
가고자 하여 지금에 오지 아니하였느
냐?
15 지금 신약의 시대의 백성과 제3의 시
대의 백성의 마찰이 어떠하던가?
16 너희들이 나의 법전을 인정하지 아니
하려는 것은 2천 년 전 구약과 신약이
교체되는 시대에 있었던 것을 지금 받
은 만큼 되돌려 주는 그와 같은 형국
이 되었음을 너희들은 과연 알고 있는
가?
17 신약시대에 너희가 구약시대의 그 백
성에게 받은 것처럼,
18 지금 나의 아들을 통하여 마지막이요,
너희들에게 더 한 번의 기회가 없이
내가 심판의 시대라 하여 마지막 시대
에 나의 법전이요, 나의 뜻이요, 성령
을 모두 태워 너희들에게 내려보내거
늘,
19 이와 같은 구원의 기본이요, 근본인
법전을 너희들은 사탄이요, 이단이라
몰고 가는 것이 아니던가?
20 그러니 신약의 시대를 벗어나 제3의
시대로 역사하는 것을, 너희들이 구약
의 시대에서 벗어날 때 너희들이 역사
했던 그와 같은 행위를 하고 있는 것
임을 알아야 될 것이니라.
21 그러니 지금 제3의 시대에 마지막 나
의 아들을 통하여 이루는 나에게 너희
들이 도전하는 행위요, 너희들이 내
뜻을 거역하는 행위를 하고 있음을 알
아야 될 것이니라.
22 이제 신약의 시대에서 너희들은 중간
주자로서 모든 임무를 끝마쳤으며, 마
지막 시대에 마지막 주자에게 바통을
넘겨주며 마지막 시대가 역사하고 이
끌어 가는 그와 같은 시대가 열리고
있건만,
23 너희들이 어찌하여 이 점을 이해하지
아니하고, 이를 깨달아 너희 것으로
만들려 하지 아니하며, 오로지 거부와
거부만 너희들이 거듭하고 있단 말이
던가?
24 지금 마지막 시대의 심판이 열리고 있
는 것을 너희들은 겸허히 받아들일 줄
알아야 될 것이며, 너희들은 이를 인
정할 줄 아는 백성이 되어야 될 것이
니라.
25 너희들이 2천 년 전에, 구약의 시대의
그 백성들에게서 교체의 시대에 받은
만큼,
26 너희들이 그보다 더한 방법으로써 제
3의 시대요, 마지막 주자가 가고 있는
이 시대를 그리 밀고 몰고 감이니, 그
리고 너희들의 포악한 행위가 이루 말
할 수가 없음이니,
27 너희들이 그리하면 너희 자신도 그 대
가로 얼마나 무서운 것을 치르며, 네
가 얼마나 고통 속에서 가야 되는지를
머지않아 겪게 될 것이니,
28 그때를 대비하고 그때를 안다면, 오늘

의 너희들은 겸허한 자세로 받아들여
너희 것으로 만들어,
29 정녕 하늘에 오르는 길이 무엇이며 나
로부터 선택된 백성이 어떠한 백성이
며, 어떻게 살아야 되는가를 깨우쳐
너희들이 구원을 받도록 그리하라.

9,383 번째 하나님 말씀

2004년 1월 27일 23시 36분

1 사랑하는 나의 아들아!
2 "네, 아버님! 말씀하옵소서."
3 오늘의 모든 종교 집단이요, 저희들이
지금 얼마나 무차별한 짓을 하며 얼마
나 무서운 행위를 하는지 알고 있는가?
4 지금 나 여호와가 역사하는 변화되는
시대의 교차점에서 그들이 얼마나 어
리석은 행위를 하며 얼마나 무서운 행
위를 하며, 나 여호와에게 욕되는 행
위를 하고 있는지 저희들이 알지 못하
고 있음이니,
5 그들을 깨우쳐 바로 볼 수 있는 그와
같은 백성이 되도록 그리해야 될 것이
니라.
6 그들이 어떠한 백성들이더냐?
7 참진리요, 나 여호와의 뜻을 모르며,
하늘의 뜻을 모르며,
8 저희들이 닳고 닳도록 열고 닫으며 공
부했다는 그 성경의 비유의 뜻을 제대
로 알지 못하는 지도자들이니,
9 그들이 알지 못하기에 제대로 가르치
지 못했으며, 그리고 제대로 가르치지
못하는 자에게 배운 그 백성들이 제대
로 배우지 못한 것이 오늘 이와 같은
험악한 세상이 되었음을 알라.
10 그러니 저희들이 제대로 참진리의 길
을 가지 못하며 제대로 가르치지 못한
자,
11 참진리가 와 세상을 다스리며 저희들
을 바로잡고자 함이니, 여태껏 구부러
질 대로 구부러진 자들을 바로잡을 수
없는 이와 같은 형국이 되었음이니라.
12 너희들이 인간 세상에서 그 부모와 자
식 사이도 그렇지 않더냐?
13 어린 자식은 부모의 말을 들으나, 그
자식이 성장하면 부모의 말을 듣지 아
니하며 고개를 들고 치받으니,
14 그때는 그 자식을 부모의 힘으로 다스
릴 수 없는 그와 같은 형국이 되지 않
던가?
15 너희들이 그와 같은 형국이 되어 있음
을 알라.
16 몇천 년 동안 흘러오며 믿음의 길이
요, 하늘에 오르는 길을 가르친 그 지
도자요, 배운 백성들이 잘못 알고 있
는 자가 잘못 가르쳤기에 잘못 배운
백성들로 하여금,
17 나 여호와의 뜻이요, 참진리가 세상에
내려가거늘, 이를 받아들이지 아니하
며 무차별하게 짓밟으며 이를 용납지
않는 이와 같은 형국으로 되어 있음이
니라.
18 오로지 구원을 받는다는 편안한 그 길
이요, 그 믿음 속에서 과거의 전통과
관습에서 너희들이 헤어나지 못하고
벗어나지 못하며 고집만 부르짖고 있
는 어리석은 백성들이 아니더냐?
19 그러니 너희들의 그와 같은 행위가 무
엇을 의미하느냐?
20 나 여호와가 역사함을 너희들이 무너

트리고 있으며, 내가 역사하는 길을
방해하는 자요, 그 길을 막는 자들이
니라.
21 그러니 너희들은 내 뜻을 거역하며 내
가 역사하는 것을 방해하는 자로서,
너희들이 어찌 나에게 오르며 나에게
구원을 받을 수 있는 백성이라 하느냐?
22 너희들이 하고 있는 삶이요, 믿음은
오로지 지옥의 낭떠러지요, 벼랑으로
떨어지는 그와 같은 무서운 행위를 하
고 있다는 것,
23 그리고 그 길을 달려가고 있다는 것을
내가 나의 법전에 수천 번 기록하여
전한 그 의미를 너희들이 들여다볼 때
가 되었음을 알아야 될 것이니라.

9,384 번째 하나님 말씀

2004년 1월 27일 23시 46분

1 사랑하는 나의 아들아!
2 "네, 아버님! 말씀하옵소서."
3 지금의 모든 종교 집단이요, 지도자들
이 구약의 시대는 지나간 것이며 그리
고 다 흘러간 것이며, 신약의 시대가
내려오니 구약의 시대는 문을 닫았다
그리 말하느니라.
4 그리하여 너희들이 신약의 시대를 연
삶이요, 신약의 시대를 연 믿음이요,
신앙생활로 그 모두를 역사하며,
5 그리하여 그것으로써 너희들이 구원
을 받으며 나에게 오른다 그리 가르치
고 말하느니라.
6 그러나 너희들이 가르친 2천 년의 긴
세월 동안 너희들은 과연 무엇을 가르
쳤는가?
7 나 여호와의 뜻이요, 참진리의 뜻을
위하여 너희들이 가르치지 못하였음
이니라.
8 너희들이 나의 뜻대로 가르치지 못함
은 무엇이던가?
9 너희들이 변화되지 못했으며, 변화할
수가 없었다는 것이니라.
10 그러니 너희들이 2천 년의 긴 세월 동
안 변화되지 못하였으며 나의 뜻을 따
르지 아니하였음이니,
11 너희들이 문을 닫았다는 구약의 시대
처럼 신약의 시대는 문을 닫으며, 새
로운 참진리의 시대가 열리고 있음을
너희들은 알아야 될 것이니라.
12 신약의 시대의 모든 문을 닫으며 나
여호와가 거기서 손을 떼도록 한 그
모두는 너희들이 스스로 그리 만들었
으며,
13 새로운 시대가 열리는 그 역사 또한
그리 가지 아니하면 아니 되도록 너희
들이 다 만든 결과임을 알아야 될 것
이니라.
14 너희들이 지금 구원의 길에 오른다는
그 믿음만 구원을 받는다는 신약의 시
대는 어떠한 시대라 말하는가?
15 너희들이야말로 이 시대에 새로운 꽃
을 피울 수 있는 그 모두를 다 저버렸
음이니라.
16 구약의 시대에 너희들이 모두를 닫았
으며,
17 나의 아들 예수가 세상에 내려가 너희
들을 깨우치고자 내 뜻을 전하며 너희
들에게 바른길을 인도하고자 역사했
으나, 너희들이 그를 제대로 받아들이
지 못하며 그대로 역사하지 못했음이

니,
18 2천 년 동안 너희들이 아름답게 피울
수 있는 그 꽃을 피우지 못했으며, 피
우지 못한 그 책임은 너희 스스로 그
리 만들었음이니라.
19 그러니 지금의 신약의 상태요, 형상이
어떠한 줄 알겠느냐?
20 내가 내려다보는 구원이라는 신약의
시대의 너희들의 모습은 물이 마른 나
무요, 묶은 가지와 같이 되어서,
21 그 가지는 물이 오르지 아니하며 묶은
가지가 되어 떨어져 나가고 있는 그와
같은 나뭇가지 모습으로, 너희들이 그
와 같은 형국으로 보임을 알겠느냐?
22 너희가 부르짖던 구원의 역사요, 성령
의 역사요, 그 모두는 너희들로 하여
금 다 버렸으며 잊어버렸으며,
23 다시는 재생할 수 없으며 소생할 수
없는 그와 같은 형국으로 너희들이 신
약의 시대를 짓눌러 놓았으며 진흙탕
으로 그리 만들었음을 너희들은 알겠
느냐?
24 구약의 시대가 끝나며 신약의 시대가
열렸다면 너희들이 신약의 시대를 여
는 것은 나 여호와의 뜻을 전하는 나
의 아들 예수의 뜻에 따라 행함을 실
천하고 그리 왔으면 되나,
25 너희들은 행함은 없으며 말로만 모두
를 이루었기 때문에, 말로만 무성했으
며 말로만 꽃을 피웠기에,
26 그 꽃은 하나도 찾아볼 수 없으며, 정
녕 향기 있는 꽃을 피우지 못한 것이
너희들이 오늘까지 이루어진 역사임
을 알라.
27 그리하여 스스로 모두를 다 버리며 내
가 놓지 아니하면 아니 되도록 한 그
원인이 너희들이요, 그 범죄자가 너희
들임을 알라.
28 이제 내가 나의 뜻을 새로 이루어 새
로운 시대를 이루고자 나의 아들을 통
하여 나의 뜻을 세상에 내려보내니,
이것이 바로 어떠한 세상인 줄 알겠느
냐?
29 사랑을 실천하는 길이요, 사랑을 실천
하는 역사의 시대를 열어 가는 것이니
라.
30 내가 나의 아들 예수를 통하여 이루고
자 한 것이 사랑을 실천하는 시대를
열고자 했으나, 너희들이 마른 가지와
같이 만든 이와 같은 형국이 되어,
31 내가 제3의 시대를 열어 다시 사랑의
실천을 행하는 그 시대를 열어 가고
있는 것이 내가 나의 아들을 통하여
법전을 내리는 것이며,
32 마지막 시대요, 심판하는 시대가 열어
지고 있다 함을 너희들은 알아야 될
것이니라.
33 사랑을 실천하는 자는 나에게 구원을
받을 것이며,
34 사랑을 실천하지 아니하는 자들은 내
가 너희들과 아무런 관계가 없으며,
나와 관계없는 사이가 되어 벌어져 있
다는 것을 너희들은 알아야 될 것이니
라.

9,385 번째 하나님 말씀

2004년 1월 28일 0시

1 사랑하는 나의 아들아!
2 "네, 아버님! 말씀하옵소서."

3 신약의 시대에 지금의 모든 종교 집단
그들이 과연 어찌 생각하는가?
4 저희들만큼 위대한 조직이 없으며 저
희들 같은 방대한 힘을 가진 자들이
없으며,
5 그리고 저희들의 집단이요, 종교 집단
은 영원히 무너지지 아니하며 깨지지
아니하며 파손되지 아니할 것이라 그
리 말하며,
6 그리하여 저희들이 가는 길이 정녕 하
늘에 오르는 길이며 나 여호와에게 오
르는 길이라 그리 생각하느니라.
7 그러나 저희들 자신이 지금 가고 있는
것이 어찌 가고 있으며 무엇을 가르치
며 무엇으로써 인도한다 하는가?
8 저 자신이 나의 음성을 듣지 못하며
나를 보지 못한 자들이요, 저희 자신
이 확신이 없음이니라.
9 그러나 저희들이 지금 모여 있는 그
집단의 수요, 저희들의 방대한 힘이
요, 그를 가지고 그것이 하늘에 오르
는 길이요, 진정한 나에게 오르는 길
일 것이라 그리 생각하며,
10 그들이 나의 피조물 만백성들 앞에 저
희들이 목자요, 인도자라 지금 그리
말하고 있지 않은가?
11 그러기에 저희들은 무너지지 아니할
것이며 깨지지 아니할 것이며 저희들
만 참진리라 그리 말하느니라.
12 그러나 그들은 깨달을 때가 왔음을 알
라.
13 너희들이 아무리 그리 말한다 해도,
나 여호와가 새로운 성경이요, 지금
내 뜻을 태워 내려보내는 나의 법전이
세상에 내려감이니,
14 이 새로운 시대가 시작하며 새로운 시
대가 열려 가는 그 앞에서 다 부질없
는 것이 됨을 너희들은 알아야 될 것
이니라.
15 지금까지 너희들이 방대한 조직이요,
위대한 조직이라 하는 것, 그리고 수
천 년 동안 역사 속에서 너희들이 이
루어진 그 모두는,
16 나의 새로운 법전이요, 새로운 성경이
세상에 내려감으로 인하여 모두는 다
폐하게 될 것이며 너희들은 무너지게
되어 있음을 알아야 될 것이니라.
17 그리고 모두가 흩어짐을 너희들은 알
아야 될 것이니라.
18 그리고 너희가 보지도 못하고 느끼지
도 못하는 새로운 시대를 너희들이 알
게 될 것이며, 너희들이 듣지도 못하
며 감히 생각지도 못했던 새로운 뜻을
전해 듣게 될 것이며, 그리하여 너희
들은 모두 새로운 경험을 하게 될 것
이니라.
19 너희들이 상상조차 할 수 없는 위대한
나의 뜻을 접하게 될 것이며, 그 위대
한 뜻의 역사가 과연 어떠한 것이며,
하늘의 뜻이 무엇이며 창조주가 역사
하고자 하는 것이 무엇인가 그 모두를
너희들이 접하게 될 것이니,
20 너희들이 다시 접하는 나 여호와의 나
의 뜻의 가르침에 대한 그 신비함을
너희들은 정녕 맛보게 될 것이니라.
21 그러니 그때 가서 나의 법전이요, 나
의 성령을 받아들이는 백성은 하늘에
오르는 빛을 볼 수 있을 것이며,
22 그때도 너희들이 거부하며 오늘의 관
습만 고집하는 자는 영원히 나에게 구

원을 받을 수 없는 백성이라는 것을
너희들은 알게 될 것이니라.
23 그러니 너희들이 저 자신의 구원은 물
론이요, 저 자신도 구원을 받지 못하
며 남들까지 구원을 받지 못하도록 방
해하는 자들이요, 그들까지 지옥으로
인도하는 그와 같은 행위를 하는 자들
이 지금 내가 내려보내는 나의 성령의
뜻을 거부하는 자요, 받아들이지 아니
하는 너희들임을 알아야 될 것이니라.
24 지금 너희들은 모든 집단이요, 너희들
의 그 능력이요, 그 힘이요, 열 발짝을
가지 아니하고 또 세워 놓은 그 교회
라는 십자가 밑에 얽히고설킨 그 힘으
로 인하여,
25 아무것도 이를 무너트릴 수 없으며 이
는 새로 역사할 수 없는 것이라 그리
믿고 있으나,
26 너희들은 참진리의 위대함을 믿어야
될 것이요,
27 너희들이 오늘 제대로 깨닫지도 못하
며 알지도 못하고 가는 그 믿음이 영
원히 나에게 오르는 길이라는 것이 잘
못되었음을 알게 될 것이며,
28 그것이 나에게 오는 길이 아니라는 것
을 너희들이 알게 될 날이 머지아니하
였음을 알라.
29 이제 머지않아 새로운 성경이요, 내
뜻이 내려감이니, 너희들의 그 모두는
폐하게 될 것이며,
30 그리고 너희들이 상상할 수 없으며 느
끼지도 못했던 새로운 시대가 열림을
볼 것이며, 새로운 세상이 열리는 것
을 너희들이 볼 수 있다는 것을 알라.
31 그때 너희들이 상상할 수 없는 대역사
가 이루어지며, 나의 법전이 세상을
덮으며, 만백성이 인성의 본뜻을 찾아
천사같이 변하고자 하는 자들이 이 세
상을 덮을 때,
32 그때 가서도 내 뜻을 듣지 아니하려는
자들은 영원히 구원을 받지 못한다는,
나 여호와가 나의 법전에 기록하는 이
무서운 뜻을 깊이 깨우쳐, 회개하고
반성하여 거듭나는 백성이 되도록 그
리하라.

9,386 번째 하나님 말씀

2004년 1월 28일 0시 05분

1 사랑하는 나의 아들아!
2 "네, 아버님! 말씀하옵소서."
3 지금의 모든 종교 집단이요, 몇천 년
동안 나의 백성들을 인도하며 가르친
지도자 그들이 가르친 나의 사랑하는
백성들이 천사와 같은 모습으로 변화
되지 아니하며, 그들이 진정한 깨우침
을 얻지 못하며 바로 가지 못한다면,
과연 그것은 무엇이더냐?
4 몇천 년 동안 너희들이 하늘에 오르는
길이요, 나의 뜻이요, 참진리라 하여
가르쳤으며, 그리하여 모든 백성들에
게 구원의 길이라고 전하고 전한 것이
정녕 참뜻이 아니요, 잘못된 것의 증
거가 아니더냐?
5 그러니 너희들이 지금까지 가르친 나
의 피조물 만백성이 천사처럼 변화되
어, 하늘에서 이루어진 것같은 지상의
낙원이요, 만백성의 삶이 그리되지 못
했다면, 너희들은 잘못 가르친 것이며
잘못 인도했음이니라.

6 그러니 너희들이 변화될 수 없는 그와
같은 삶을 살았다는 것은 무엇이더냐?
7 너희들은 악법을 지켰으며, 악법을 따
른 것이 아니더냐?
8 그러니 이 세상에 악법을 너희들이 신
봉했으며, 악법이 하늘에 오르는 길이
라 하여 너희들이 그와 같은 행위를
했음을 시인해야 될 것이며, 너희들이
잘못 갔음을 이제는 깨달아야 될 것이
니라.
9 나 여호와가 성경에 너희들에게 이미
기록하여 전하지 아니하였더냐?
10 지금의 시대요, 너희들이 가는 그 믿
음의 길만 고집하며 그것이 하늘에 오
르는 길이라 하여 거기서 변화되지 못
하는 백성, 너희들은 바로 무엇이더냐?
11 너희들이 그것만 고집하며 그를 지키
고자 사수한다면, 결국 너희들을 깨우
치는 데 악법이 될 것이며,
12 오늘의 너희들이 변화되는 깨우침으
로 가지 못한다면,
13 너희들이 오늘의 가는 그 신약의 시대
의 믿음이라는 것이 결코 하늘에 오르
는 길이요, 나의 뜻에 역사하는 것을
깨우쳐 주고 인도하는 것이 아니라,
14 너희들이 깨달음을 얻는 데 악법으로
써 남게 되며, 그러니 그 모두가 너희
들의 심판의 근본이 됨이니라.
15 그러니 여기서 너희들은 깊이 깨우쳐
내가 나의 아들에게 전하는 뜻이요,
내가 성경에 기록해 전한 그 의미를
알아야 될 것이니라.
16 너희들이 새로 변하는 것, 천사같이
변하는 그와 같은 삶을 살지 않는다면,
17 오늘의 믿음이라는 것이 너희들의 믿
음의 길로 인도하는 것이 아니요, 너
희들을 지옥으로 인도하는 그와 같은
악법으로 변화되어,
18 그 악법에 의하여 너희 스스로 지옥으
로 가는 그와 같은 역사가 이루어진다
는 것이며,
19 결국 너희들은 지금의 그 믿음이라는
것, 구원의 길이라 하여 가고 있는 그
것이 진정한 믿음의 길이 아닐 때,
20 너희들은 심판을 받는 가장 큰 문건으
로써 그 죄에 대한 것이 너희들을 구
원하지 못하는 그와 같은 결과가 된다
는, 나 여호와가 이미 성경에 기록한
그 뜻을 알겠는가?
21 그러나 내가 나의 아들을 통하여 다시
한 번 너희들에게 이를 전하는 것은,
내가 너희들에게 다시 한 번 마지막
기회를 주고자 하며, 내가 성경에 기
록된 그 모든 뜻을 여기에 너희들이
알고 깨우칠 수 있도록 풀어서 전함이
니라.
22 너희들이 믿고 가는 그와 같은 것이
변화되지 아니한다면 그것이 곧 악법
이요, 너희들이 죽음의 길로 가며 인
도하는 결과라는 것을 잊지 말라 하며,
23 그로 인하여 너희들이 심판대에 섰을
때 영원히 돌이킬 수 없으며, 거듭나
는 그 은혜와 영광을 얻지 못하는 백
성으로 죽어 간다는 것, 그 의미를 너
희들이 깊이 깨우쳐 행할 때가 되었음
을 알라.
24 이와 같이 내가 모두를 깨우쳐 너희들
에게 전하고 내리거늘, 이를 따르지
아니하고 오만하고 교만하고 방자한
자, 네가 어떠한 길을 가며 영원히 사

는 그 삶이 무엇인가를 알게 될 것이
니라.
25 인간 세상에서 너희들이 살아가는 것
을 말하지 않더냐, 아무리 무어라 해
도 죽지 아니하고 지상에서 살아가는
것이 행복하다고.
26 그러니 너희들이 죽어 왔을 때 그보
다 더 어떠한 고통을 겪는 것인가 알
게 될 것이니라.

9,387 번째 하나님 말씀

2004년 1월 28일 0시 10분

1 사랑하는 나의 아들아!
2 "네, 아버님! 말씀하옵소서."
3 사탄의 마음을 가진 자요, 사탄의 마
음을 마음속에 감추고 있는 자, 그들
이 바로 무엇인 줄 알겠느냐?
4 양의 탈을 쓴 이리와 같다 하였지 않
느냐?
5 지금 네가 나의 성령을 받아 법전을
세상에 전하며, 그를 따르는 제자들,
또한 만백성이 그를 보고 깨우칠 것이
니, 그들은 바로 어떠한 행위를 하는
줄 알겠느냐?
6 양의 탈을 쓴 이리와 같은 자들이 수
없이 사랑하는 나의 아들 너에게 접근
할 것이며 너의 제자들에게 수없이 접
근할 것이니라.
7 그들은 속을 감추며 겉만 가지고 너희
들에게 수없이 접근하여 너희들을 무
너트리려 하는 자들이 헤아릴 수 없을
것이니, 그리 너희들은 알아야 될 것
이니라.
8 그러니 접근하는 자들을 너희들이 분
별할 줄 알아야 되며, 그들에 의하여
너희들이 넘어져서는 아니 될 것이니
그리 알라.
9 그러니 나 여호와가 너희들에게 말하
느니라, 창조주로서 내가 너에게 전함
이니라.
10 너희들에게 양의 탈을 쓰고 접근하여
너희들을 무너트리는 자들이 나 여호
와의 뜻을 거역하는 자요, 나를 능멸
하는 자들이니라.
11 그러니 저희들이 가죽을 뒤집어쓴 인
간의 형태를 하고 너희들에게 접근한
다는 것, 너희들은 이를 지금서부터
명심해야 될 것이니라.
12 모든 자들이 정면으로 돌진하는 자가
있는가 하면, 교묘한 방법으로써 간교
한 방법으로써 인간의 탈을 쓰고 너희
들에게 접근하는 사탄들이요, 사악한
자들이 있으니,
13 여기에 너희들이 넘어가서는 아니 됨
을 알아야 될 것이니라.
14 사랑하는 나의 아들아!
15 나의 아들과 나의 아들딸 너희들을 무
너트리고자 하여 수없는 자들이 그와
같이 접근할 것이니,
16 사탄의 소굴로 너희들을 던져 버리려
고 그와 같이 혈안이 되어 죽기 아니
면 살기로 대드는 자들보다도 더 무서
우리만큼 너희들을 사탄의 소굴로 던
지려 하느니라.
17 너희들을 던져 버리지 못하면 저희들
이 얼마 남지 않았다는 것, 저희들이
이 세상에서 견딜 수 없다는 것을 알
고 있기 때문이니,
18 절대 너희들이 그들에게 넘어가서는

아니 됨이니라.
19 이제 나의 아들과 나의 아들을 따르는
백성 너희들에게 그 많은 자들이 가면
을 쓰고 와 사탄의 덫을 던지고 걸 것
이니라.
20 형제간에 서로 반목시키며, 그 제자들
이 서로 나의 아들을 핍박하며,
21 또는 나의 아들의 마음까지 돌리고자
나의 아들의 마음까지 흔들어 놓는 그
와 같은 사악한 자들이 지금 덫을 가
지고 너희들에게 접근하고 있음을 너
희들은 알아야 될 것이니라.
22 나의 아들 예수가 세상에 나가 누구의
시험이요, 누구에게 고통을 견디어 이
겼느냐?
23 반드시 그보다 더한 덫으로써 너희들
을 덮어씌울 것이며 너희들을 묶으려
할 것이니라.
24 그러니 너희들이 그 덫에 걸려서는
아니 되며, 거기에 넘어지는 자가 되
어서는 아니 됨을 그리 알라.
25 그들의 유혹이 이루 말할 수 없으며,
그들의 유혹은 너희들이 상상할 수 없
는 방법으로써 접근할 것이니,
26 너희들이 거기에 걸려들어서는 아니
되느니라, 거기에 너희들이 넘어져서
는 아니 되느니라.
27 너희들이 넘어지지 아니하고 바로 섰
을 때, 거기에 걸려 넘어지는 나의 백
성들을 구원해야 되는 것이 너희들이
거늘,
28 너희들 스스로 자신이 넘어지며 너희
들 스스로 바로 서지 못한다면 나의
피조물 만백성을 어찌 구하겠느냐?
29 이제 너희들에게 그들은 접근할 것이
니라.
30 이제 나의 법전이 세상에 전해지며 만
백성이 이를 읽고 천사와 같은 자들
로, 천사와 같은 삶을 살고자 하는 백
성이 일어날 것이니,
31 그들이 일어나는 것이 두려우며, 그들
이 일어남으로써 사탄이요, 마귀요,
저희들이 쓸모가 없으며 발붙일 곳이
없을 것이니, 그들이 바로 너희들에게
그 덫을 던짐이니라.
32 사탄이라는 것이 무엇 때문에 존재하
더냐?
33 너희들을 바로 깨우치고 다스리는 데
그들이 필요함이니,
34 너희들이 바로 서고 한 점의 부끄러움
이 없이 가는 백성으로 세상을 덮어
갈 때, 그들은 스스로 자멸하며 설 자
리가 없는 것이 아니더냐?
35 사랑하는 나의 아들아, 나의 법전에
기록한 그 이치를 안다면,
36 너희들이 바로 섰을 때, 그들이 설 자
리가 없기에 너희들에게 덫을 던지니,
37 그 덫에 걸려서는 아니 되며, 그 유혹
에 너희들이 넘어가서는 아니 된다는
것이 나 여호와의 뜻이니,
38 명심하고 또 명심하도록 그리하여 하
나가 되어 역사하도록 그리 전하라.

9,388 번째 하나님 말씀

2004년 1월 28일 0시 13분

1 사랑하는 나의 아들아!
2 "네, 아버님! 말씀하옵소서."
3 지금의 사악한 사탄들이 나의 많은 불
쌍한 그 백성들을 포획하고 있는 것을

너는 보지 않느냐?
4 거리에서, 또는 저희들이 지은 성전이
요, 교회요, 성막에 나의 사랑하는 백
성들을 끌어들이며 그와 같이 끌고 가
지 않느냐?
5 짐승이 덫에 걸리듯이 그저 그들은 그
덫으로써 너희들을 끌고 가며 너희들
을 그리 유혹하여 감이니라.
6 지금 내가 내려다보는 너희들의 형국
이 어떠하더냐?
7 바다에 던진 그물에 그저 놀라 저도
모르게 걸려드는 물고기처럼, 지금 나
의 피조물 만백성이 그와 같이 걸려들
어 가며, 덫에 걸려 지옥의 길로 끌려
가고 있는 이 험악한 세상을 바로잡을
자가 누군 줄 알겠느냐?
8 이제 그들의 유혹에 걸려들어 가는 자
가 끝이 없으며 수없음이니, 이를 차
단하고 막지 아니하면 아니 되는 것이
니라.
9 사탄이요, 사악한 자들이 나의 피조물
만백성을 짐승이 덫에 걸려 잡혀가듯
이, 그리고 물고기를 그물을 던져 거
둬들이듯이 저희들이 지금 계속 그리
거둬들이니,
10 그들의 엄청난 파괴력이 형성되었을
때는 이 세상의 재앙을 피할 수 없으
며, 이 세상이 얼마나 괴로운 날이 될
것인지 알겠느냐?
11 그러니 그들의 힘이 형성된다 하였을
때, 그 파괴력은 상상할 수 없으니, 그
모두를 이 세상에서 이루고자 하는 것
이 그들이니라.
12 그와 같은 자들이 역사할 것이 얼마
남지 아니하였음이니라.
13 그러니 그들이 지금 저희들이 교회라
는 건물 안에서 저희 손으로 지은 성
전이요, 성막이라는 곳에서, 그와 같
은 건물 안에서 지금 그와 같은 뜻을
형성하고 있으며, 그와 같은 힘을 지
금 기르고 있음이니,
14 그리하여 너희들이 지금 걸려드는 자
가 되어서는 아니 된다 함이니라.
15 그러니 그들을 막아야 될 것이며, 그
를 깨우쳐 바로 세우지 아니하면 그들
의 파괴력이라는 것은 상상할 수 없는
무서운 재앙으로 돌변할 것이니 그리
알라.
16 그 모두를 막으라는 것이니, 사랑하는
나의 아들딸들아, 너희들이 온갖 정성
과 힘을 다하여 그들을 막으라.
17 지금 사탄들이 그저 그물을 던져 물고
기를 거둬들이듯이, 짐승을 덫에 걸어
잡아들이듯이,
18 그와 같은 사악한 짓으로 유혹하여 그
들을 끌어들이고 있는 것이 이루 말할
수 없음이니, 그들이 저희 뜻대로 형
성되었을 때, 그 파괴력은 너희들이
상상할 수 없다 내가 했음이니,
19 그들을 미리 다스리며 그들을 너희들
이 헤쳐 버리며 그들을 무너트리는 것
이 너희들밖에 없다 함을 알라.

9,389 번째 하나님 말씀

2004년 1월 28일 06시 53분

1 사랑하는 나의 아들아!
2 "네, 아버님! 말씀하옵소서."
3 내가 너희들에게 내린 그 십계명이 무
어라 하였느냐?

4 "네, 이는 아버님께서 친필로써 세상
에 써 내려보내셨으며,
5 만백성이 이를 지키고 행하는 것만이
영혼의 양식이요, 구원의 그 길을 올
수 있다 그리 말씀하셨으며 그리 알고
있사옵나이다."
6 너는 너의 제자들과 만백성 그들에게
전하라.
7 너희들이 지금 내가 친필로 써 내린
그 십계명을 한 줄 한 줄 암송하고 외
울 때마다 너희들은 그 십계명이 얼마
나 소중하고 귀한 것인지를 안다 하였
음이니,
8 지금 수천 년 동안 믿음의 길을 가는
그 백성들이, 신약의 시대에 구원의
길에 역사했다는 백성들이 나의 십계
명을 얼마나 암송하며 얼마나 쓰고 역
사하는가?
9 그러니 그들이 지금 그 두려움과 무서
움을 모르느니라.
10 지금 십계명을 지킬 수 있다는 나의
아들딸들은 너희들이 십계명을 지키
지 아니하면 하늘에 오를 수 없다는
그 벽을 넘을 수 있는 것이요,
11 지금 지킬 수 없으며 행할 수 없다는
그 백성들은 그 벽을 넘지 못함을 너
희들은 알아야 될 것이니라.
12 내가 십계명에 열 개의 계명을 써서
내려보냈으니, 그 계명이 하늘에서 땅
으로 내려와 땅을 덮고 있는 그 두터
운 벽을 너희들이 모르고 있음이니라.
13 십계명이라는 그 벽이 소낙비가 내려
땅을 적시듯이, 구름이 떠 있어 하늘
을 가리고 있듯이, 나의 십계명이 세
상에 내려올 때, 그 모두가 지금 그 두
꺼운 벽을 이루고 있음이니라.
14 그러니 그 벽을 지금 너희들이 뚫을
수 있는 것은 십계명을 지키고 암송하
며, 그를 지키고 살 수 있다는 백성들
만 그 십계명들의 구름을 뚫고 오듯이
그 구름이 길을 열어 주는 것이거늘,
15 이와 같은 이치를 모르고 지금 나의
십계명을 지킬 수 있다 없다 시시비비
를 하고 있음이니, 너희들이 얼마나
불쌍하고 가련한 백성인 줄 알겠느냐?
16 나의 십계명을 지키지 않는 백성은 물
속에 빠져 있음이니, 너희들이 물속에
서 빠져나오려 해도 얼음이라는 것이
두꺼워 너희들이 그 얼음을 절대 뚫고
나올 수 없는 그와 같은 형국으로 되
어 있음을 알라.
17 너희들이 아무리 수영을 잘하며 너희
들이 물에서 잔재주가 있다 해도, 너
희들이 물속에서 하늘을 쳐다보면 밖
의 세상은 보이느니라.
18 그러나 그 얼음이 너무나 두껍고 두꺼
워 위에 있는 자도 깰 수가 없으며, 밑
에 있는 자도 깨고 나올 수 없는 그와
같은 형국이 지금 십계명을 암송하지
아니하며 십계명을 지키고 살 수 없다
는 백성 너희들임을 알아야 될 것이니
라.
19 이와 같은 무서운 이치를 내가 나의
아들을 통하여 너희들에게 전함이니,
그러고도 너희들이 나의 십계명을 지
킬 수 있다 없다 시시비비를 마음대로
할 수 있겠는가?
20 이제 나의 아들을 따르는 사랑하는 백
성들이요, 제자 너희들, 그리고 나의
법전을 읽고 깨우친 만백성 너희들은

알아야 될 것이니라.
21 너희들은 그 얼음 속에 빠져 지상을
보면서 너희들이 나오려 할 때, 십계
명을 암송하고 지키고 살겠다 하여 고
통스럽고 좁은 그 길을 온 자는 그 얼
음이라는 것이 갈라지며 그 얼음이 길
을 열어 줌이니,
22 너희들이 물속에서 헤어나 살 수 있는
그와 같은 영광을 얻는 것, 그것이 너
희들이 지금 다른 길임을 알아야 될
것이니라.
23 너희들이 나의 아들을 따르며 나의 법
전을 가지고 깨우치는 자, 그리고 나
의 아들이 암송하는 십계명을 듣는 것
은,
24 얼음 속에 빠진 너희를 구원할 수 있
도록 그 얼음을 쪼개기 위한 것이며
그 길을 터주기 위한 것이니,
25 너희들이 오늘에 선택되어 나의 아들
을 따르며 나의 법전을 접하고 깨우친
것이 얼마나 위대한 영광인지 알겠느
냐?
26 내가 십계명이 하늘에 올 수 있는 영
혼이 구원받는 양식이요, 이를 접하지
않는 영혼은 성장할 수 없다 하였음이
니,
27 나의 십계명을 지키겠다 생각하지 않
고 지키고 살지 않는 자는 두꺼운 얼
음 속에 빠져 물속에 있는 자요,
28 아무리 지상에 있는 사람에게 너희들
이 살려 달라 애원하고 신호를 해도,
지상에 있는 자가 그를 깰 수 없으며
그도 그를 쪼갤 수가 없으니, 너희들
을 구해 줄 수 없는 그와 같은 형국이
며, 또한 구해 줄 수도 없느니라.
29 그러나 그리 빠져 있는 자가 나의 아
들이 암송하는 십계명을 들었으며, 너
희들이 십계명을 써 머리맡에 두고 암
송한 너희들은 그 얼음이 깨짐이니,
하늘에 오를 수 있는 구름이 길을 열
어 준다는 것을 알라.
30 십계명이라는 그 자체가 지금 얼음처
럼 그와 같이 너희들을 누르고 덮고
있음이니,
31 저희를 따르지 아니하며 저희를 무시
하며 저희를 욕되게 한 자, 그 열 개의
계명들의 합의하에 열어 주라 결정하
는 자 없을 것이니,
32 이와 같이 무서운 사실을 너희들이 안
다면 이것만으로도 나의 아들을 따르
는 제자들이요, 나의 법전을 읽고 깨
우친 만백성 너희들은 오늘의 고통스
럽고 어려운 길을 간 보상이요, 상을
받음이니라.
33 그러니 너희들이 어찌 십계명을 지키
고 살려고 노력했느냐에 따라 너희들
이 그 구름을 뚫고 하늘에 오르고자
함이니,
34 십계명의 그 열 개의 계명이 모여 합
의를 하여, 너희가 그 길을 얼마나 따
랐으며 얼마나 순종했으며 얼마나 지
켰느냐에 따라 그들이 물러서 줘 너희
들에게 틈을 내주며 길을 열어 준다는
이 무섭고 무서운 하늘의 이치를 전하
고 알도록 그리하라.

9,390 번째 하나님 말씀

2004년 1월 28일 06시 58분

1 사랑하는 나의 아들아!

2 "네, 아버님! 말씀하옵소서."
3 이제 너를 따르는 제자들이요, 그리고
나의 법전을 읽고 깨우친 만백성 너희
들은 스승이 제자를 기다리는 그와 같
은 학업의 태도를 버려야 될 것이니라.
4 나의 아들이 너희들을 기다리는 그와
같은 오늘의 너희들의 그 학업의 태도
요, 배움의 자세는 내가 용납지 아니
함을 너희들은 알아야 될 것이니라.
5 어찌하여 너희들이 많은 시간에 나의
법전을 읽고 깨우쳤으며, 그리고 강론
을 들었으며 나 여호와의 뜻이 무엇이
며 하늘에 오르는 것이 무엇인지를 깨
우친 백성들이,
6 아직도 너희들이 선생이 제자를 기다
리는 그와 같은 수업의 방법에서 제자
가 배우고 가는 것을 내가 용납한다
생각하느냐?
7 이제 내가 너희들을 용납하지 아니할
것이니라.
8 제자가 스스로 준비하여 스승을 맞이
하며, 스승의 가르침을 소중히 받아들
이는 그와 같은 제자의 자세로써 너희
들이 가지 아니하면 아니 될 것이니
그리 알라.
9 그와 같은 기다림의 관계를 벗어나도
록 그리하라.
10 이것이 너희들이 지켜야 될 것이며 또
한 가야 될 것이니라.
11 나의 아들을 따르는 제자들이요, 그리
고 나의 법전을 읽고 깨우친 백성 너
희들은 스스로 너희들이 선생이 와 가
르칠 수 있도록 만반의 준비를 하고
기다리는 제자들이 되도록 그리하라.
12 선생이 너희들을 기다리는 그 제자와
같은 자는 세상에 쓸 수 없는 제자요,
나가서 너희들이 제자리를 지킬 수 없
는 자들이니,
13 너희들이 그와 같이 공부하는 태도요,
수업하는 태도요, 배우는 태도요, 제
자의 자세로써 그와 같은 것을 벗어나
도록 그리하지 아니하면 아니 될 것이
니 그리 알도록 전하라.

9,391 번째 하나님 말씀

2004년 1월 28일 07시 01분

1 사랑하는 나의 아들아!
2 "네, 아버님! 말씀하옵소서."
3 똑같이 두 사람이 걸어감이니, 그 길
을 누가 어떠한 길을 선택하여 가느냐
하는 그것이 너희들이 승자요, 패자의
엇갈리는 그와 같은 길이라 하자.
4 그러니 지금 너희들이 살아가는 그 길
이 무엇인 줄 알겠느냐?
5 똑같이 너희들이 걸어가되, 제대로 참
진리의 길을 보고 가는 자와 그 길을
보지 못하고 가는 자, 이는 얼마나 무
서운 차이의 결과가 이루어지는지 아
느냐?
6 너희들이 참진리의 길을 알아 가는 백
성은 거듭나는 백성이요, 나에게 오르
는 영광이요, 나로부터 받을 상이 있
는 자요, 축복의 길인 것이니라.
7 그러나 너희들이 비진리의 길을 가면
서 그것이 진리의 길이라 하여 간다면
그는 하늘에 오르는 길이 아니요, 죽
음의 길이 아니더냐?
8 그러니 지금 나의 아들을 따르는 제자
너희들이 어찌하여 기다리는 제자가

되지 못하며, 선생이 와서 너희들을
기다리는 그와 같은 수업의 방법으로
써 깨닫고 공부를 한단 말이더냐?
9 지금 너희들은 나의 아들을 따르며 나
의 법전을 접하는 순간으로써 거듭나
는 길이요, 하늘에 오르는 길이요, 영
광된 그 길을 가고 있음이니,
10 그 길을 안내한 자가 누구며 그 길을
인도한 자가 누구며 그 길을 볼 수 있
는 자가 누구더냐?
11 그 모두의 크나큰 영광이요, 은혜의
길을 가르쳐 주었으며 인도하는 나의
아들이 너희들을 가르치고 깨우치는
그 시간에, 너희들을 기다리는 자가
되어서는 아니 될 것이며,
12 너희들로 인하여 나의 아들이 기도를
늦추며 생각을 늦추며 강론을 늦추며
그와 같은 시간을 갖도록 해서는 너희
들은 용서받지 못할 자들임을 알라.
13 기다리는 그와 같은 제자가 되어야
될 것이요,
14 선생이 와서 기다리는 시간에 마지못
해 와서 공부하는 그와 같은 제자는
나는 너희들을 모른다 할 것이니,
15 너희들이 나의 법전을 읽고 깨우쳐 공
부했다 해도 나는 결코 그러한 백성은
모른다 할 것이니,
16 이를 명심하고 또 명심하여 너희들이
행하도록 그리해야 될 것이니 그를
전하라.

9,392 번째 하나님 말씀

2004년 1월 28일 07시 06분

1 사랑하는 나의 아들아!
2 "네, 아버님! 말씀하옵소서."
3 너희들이 살아가면서 '하룻강아지 범
무서운 줄 모른다.'는 말이 있지 않으
냐?
4 눈을 뜨지 아니하고 앞을 모르기에 그
가 범 앞에서도 그리 용감하다는 뜻이
아니던가?
5 그러니 지금 나의 피조물 만백성, 확
실히 알지 못하는 백성, 너희들이 두
려움을 모르며 무서움을 모르는 자들
이니라.
6 오늘의 종교 집단이요, 지도자 그들이
참진리의 길이요, 나 여호와가 원하는
길이요, 하늘에 오르는 길이 얼마나
좁고 협착한 것인가를 안다면,
7 너희들이 감히 두려움 때문에 구원을
받았으며 구원을 받는 길로 인도한다,
그리고 너희들이 오늘의 가는 것은 무
조건 구원이요, 축복의 영광이라 그리
말할 수 있겠는가?
8 너희들이 확실히 알지 못하며 아무것
도 제대로 아는 것이 없기 때문에, 너
희들이 두려움이 없기에, 우리 부자의
이름을 팔아 오늘과 같은 행위를 하고
있다는 그것을 너희들은 어찌 모르는
가?
9 이제 나의 아들을 따르는 제자 너희들
은 그 백성들에게 간단한 그 이치를
가르쳐 주어야 될 것이니라.
10 믿음으로써 인도하는 자, 그리고 믿음
의 길을 간다는 그 백성들이 참진리
요, 하늘의 뜻이요, 내가 역사하는 것
을 모르기에 감히 너희들이 십계명을
지킬 수 없다 시시비비하는 자들이 아
니더냐?

11 나에게 온다는 백성들이 내가 직접 써
내린 나의 친필을 가지고 옳고 그르다
하며, 지킬 수 있다 없다 시시비비하
는 그와 같은 것이 무엇이더냐?
12 알지 못하는 자가 두려움을 모르기 때
문이요, 무서움을 모르는 어리석은 백
성들이니라.
13 그러니 너희들이 나의 법전을 접하여
읽고 정독하여 깨우치는 것이 무엇이
더냐?
14 하늘에 오르는 길이 두려우며, 너희들
이 나에게 오르는 길이 무거운 짐을
지고 가는 것보다도 더 고통스럽고 힘
든 길이요,
15 그리고 그와 같은 역사를 볼 수 있는
자들이기 때문이니라.
16 그러니 지금의 믿음으로 가는 백성들
이 나의 법전을 접하며 그들이 던져
버리고 덮는 것이 무엇이더냐?
17 그것은 여러 가지 저희들의 마음이 교
차해서 그러느니라.
18 첫째는, 지금까지 제가 왔던 믿음이
허사요, 잘못된 것이요, 속된 짓을 했
다는 것에 분노하고 그 분함을 참지
못하며,
19 그래도 제가 지금까지 믿어 온 길고
긴 세월이 너무도 억울하고 분하여,
저희들은 나의 법전이 틀리며 제 것이
맞다 그리 생각하고 그리 가고자 하는
것이니, 편안한 길을 가고자 함이니라.
20 두 번째는, 인간인 저희들은 절대 지
킬 수 없으며, 이리 살아가면 모두를
다 포기하고 살아야 됨이니,
21 인간의 향락이요, 지금 즐겁게 살아왔
으며 거짓 하고 그저 탐욕스럽게 살아
온 그 모두를 접어 둬야 되는 그 두려
움 때문에 저희들이 그를 버리느니라.
22 그러니 너의 제자들이 무어라 말하였
느냐?
23 너희들이 순교자의 길보다 더 어렵고
힘든 것이 이 법전을 지키는 길이라
하였으니,
24 순교자의 길도 갈 수 없는 백성들이
과연 그보다 더 어렵고 힘든 그 길을
간다 말할 수 있겠느냐?
25 그들은 그와 같은 계산된 것 때문에
나의 법전을 사탄이요, 이단이라 하여
덮어 버리고 찢어 버리고 그리 등을
돌리는 것이니, 그와 같이 너희들이
어리석은 백성이요, 나약한 백성들이
니라.
26 너희들이 잘못 가는 것을 깨우쳤다면
지금이라도 그 길을 가는 것이 현명한
백성이 가야 할 길이거늘,
27 어찌하여 때늦은 줄 모르고 더 늦기
를 바라며,
28 너희들이 얼마 남지 않은 오늘의 육
의 삶의 행복을 위하여 향락을 위하
여, 영원히 거듭날 수 있는 나의 법전
이요, 나의 새로운 성경을 집어던지는
가?
29 그 어리석은 백성들을 너희들이 깨우
치고 다스려야 될 것이니, 그리하여
시간이 없다 함이니라, 사랑하는 나의
아들딸들아!

9,393 번째 하나님 말씀

2004년 1월 28일 07시 12분

1 사랑하는 나의 아들아!

2 "네, 아버님! 말씀하옵소서."
3 남들이 너희들에게 물을 때, '나는 모
릅니다.' 하며, 너희는 모든 것을 모른
다 그와 같이 대답을 하며 그와 같이
살라 하였음이니, 이것이 곧 하늘의
뜻이요, 하늘의 이치를 아는 자가 말
할 수 있는 대답인 것이니라.
4 그러니 너희들이 하늘의 변화요, 하늘
의 그 역사를 알기 때문이며,
5 너희들이 말로는 '하늘을 두루마리 삼
고 바다를 잉크로 삼아 쓰고 또 써도
하늘의 진리가 끝이 없다.' 함이니,
6 그와 같은 이치를 아는 자요, 그와 같
은 것을 깨달은 자이기에 감히 너희
들은 '나는 모릅니다.' 그리 대답하고
살라 함이니라.
7 그러나 너희들은 나의 피조물 만백성
을 구원하여 지도할 지도자들이니, 너
희들이 말을 아껴, 백 마디 할 때 그저
한 마디로써 그들에게 깨우침을 줄 수
있는 그와 같은 것으로써 살아가도록
그리하라, 사랑하는 나의 아들딸들아!
8 모든 사람들은 기적을 원하며 깨우침
을 바라니, 너희들은 '나는 모릅니다.'
해도 너희들의 그 깊은 마음의 뜻이
요, 하늘의 뜻이 끝이 없으니,
9 오늘의 작은 것을 알면서 안다 말할
수 없는 너희들의 속내요, 너희들의
마음을 모르느니,
10 작은 대답으로써 작은 말로써 모두를
깨우쳐 주고 답하도록 그리하여 나의
백성들을 구하도록 그리하라.
11 그리하여 너희들이 가다 모르는 것이
있으면 나에게 묵상하며 기도를 할 것
이며,
12 그리해도 너희들이 답을 얻지 못하거
든, 너희들이 모르는 것은 '모릅니다.'
그리 말하라.
13 모르는 것을 모른다 말하는 것이 나의
백성들이 해야 할 길이요, 나의 아들
딸 너희들, 선택된 자들이 할 수 있는
행동이요, 만백성을 구하는 지도자의
자세요, 그와 같이 해야 할 길이라는
것을 잊지 말라.
14 그리하여 너희들은 어떠한 형태든 당
당한 모습으로써 너희들이 솔직한 대
답이요, 솔직한 마음을 보여 줄 수 있
는 그와 같은 삶을 살도록 그리하라.
15 다만 말을 적게 하며 생각을 많이 하
라.
16 그리고 전하는 말을 함부로 하지 말라.
17 가능하면 너희들은 '저는 잘 모르고
있으며, 아는 것이 없습니다.' 대답하
는 것, 그것이 하늘의 이치요, 하늘의
뜻을 깨달은 자가 할 수 있는 대답이
라는 것을 명심하며,
18 너희들이 이 뜻에서 어긋나지 않는 그
와 같은 자세로써 나의 백성들을 가르
치며, 모든 자의 지도자로서 바로 서
도록 하라, 사랑하는 나의 아들딸들아!
19 내가 너희들을 사랑함이니라.

9,394 번째 하나님 말씀

2004년 1월 28일 07시 16분

1 사랑하는 나의 아들아!
2 "네, 아버님! 말씀하옵소서."
3 지금의 믿음의 길을 가는 종교 집단이
요, 지도자들이요, 그리고 저희들이
깨달음의 길에 구원을 받았다는 그 광

신도들, 그들이 와서 너희들에게 시시
비비를 하거든 너희들은 그리 말하라.
4 '창조주 우리 아버지께서는 너희들이
나 나나 똑같이 하늘에 오를 수 있는
그 답을 주지 않으셨으니,
5 너희들이 오를 수 있는 그 답을 주지
아니하는 것이 아버님의 뜻이거늘,
6 어찌하여 아버님의 그 고유의 권한인
구원을 받았다 그리 말하며, 믿음이
무엇이요, 신앙이 무엇이라 너희들이
그리 말을 하는가?'
7 그리하면서 너희들은 그들에게 전하
라.
8 구약의 시대에 그 모든 방대한 역사
요, 이루어졌던 것, 신약의 시대의 나
의 아들 예수를 보내 세상에 이루었던
그 기적이요, 역사한 것, 그리고 지금
너희들이 배우고 가르치는 그 신약의
성서요, 구약의 성서,
9 그 모두도 너희들에게 하늘에 오르는
답을 다 주는 것이 아니라 너희들이
하늘에 오를 수 있는 그 씨앗을 주었
음이라는 것을,
10 씨앗만 내렸으며 씨앗을 심어 준 것이
라는 것을 알도록 어리석은 백성들에
게 깨우쳐 주라.
11 그리고 지금 제3의 시대에 새로운 성
경이요, 법전이요, 하늘에 오르는 길
이라 하여 내려보낸 '하나님! 말씀하
옵소서.' 이 책 또한 하늘에 오르는 정
답을 주는 것이 아니요, 하늘에 오를
수 있는 그 씨앗을 주는 것이며 씨앗
을 내려 준 것뿐이라는 것은,
12 너희들이 그 씨앗을 키워 그와 더불어
열매를 맺도록 하는 것이 너희들이 구
원할 수 있는 답이요, 하늘에 오를 수
있는 것이라는 것,
13 그러니 씨앗을 내렸지 구원의 정답을
주지 아니하였으며, 나에게 오를 수
있는 그와 같은 모든 답을 주지 아니
하였다 그리 전하라.
14 답을 주지 아니하였거늘, 너희들이 그
씨앗을 성장시켜 그 결과로써 매듭을
지으려 하지 아니하고, 너희들이 어찌
하여 지금 그와 같은 방자한 말을 할
수 있으며 오만한 행위를 할 수 있는
가?
15 너희 아버지 나 여호와가 말하기를,
절대 답을 주지 아니하였으며, 답을
알 수 있으며, 하늘에 오를 수 있는 그
씨앗을 주었을 뿐이니,
16 그를 가꾸어 결실을 거두는 것은 너희
들이 해야 할 일이며, 네가 해야 할 일
이며, 만백성이 역사하고 가야 할 길
이라 너희들은 그리 깨우쳐 주도록 하
라.
17 그리하여도 그를 알지 못하며 너희들
에게 시시비비하며 너희들에 도전하
고자 하거든, 그들과 너희들은 대화하
지 말며 너희들이 등을 돌리고 돌아
떠나가라.
18 떠나서 헤어지면 될 것이며, 그들과
대화하여 너희들이 시시비비하며 나
를 욕되게 하는 말이 나오도록 그리하
지 말라, 사랑하는 나의 아들딸들아!

9,395 번째 하나님 말씀

2004년 1월 28일 18시 19분

1 사랑하는 나의 아들아!

2 "네, 아버님! 말씀하옵소서."
3 너희들이 인간이기 때문에 지킬 수 없
으며 인간이기 때문에 행할 수가 없다
는 내가 친필로 써 내린 그 십계명, 너
희들이 나의 십계명을 가지고 시시비
비하며 이를 가지고 갑론을박함이니,
나 여호와가 직접 써 내린 것이요, 그
것이 내 뜻이요, 그것을 지키고 행하
는 백성만 나에게 오를 수 있는 길이
라 내가 너희들에게 그리 말하였으니,
4 십계명을 지키고 살고자 하는 백성과
지키지 아니하고 지킬 수 없다는 백성
너희들은 한자리에서 같은 사람이 그
와 같은 말을 할 수 있음이니,
5 너희들이 듣기는 그저 흘러가는 말과
같을 것이며, 그저 흘러가는 이야기
속에서 너희들이 마음대로 그리할 수
있을 것이니라.
6 그러니 내가 너에게 무어라 말하였느
냐, 사랑하는 나의 아들아!
7 "네, 아버님! 그리 말씀하셨사옵나이
다.
8 십계명을 지키지 아니하는 것, 지킬
수 없다는 것, 그리고 지킬 수 있다는
것, 같은 백성이요, 아버님의 아들딸
이 그리 말할 수 있으나,
9 지키지 못한다는 그 백성은 얼음 속에
있는 그 물속에 지금 빠져 있는 자요,
그러니 그 물속에서 얼음을 깨고 나오
려 해도 그 얼음을 깰 수가 없으며,
10 하늘은 보이며 밖에는 보이고 사람들
이 있으나, 거기 있는 사람들 또한 그
얼음을 손으로 깰 수 없으며 발로 깰
수 없음이니,
11 그들을 구원할 수 없는 그와 같은 것
이 지금 계명을 지키지 못하며 지킬
수 없다 시시비비하며, 감히 아버님의
친필을 가지고 논하는 백성들의 형국
이라 그리하셨사옵나이다.
12 또한 아버님께서 말씀하시기를, 구름
이라는 십계명이 하늘을 덮고 있음이
니,
13 그 십계명을 지킬 수 있다 지킬 수 없
다 하는 백성 중에, 지킬 수 있다는 백
성은 그 십계명이 하늘의 두터운 그
구름을 열어 주면 오를 수 있는 것이
요,
14 지킬 수 없다는 그와 같은 백성들은
그 십계명이 문을 열어 줄 것인가 안
열어 줄 것인가 합의하여 열어 주지
않는다,
15 아버님께서 내리신 십계명을 가지고
지킬 수 없다 지킬 수 있다 말은 하기
쉬우나, 그와 같이 무서운 결과라 그
리 말씀하셨사옵나이다."
16 이제 나의 아들을 따르는 제자 너희들
은 들으라.
17 너희들은 일단 그 두터운 얼음 속이
요, 그 물속에서 허덕이는 그와 같은
백성은 아니요, 얼음 위에 서 있는 너
희들이 아니더냐?
18 그러니 이제 너희들이 가는 길에 조바
심하지 말며 두려워하지 말며 겁먹지
말라 그리하라.
19 너희들처럼 편안한 백성이 없으며, 너
희들처럼 안전한 백성이 없으며, 너희
들처럼 하늘에 오르는 진정한 그 진리
를 따라오는 백성들이 없음이니,
20 이제 너의 제자들이요, 나의 법전을
읽고 깨우친 만백성 너희들은 여유 있

는 마음이요, 차분한 마음으로 모두를
행하며 자신과 용기를 가지고 그리하
라.
21 너희들이 당황하고 불안해하면 어떠
한 것이더냐?
22 자기 자신의 안정을 잃으며, 자기 자
신이 자신을 잃게 되면 너희들이 하던
짓도 하지 못하며, 훈련과 훈련을 거
듭하여 눈을 감고 할 수 있는 것도 너
희들이 마음이 흔들리며 안정이 되지
아니하면 그를 역사하고 다스려 나갈
수 없는 것이 인간 너희들이니라.
23 그러니 이제 나의 아들을 따르는 제자
들이요, 선택된 백성 너희들은 마음의
여유를 가지고 모두를 보도록 그리하
라.
24 내가 이 성전을 명하며, 이 성전을 역
사할 자, 그리고 제2의 성전을 역사할
자, 그들에게 내가 명했음이니, 그들
에게 전하라.
25 그들은 여유를 가지며 자신을 가지며
용기를 가지고 저희들이 차분히 생각
하라 그리 전하라.
26 그리고 당황하지 말라 그리 전하라.
27 당황하면 너희들이 넘어지게 되어 있
으며 당황하면 실수를 하며 내가 원하
는 뜻을 너희들이 바로 받아들일 수
없으니,
28 가장 편안한 마음으로 가장 여유 있는
마음으로 모두를 생각하고 나를 믿고
밀고 나가도록 그리하라.
29 너희들이 불안해하며 초조한 마음이
있는 것만큼 너희들은 내 뜻을 역사할
수 없으며 내 뜻을 이룰 수 없음이니,
30 초조해하지 말며 너희들이 여유로운
마음이요, 편안한 마음으로, 그리고
자신 있는 마음으로 모두를 역사하도
록 그리하라, 그러면 너희들이 흔들리
지 아니할 것이니라.
31 모든 경기도 불안해하는 자, 마음이
흔들리는 자, 그리고 안정을 찾지 못
하는 자는 평소의 실력도 발휘하지 못
하며, 평소에 가지고 있는 것도 남에
게 보이지 못하는 그와 같은 패자가
됨이니,
32 이제 나의 아들을 따르는 제자 너희들
은 나 여호와가 하나하나 모두를 역사
함이요, 너희들이 얼음 속에서 허덕이
는 그와 같은 백성이 아니라 빙상 위
에 서 있는 너희들이 아니더냐?
33 그러니 너희들만큼 여유로운 백성이
없다는 것을 알라.
34 이제는 자신과 여유로움을 가지고 모
두를 행하며 침착하게 가도록 하라,
그러면 너희들이 모두를 다 이룰 것이
니라.
35 여유를 가지고 살라는 것이 나 여호와
가 너를 따르는 제자들이요, 나의 법
전을 읽고 깨우친 백성에게 전하는 의
미이니, 그를 실천하도록 그리하며,
36 마음을 다스리며 마음을 편안히 가지
고 가라 하라.
37 누구도 너희들보다 은혜를 받은 자 없
으며 너희들보다 역사할 수 없으며 너
희들보다 하늘의 뜻을 알고 깨우친 백
성이 없음이니,
38 지상에 역사하는 것, 지상에서 너희들
이 이루어지는 것, 그 모두는 내가 너
희들이 가지고 가지 못하며 영원한 것
이 없다 하지 아니하였더냐?

39 그러니 너희들만큼 아름다운 것, 영원
한 것을 소유하고 있는 백성이 없음이
니, 그리 알라 전하라.

9,396 번째 하나님 말씀

2004년 1월 28일 18시 28분

1 사랑하는 나의 아들아!
2 "네, 아버님! 말씀하옵소서."
3 지금의 믿음의 길을 가는 그 백성들이
어찌 가느냐?
4 하나님 창조주 나를 사랑한다면서 너
희들이 형제를 미워하면 이는 거짓말
하는 자요,
5 형제를 사랑치 않는 자는 나를 사랑할
수 없다 내가 성서에 기록하여 너희들
에게 전한 이 대목을 정녕 너희들은
읽어 보지 아니하며 이를 듣지 아니하
였던가?
6 너희들이 나를 사랑하며 나를 경배하
며 하늘에 오른다는 그 백성이 형제를
미워하며 부모를 공경하지 아니하며
거짓말을 하는 자, 그것은 바로 너희
들이 나를 속이는 것이라 내가 너희들
에게 하지 아니하였더냐?
7 그러니 너희들이 제 형제를 사랑하지
않는 자, 제 부모를 공경치 않는 자는
나 여호와를 사랑할 수 없는 자며 나
를 사랑하는 백성이 아니라,
8 그리 내가 성경에 기록해 놓은 대목을
너희들은 알고 있는가, 또는 알지 못
하는가?
9 너희는 모두 나 여호와가 먼저이며,
그저 나를 찬양하며 나를 부르기만 하
면 너희들이 구원을 받는 것이며 하늘
에 오르는 것이라 그리함이니라.
10 그러나 너희들은 알아야 될 것이니라.
11 나를 부르짖고 나를 찾는 것이 아니니
라.
12 너희들은 네 부모요, 네 형제요, 네 이
웃이요, 그 모두를 사랑하는 마음, 그
것이 너희들이 먼저 가져야 할 것이며
먼저 행해야 된다는 것을 알아야 될
것이니라.
13 오늘의 종교 집단이요, 지도자들이 기
본적으로 나를 사랑하며, 또한 너희들
이 나를 받들며 나를 경배하는 것만이
구원을 받는다 그리 말하나,
14 너희들은 네 부모를 사랑하며, 형제를
사랑하며, 이웃을 사랑하며, 만백성을
사랑하는 그와 같은 단계를 하나하나
밟아 사랑을 실천하며 오는 백성들이
정녕 나를 사랑하고 내 뜻을 따르는
것이라는 것을 잊지 말라.
15 오늘의 너희들이 이와 같은 가르침을
하고 있기 때문에 나의 피조물 만백성
이 이리 삭막해졌으며, 황폐한 땅같이
된 것이 나의 백성들의 가슴에 있는
마음이니, 너희들은 과연 어찌하겠는
가?
16 네 부모요, 네 형제를 먼저 사랑함이
곧 나를 사랑함이라는 그와 같은 의미
를 너희들은 정녕 모르는가?
17 너희들이 한 자도 넣지도 빼지도 말라
는 나의 성경에 가난하고 불쌍한 자,
병든 자를 돕는 것이 나를 돕는 것이
라 하였음이니,
18 과연 믿음의 길을 가는 너희 종교 집
단이요, 지도자들이 그를 행하고 사는
가?

19 내가 명한 것을 따르지 아니하며 행하
지 않는다면 과연 나를 따르는 자라
할 수 있는가?
20 내가 오죽하면 너희들에게 그리 말하
였느냐?
21 너희들이 형제를 미워하며 부모를 사
랑하지 않는 자는 모두 나를 믿는다
하나 그 모두가 다 거짓말이라 했으니.
22 그와 같은 자는 나를 사랑할 수 없으
며 나와 관계없는 백성이며 내 뜻을
거역하는 백성이 아니더냐?
23 그러니 이 무서운 하나의 이치를 너희
들이 보고 연구하고 깨우쳐, 오늘의
믿음이요, 너희들이 가는 형태와 너희
자신의 믿음이요, 네가 행하고 있는
네 위치를 돌이켜 보는 그와 같은 반
성과 회개하는 마음이 아니면 아니 될
것이니라.
24 이제 나의 아들을 따르는 제자들이요,
그리고 나의 법전을 읽고 깨우친 만백
성 너희들은 형제와 불화하였으며 부
모와 불화하였거든, 그 모두부터 사랑
하는 마음으로 너희 자신을 돌리라.
25 그리하면 너희들이 나를 거짓되게 하
지 않는 자요, 나를 속이지 않는 자요,
나를 사랑하는 백성이니, 너희들이 그
것부터 시행하고 다스리도록 그리하
라.
26 그것이 나의 아들을 따르는 제자들이
요, 나의 법전을 읽고 깨우친 만백성
너희들이 모든 오늘의 신앙이요, 믿음
의 길을 가는 백성들과 차별화되는 것
임을 알라.
27 너희들이 똑같은 자세요, 똑같은 마음
으로 형제를 사랑하고 부모를 공경하
는 것이 나를 공경하며 나를 경배하는
것이라 말은 그리하면서 그리 행하지
아니한다면,
28 지금 수천 년 동안 말로써 가르치며
말로써 전해 온 그 종교 집단이요, 지
도자 그들과 무엇이 다르단 말이더냐?
29 그것을 너희들이 차별화된 행동으로
보이도록 그리하라.
30 그리하여 너희들의 행함이 소중함이
니라.
31 이와 같은 이치를 안다면, 너희들이
지상에서 사는 것, 그 모두는 다 부질
없는 것이며, 그는 버리고 부수어도
너희들이 구원을 받는 데 지장이 없으
며,
32 그저 나의 아들을 찾고 나를 부르기만
하면 구원을 받는다는 그 어리석은 편
안한 믿음의 길에서 너희들이 저 자신
을 깨우치도록 그리해야 될 것이니라.

9,397 번째 하나님 말씀

2004년 1월 28일 18시 34분

1 사랑하는 나의 아들아!
2 "네, 아버님! 말씀하옵소서."
3 나의 사랑하는 백성 너희들이 작은 일
하나 제대로 행함이 없으며, 진정 거
래하지 아니하는 마음으로써 행하는
것이 없다면, 너희들은 믿겠느냐?
4 성서에 내가 미래를 향하여 너희들에
게 기록하여 전했느니라.
5 나의 사랑하는 백성 너희들이 작은 일
하나에 충성하며 작은 일 하나를 선행
으로 베푸는 것이 나 여호와의 기쁨이
요, 내가 또한 그와 같은 백성이 있을

때 모두를 다 맡기며 모두를 역사할
수 있다 기록한 나의 뜻을 너희들은
아는가?
6 나의 백성들이 얼마나 잘못 가며 너희
들이 나의 뜻을 거역하며 나와 관계없
는 길을 가면,
7 작은 일에 충성하며 작은 곳에 너희들
이 최선을 다할 때, 그리고 너희들이
참진리의 길을 들여다보는 작은 일을
역사하고 사는 그와 같은 백성이 있을
때, 나 여호와의 하늘의 뜻을 그 많은
것을 모두 다 맡길 것이라 내가 그리
하였겠느냐?
8 너희들이 얼마나 잘못 가고 나의 뜻을
거역하며 나를 등지고 사는 그와 같은
일을 할지를 나는 알고 있었으며, 그
리하여 그와 같은 역사가 이루어질 것
을 내가 미리 알고 있었음이니라.
9 그리하여 내가 너희들에게 성서에 기
록하여 작은 착한 일을 하는 것, 충성
하는 것, 그와 같은 자가 있기만 해도
내가 모두를 맡기고 내가 그를 믿고
갈 것이라 그리 말한 내용을 너희들은
알겠느냐?
10 이제 너희들은 나의 아들을 통하여 내
가 새로운 법전을 내려보내며 새로운
성경이라 내려보내어,
11 그를 따르는 제자들이 하나가 되며 하
늘의 법도를 알며 내 뜻을 알며, 악을
버리고 선을 선택하는 그 어렵고 힘든
길을 가도록 내가 그들을 달구고 가르
치는 그 뜻을 알겠느냐?
12 작은 것 하나 충성하는 자가 없으며,
작은 기쁨 하나 나에게 바치는 자가
없음이니라.
13 모두가 거래하는 것이요, 저 먼저 생
각하며, 제 이해관계와 이익 분배를
먼저 생각하는 나약한 나의 백성들이
요, 너희들이 거기서 벗어나지 못하기
때문이니, 너희들은 그를 알겠느냐?
14 그리하여 내가 너희들에게 이제는 나
에게 충성하며 나에게 기쁨을 줄 수
있는 그것을 깨우쳐 주기 위하여 나의
사랑하는 아들을 통하여 상세히 풀어
세상에 전함이니,
15 이를 접하는 나의 아들을 따르는 제자
너희들부터 작은 일에 충성하며 작은
기쁨을 내가 얻을 수 있는 너희들의
진실된 삶이요, 아름다운 삶으로 변하
는 그와 같은 삶을 살아가야 된다는
것이며, 그리 살아 달라는 것이 나 여
호와의 뜻임을 너희들은 알라.
16 가장 작은 선행이요, 그것이 나에게
가장 큰 기쁨이라 했으니, 나 여호와
의 마음이 어떠한 것인가를 너희들은
알겠느냐?
17 수천 년 동안 흘러오며 구약의 시대가
흐르고 신약의 시대가 흘러 또 새로운
시대가 열리는 이때까지,
18 작은 일에 충성하는 자, 작은 일에 선
행을 하는 자, 그리하여 나 여호와에
게 기쁨을 주는 자가 없어 내가 모두
를 맡길 수가 없다 하였으며,
19 그 누구도 내가 내리고자 하나 내릴
자가 없으며 맡기고자 하나 맡길 사람
이 없었다면 어떠하겠는가?
20 너희들이 인간 세상에서 무거운 짐을
지고 있음이니, 너희가 부득이 그것을
맡기고 가야 하나 앞뒤를 봐도 맡길
사람이 없고 다 도둑 같은 사람들만

있다면, 과연 너희가 그것을 어찌 맡
기고 어찌하겠느냐?
21 그럴 때 너는 다급하나 맡길 곳이 없
으며, 가야 할 길은 바쁘며, 움직일 일
이 급한 상황에 있다면, 그리고 그 소
중한 것을 네가 맡기고 보관해 줄 사
람이 하나도 없다면, 그 심정이 어떻
겠는가?
22 나는 수천 년 동안 수많은 나의 피조
물 만백성이 세상에 나가 살아가면서
나로부터 생명을 받고 은혜를 받아
나간 자들이 나에게 작은 충성이요,
작은 선행의 그 기쁨을 진심으로 바친
자가 없었다면, 내 마음은 얼마나 답
답하고 괴롭단 말이더냐?
23 이것을 너희들이 생각할 줄 아는 나의
아들을 따르는 백성이 되어야 될 것
이며,
24 내 아픈 마음을 안다면, 너희들이 얼
마나 아름답게 살아가며 나의 법전대
로 나의 계명대로 살아가야 되는 것
인가를 너희들 스스로 다짐하도록 그
리하라, 선택된 사랑하는 나의 아들딸
들아!
25 그러나 너희들은 행함은 버려두고, 그
저 우리 부자를 찾기만 하며 우리 부
자를 섬기기만 하며 우리를 부르기만
하면 너희들이 구원을 받는다는 그와
같은 마음으로 나의 피조물 만백성을
가르치며,
26 너희들이 작은 선행이요, 작은 충성이
요, 이와 같이 아름답게 살아 나에게
기쁨을 주는 것이 나에게 가장 큰 선
물이라는 걸 모르느니라.
27 그러니 이 작은 선행 하나도 제대로
하지 못하는 것이 너희들이니라.
28 너희들은 작은 충성이요, 작은 선행을
베풀고 아름다운 일을 했을 때, 무엇
때문에 하느냐?
29 거래하고자 하느니라, 너희들이 거래
하고자 하는 마음에서 모두 이루어짐
이니라.
30 너희들은 주면 하겠다는 그와 같은 심
성이 아니더냐?
31 그러니 그들이 수천 년 동안 하늘을
향하여 드리는 그 기도 소리를 들어
보라.
32 그 기도 소리가 어떠한 소리며 어떠
한 의미에서 하는가?
33 이것이 세상을 다 오염시켰으며 하늘
까지도 오염시켜, 내가 귀를 열 수가
없는 그와 같은 사악한 너희들이 되었
음을 알라.
34 그러니 너희들이 거래하지 않는 마음
으로 충성을 다하며 나에게 기쁨을 줄
수 있는 그와 같은 백성으로서 오라
함이 나 여호와의 뜻이니라.

9,398 번째 하나님 말씀

2004년 1월 28일 20시 32분

1 사랑하는 나의 아들아!
2 "네, 아버님! 말씀하옵소서."
3 나 여호와가 너를 사랑함이니, 너보다
더 사랑하는 것이 너를 따르는 그 제
자들이니라.
4 네가 그들에게 내 뜻을 전함이니, 오
늘보다 내일이 더 변화되며 모레가 더
변화되라 함이니, 그들이 1년을 다니
고 몇 년을 다닐수록 그들에게 기쁨과

영광이 있는 것이 아니라,
5 그들은 더 좁은 길이요, 더 험악한 길
을 가라 그리 가르치는 내 뜻을 너를
통하여 전하는 강론을 듣고,
6 그들이 지금도 오늘의 이 자리를 지켜
주며 내 뜻에 따라서 역사하고자 하니,
7 그 백성들을 보면서 천사들도 눈시울
을 적시며, 나 여호와의 기쁜 마음을
이루 형용할 수 없는 것이 사랑하는
너의 제자들임을 알아야 될 것이니라.
8 그러나 내가 너를 통하여 그들에게 더
다스리고 또 다스리는 것은 무엇인 줄
알겠느냐?
9 너희들이 지금 인간 세상에서 살아오
면서 수없이 짊어지고 있는 그 꺼풀을
벗겨 내지 아니하면 아니 되기 때문이
니라.
10 한 꺼풀 한 꺼풀 너희들이 벗겨 내면
서 거듭나는 그와 같은 역사가 없이는
너희들이 나에게 오를 수 없으며 나에
게 역사할 수 없기 때문이며,
11 너희들이 그리 갈구하는 구원의 길을
올 수 없기 때문이니라.
12 나 여호와가 너희들을 바라보는 마음
이 어떠한 줄 알겠느냐?
13 갓 걸음마를 걷는 아이가 빙판길을 걷
는 것보다도 조심스럽게 너희들을 바
라보며, 너희들은 성장하여 나이가 백
발이 되었다 해도 나 여호와가 바라보
는 너희들의 오늘의 그 믿음이 어떤
줄 알겠느냐?
14 세 살 먹은 아이가 빙판길을 걸어오는
그와 같은 형국이요, 내 마음이 그러
함이니라.
15 그와 같이 불안하며 쓰러질 수 있으며
넘어질 수 있는 것이 오늘 나의 아들
을 따르는 너희들의 그 믿음이니라.
16 거기에 내가 더 강하게 더 무섭게 그
를 부음이니, 이 마음을 너희들은 알
아야 될 것이니라.
17 독소가 있는 모든 야채요, 그와 같은
것을 먹기 위해서는 너희들이 물로 삶
아야 되며, 그 독소를 걷어 내고 또 씻
어 내야만 영양분 있는 양식으로써 취
할 수 있다 내가 하지 아니하였더냐?
18 너희들이 그 음식을 만드는 것, 또 열
매를 따서 음식을 만드는 것, 그 모두
도 좋은 음식일수록 그 열매에 독소가
있음이니,
19 그들을 물로써 걸러 내고 또 걸러 내
지 아니하면, 그리고 그를 부수고 또
다스려서 그 독소를 물로써 씻어 내고
씻어 내지 아니하면 너희들은 음식으
로 만들어 쓸 수 없는 그와 같은 이치
를 잘 알 것이니라.
20 그러니 바로 너희들이 그와 같은 길을
가지 아니하면 아니 되며, 그 길을 역
사하지 아니하면 너희들을 구원할 수
없으며 너희들이 나에게 올 수 없기
때문에,
21 내가 나의 아들을 통하여 너희들에게
무겁고 무거운 짐만 지워 주고 있음이
니,
22 나 여호와의 마음이 이루 말할 수 없
이 아픔이니라.
23 그러니 너희들이 일찍이 모두를 다 버
리며 너희들이 한 점의 부끄럼이 없는
삶으로 산다면, 너희들 자신이 오늘의
고통이 없을 것이며, 나 여호와는 너
희들을 바라보는 그 마음이 또한 아프

지 아니할 것이니,
24 이 답은 오로지 너희들만 이룰 수 있음을 알아야 될 것이니라.
25 너희들의 마음의 문은 아무도 열 수 없으며 너희 스스로 안에서 열 수 있다 했듯이, 너희들이 변하는 그 길밖에 없음을 너희들은 알아야 될 것이니라.
26 지금 만백성을 구하는 나의 새로운 성경이요, 나의 뜻을 세상에 내려보내 너희들에게 역사하고자 하니,
27 너희들이 건장한 사람으로서 내가 임무를 주는 것이 아니요, 그저 빙판길을 걸어오는 세 살 먹은 아이만도 못한 비틀거리는 너희들에게 내가 부어 줄 수도 없으며 지워 줄 수도 없으며,
28 너희들이 성장해 바로 서기만 바라며 너희가 설 수 있는 그 양식을 내가 지금 서서히 내려보냄이니, 너희들은 오늘의 이 양식이 고달프고 힘들다 생각하지 말라.
29 너희들이 성장하면 성장할수록 더 무거운 짐이요, 더 고통스러움이요, 너희들이 인내하기 힘든 그 길만 가야 되는 것이 너희들이라는 걸 잊지 말라.
30 독소가 있는 것이 몸에 좋음이니, 그 독소를 뽑아내기 위해 물로 씻어 내고 또 물로 씻어 내는 그와 같은 역사가 이루어져 너희들이 훌륭한 음식이요, 약재로써 쓸 수 있다는 그것을 안다면, 너희들은 오늘의 고통을 괴롭다 생각하지 말며 좌절하지 말라.
31 누구든 살아갈 인생은 얼마 남지 않았으며, 누구도 나에게 오는 날이 언제인가를 아는 자 없으며 정해진 자가 없음이니, 너희들이 언제 나에게 불려올지 모름이니라.
32 그러니 나에게 오르는 그 부름을 모르는 자가 여유가 어디 있으며, 내일로 미룰 수 있는 것이 어디 있으며, 모레로 미룰 수 있는 것이 어디에 있느냐?
33 너희들이 오늘의 고통이요, 시련을 너희 것으로 만들어, 네가 먼저 변하는 그와 같은 삶을 살라.
34 너희들이 나에게 불려 왔을 때 한 점의 부끄럼이 없는 그와 같은 오늘의 삶으로 다스려 나가지 아니한다면 너희들이 모두를 다 얻을 수 없으며 이룰 수 없다는 것을 알라.

9,399 번째 하나님 말씀

2004년 1월 29일 06시 38분

1 사랑하는 나의 아들아!
2 "네, 아버님! 말씀하옵소서."
3 이 세상의 모두를 창조주 나 여호와가 만들지 아니하였더냐?
4 너희들이 무어라 말해도 이 세상에 존재하는 모든 것은 나 여호와의 계획이요, 내 뜻에 의하여 그리 이루었음이니라.
5 그리고 지상에서는 또한 누가 있느냐?
6 사랑하는 나의 아들 네가 있어 나의 성령이요, 나의 뜻을 만백성을 위하여 전함이니, 너는 어찌하여 나의 뜻을 기록하여 전하는 그것으로써 네가 그 모든 대명을 마치려 그리하느냐?
7 나 여호와가 모든 것을 창조하여 만백성을 사랑하는 것처럼, 지상에서는 네가 그 모두를 다 사랑해야 됨을 어찌

하여 네가 모른단 말이던가?
8 너는 모든 것이 네 것이 없으며, 네가
관리하는 것이 없으며, 네가 소유할
것이 없으며, 네가 쌓아 놓고자 할 것
이 없다 내가 그리하지 아니하였더냐?
9 그러니 네가 그와 같은 마음으로써 지
상에서 살아가는 것 또한 나의 법전을
기록하여 전하는 것보다 더 소중한 대
명이요, 더 중요함을 어찌하여 그리
모르고 그를 소홀히 하고자 하는가?
10 나의 법전을 받아 기록하는 것으로써
책으로 만드는 것으로써 역사하는 것
이라 생각하지 말라.
11 너는 모두를 다 놓은 자요, 모두를 다
지운 자이니라.
12 그러니 네 손에 남은 것이 없으며, 네
손에 남아 있는 것이 있어서도 아니
되며,
13 내가 이 세상을 창조하여 사랑하는 나
의 백성들에게 모두를 다 주었듯이,
지상에서는 네가 모두를 다 주고 모두
를 그들에게 보여 주는 그와 같은 마
음으로써 그와 같은 행동으로써 살아
가야 됨이니라.
14 나 여호와가 모두를 만들어 너희들에
게 내려 주었으며 모두를 너희들에게
베풀어 주었다 하나,
15 너희들은 그를 보지 못했으며, 또한
그를 너희들이 실제로 체험한 바가 없
음이니,
16 다만 하늘에 나 여호와가 존재하며,
'창조주가 계심으로 인하여 그분에 대
해 십계명을 지키며 그분의 뜻을 거역
하지 아니하고 살아가야 된다.' 하는
그와 같은 잠재적인 생각을 가지고 있
으나,
17 정녕 나를 보지 못하며 나의 음성을
듣지 못했으니, 너희들이 항상 불안과
희비가 엇갈리는 그와 같은 마음에서
살아가지 아니하느냐?
18 그러니 내가 모두를 다 주었듯이 지상
에서 네가 모두를 주며, 모두를 사랑
하는 것으로써 네가 나를 대신하며,
19 네가 그리함으로써 나 여호와가 존재
하다는 걸 만백성이 느끼고 깨닫고 알
것이니,
20 그것이 네가 해야 할 것이며, 네가 나
의 법전을 받아 기록하여 전하는 것보
다도 더 소중하고 더 귀한 것이며, 먼
저 행해야 될 것이라는 것을 어찌하여
네가 깨닫지 못하느냐?
21 사랑하는 나의 아들아, 무엇이 두려우
며 무엇이 그리 조급하던가?
22 너는 그저 세월이 지나가면 또 가는
세월 속에 모두는 다 계획대로 이루어
짐이니, 불안해하지 말며 초조해하지
말라.
23 마음을 다스리지 못하는 자는 알고 있
는 것도 실수한다 하지 아니하였더냐?
24 조급한 마음을 가지고 서두르다 보면
모든 것을 아는 것도 정답을 쓸 수 없
으며 아는 것도 제대로 가르칠 수 없
는 것이 인간 너희들의 흔들리는 마음
이라 하였거늘, 네가 불안해하지 말라.
25 그리고 모든 백성에게 네가 전하며 깨
우치되, 네가 가지고 있는 생각이요,
네가 가지고 있는 것을 아는 백성이
없음이니라.
26 그것을 네가 생각할 줄 모르면 아니
되느니라.

27 너희들이 두 개밖에 들 수 없는 사람에게 다섯 개를 들라 명한다면, 다섯 개를 못 드는 그 아이가 잘못된 것이더냐?

28 그 다섯 개를 들 수 없는 아이에게 다섯 개를 들라 명하는 그 부모가 잘못된 것이며 부모가 깨달음이 없기 때문임을 너는 알아야 될 것이며, 이와 같은 우를 범하지 않도록 그리하라, 사랑하는 나의 아들아!

29 조용히 가라, 그리고 서서히 가라.

30 내가 너에게 그 모두를 역사하는 것, 만백성을 구하는 것은 시간이 없다 함이니, 네가 너의 제자에게 그리 말하지 아니하였더냐?

31 너희가 천천히 가는 것과 빨리 가는 것은, 완벽하게 만들어 가지고 가는 것이 빨리 가는 것이요,

32 너희들이 만들지 못하며 대충 그저 되는 대로 가는 것이 너희들이 빨리 가는 것이 아니라 말했듯이, 네가 그러함을 알라 사랑하는 나의 아들아!

33 완벽하게 서서히 가는 속에서 만백성을 구하는 데 최선을 다하는 그와 같은 마음을 갖고 살며, 모두는 계획대로 흘러가는 너이니, 불안해하지 말며 두려워하지 말라.

34 그리고 네가 살아가는 모습이 서서히 아름다운 모습으로써 보여 주어야 됨이니, 이를 명심하고 또 명심하여 이제 네가 살도록 그리하라.

9,400 번째 하나님 말씀

2004년 1월 29일 06시 45분

1 사랑하는 나의 아들아!

2 "네, 아버님! 말씀하옵소서."

3 모든 종교 집단이요, 믿음의 그 역사가 무엇이더냐?

4 누구든지 나의 아들을 찾기만 하며 나를 부르기만 하면, 그리고 우리 부자를 찬양만 한다면,

5 너희들은 그 안에 있는 그 모든 악이요, 지금까지 너희들이 살아오면서 저지른 그 모든 죄가 다 사라지며 그 모두를 용서를 받으며, 새로운 피조물로서 너희들이 새로운 백성으로 다시 태어나는 영광을 얻는 것이라 그리 말하느니라.

6 그리고 새것이 되어 너희들은 새로운 것이요, 죄가 없는 자들이라 그리 지금 말하고 가르치고 있음이니라.

7 과연 너희들이 그와 같은 상식이요, 그와 같은 것을 깨닫지 못한단 말이더냐?

8 너희들이 나의 아들 예수를 찾으며 그를 찬양하며 나를 부르는 것으로써 그 순간에 너희들은 새로운 피조물로서 새사람이 되어 태어난다 하며, 너희들은 그때부터 죄가 없다 그리 말함이니,

9 너희들이 그와 같이 나를 찾으며 나의 아들 예수를 찬양하면서 그러면서 너희들이 그후부터 짓는 그 수많은 죄들은 과연 다 어찌한단 말이던가?

10 그러니 너희들의 오늘의 가르침이 그와 같은 것은 너희들 스스로 나의 백성들을 우롱하여 그들로부터 모두를

거둬들이는 그와 같은 방법으로써 나
의 피조물 만백성을 속이고 있으며 너
희 자신을 속이고 있다는 것을 알면서
너희들이 지금 가고 있는 사악한 자들
이 아니더냐?
11 너희는 알아야 될 것이니라, 너희들이
어떠한 장소에서 어떠한 행위를 하든,
무슨 찬송을 하든, 너희들이 어떠한
믿음의 그 신앙의 길을 가든 그것은
관계없느니라.
12 다만 너희들이 지금까지 지은 죄는 절
대 너희들에게서 떨어질 수 없으며 너
희들이 버릴 수 없다는 것,
13 결국 그는 나에게 와 심판을 받는 기
본이요, 근본이기에, 그때까지 떠나지
않는다는 것, 그리고 벗어날 수 없다
는 것, 벗어던질 수 없다는 것을 너희
들은 알아야 될 것이니라.
14 무거운 짐을 지고 가는 자가 그 모두
를 벗어던지는 것처럼,
15 너희들이 스스로 지은 수많은 무거운
죄들이 너희들이 나의 아들 예수를 찬
양하며 나를 찬양하는 순간에 모두 다
지워지며 용서되며,
16 너희들의 악이 지은 죄를 벗어 버릴
수 있다는 그와 같은 생각에서 너희
들이 벗어나지 아니하면 아니 됨이니
라.
17 오로지 너희들이 아름다운 삶의 길이
요, 그것만이 그 모두를 벗어던질 수
있다는 것을 알라.
18 너희들은 찬양하고 나의 아들과 나를
찾으면 그것이 구원이요, 그리고 너희
들이 이단이요, 사탄과 대적하여 모두
다 승리자가 되는 것이며 영광의 승자
가 된다 그리 말하고 그리 가르치며,
19 그 착각 속에서 너희들이 지금 가고
있는 것이 오늘의 믿음의 현실이 아니
더냐?
20 그러나 너희들은 알라, 천사같이 변화
되지 않는 그와 같은 삶으로는 절대
사탄을 대적할 수 없으며, 사탄을 이
길 수도 없는 것이요,
21 스스로 너희들이 사탄에게 굴복하며,
그의 백성이요, 그의 종이 되는 그와
같은 형국으로 가는 것이 오늘의 너희
들의 믿음의 자세요, 마음의 자세라는
것을 잊지 말라.

9,401 번째 하나님 말씀

2004년 1월 30일 06시 59분

1 사랑하는 나의 아들아!
2 "네, 아버님! 말씀하옵소서."
3 너를 따르는 제자들이요, 나의 법전을
읽고 깨우친 만백성 너희들에게 내가
무어라 말하였느냐?
4 인간의 형태를 가지고 있는 자는 신이
아니라 한 그것을 너희들은 알겠는가?
5 육을 가지고 있는 너희들은 어쨌든 추
운 것, 더운 것, 그 모두를 더불어 알
고 가는 사람이니라.
6 그러니 내가 너희들에게 무어라 말하
였느냐, 인간은, 형체를 가진 자는 신
이 아니라 하였음이니라.
7 이는 나의 아들 예수가 세상에 나갔음
이니, 너희들이 나의 아들을 신처럼
생각하며 그리 따르는 것, 그것이 잘
못된 것이며, 너희들이 그리 보지 말
라는 그와 같은 뜻으로 너희들은 알고

있느니라.
8 너를 따르는 제자들이요, 나의 법전을
읽고 깨우친 만백성 너희들은 나의 사
랑하는 아들이 살아가는 모습이요, 그
가 가는 것 또한 거기서 완벽하고 하
나도 실수하지 아니하는 것을 원하고
바랄 것이니라.
9 그러나 너희들은 그리 가지 말라 함이
니라.
10 나의 아들도 육을 가진 너희들과 똑같
은 백성이요, 그 속에서 그가 하나를
더 먼저 듣고 먼저 깨달아 가는 그와
같은 삶을 살며,
11 나의 아들의 머리가 백발이 되어 160
권의 법전이 세상에 나오는 역사를 이
룰 때, 그것 또한 너희들보다 변함이
무서울 것이라 내가 그리하지 아니하
였더냐?
12 어찌하여 너희들은 그와 같은 생각을
하지 못하고 살아가는가?
13 내가 너희들에게 인간의 형체를 가지
면 신이 아니라 한 그 의미는 여기에
있음이니라.
14 나의 아들을 따르는 너희들이 나의 아
들에게 완벽한 것을 원하나, 나의 아
들 또한 인간의 형태를 가진 자요, 인
간 세상에서 60년을 살아왔던 그라
하였음이니,
15 그가 나의 성령을 받아 하나하나 다스
려 가며 고쳐 가는 그와 같은 변화를
하고자 하는 것, 변화의 그 역사가 위
대한 것이며, 그 속에서 모두 다 이루
어질 수 있는 것이니라.
16 너희들은 나의 아들에게 완벽한 것,
그리고 하나의 실수가 없는 것을 원할
것이며, 또한 나의 아들 예수가 이루
었던 기적이요, 그와 같은 역사가 이
루어지기를 바라고 그와 같은 것을 기
대함이니,
17 내가 너희들에게 기적이 무엇이라 말
하였느냐?
18 어쩔 수 없는 상황에서 이루어지는 극
단의 조치라 하였음이니라.
19 그리고 나의 아들 또한 육을 가진 자
며, 너희들이 비바람이 부는 것을 느
끼듯이 그도 느끼며, 너희들이 배부르
고 배고픔을 느끼듯이 또한 그도 그리
똑같이 느끼느니라.
20 그리고 내가 너희들에게 무어라 말하
였느냐?
21 나의 아들은 지금 인간 세상에서 얽히
고설킨 그 삶 속에서 하나하나 깨달으
며 나의 뜻을 내가 내리는 대로 전함
이니,
22 너희들의 그와 같은 마음이 무엇인 줄
알겠느냐?
23 사랑이 없는 것이요, 나의 성령을 믿
지 못하는 것이요, 나의 법전을 믿지
못하는 그와 같은 마음이니,
24 그게 다 너희들의 마음이 흔들리며 너
희들의 마음이 아름답지 못하며 계산
된 마음이요,
25 무엇인가 원하는 마음이 앞에 있기 때
문이니라.
26 내가 너희들에게 육을 가진 자는 신이
아니라 한 그 뜻은 나의 아들 예수를
이야기하는 것만 생각지 말며,
27 오늘 너희들과 더불어 가는 나의 아들
의 그 삶이 점차적으로 변해 가며 그
가 깨우쳐 가는 것이니,

28 오늘에 완벽한 나의 아들을 너희들이
바라지 말라는 뜻도 여기 있음을 어찌
하여 그리 모르는가?

9,402 번째 하나님 말씀

2004년 1월 30일 07시 06분

1 사랑하는 나의 아들아!
2 "네, 아버님! 말씀하옵소서."
3 육을 가진 자는 신이라 할 수 없으며
신이 아니라 하였음이니,
4 너희들이 살아가면서 완벽한 삶을 살
수 없는 것 또한 인간이기 때문에 그
러하니라.
5 그러나 나 여호와가 너희들에게 바라
고 원하는 것은 무엇이더냐?
6 너희들이 최선을 다하여 완벽한 사람
이 되고자 노력하는 것, 그것만이 너
희들에게 해당되는 것이며 너희들과
관계있는 것이니라.
7 내가 나의 아들을 통하여 나의 법전에
'인간은 완벽할 수 없다.' 그리 기록하
여 전한다면, 너희들은 어찌 생각하는
가?
8 너희들은 거기에서 두 가지의 길을 선
택하게 될 것이니라.
9 하나는 완벽하기 위해 피나는 노력의
길을 가며 그것만 바라보고 살아가는
백성이 있는가 하면,
10 '창조주 아버지께서 인간은 완벽하지
않다 하였음이니 인간은 죄를 지을 수
있으며, 죄를 짓고 사는 것은 당연한
것이다.' 하며,
11 그러니 죄를 짓지 아니하고 살 수 있
다 말하는 자는 나 여호와의 뜻을 거
역하는 자라 그리 가르치고 그리 말하
는 자가 있을 것이니,
12 너희들의 마음이요, 행동이요, 생각하
는 것이 그렇게 차이가 있으며 무서움
을 알라.
13 내가 나의 법전에 기록하여 나의 아들
을 통하여, 인간의 형태를 가진 자는
신이 아니며 인간의 형태를 가진 자는
완벽할 수 없다 그리 말한다면, 너희
들은 여기서 두 갈래의 길 중에서 하
나를 선택해야 되니,
14 너희들이 선택하는 것은, '인간은 어
쨌든 창조주 아버지께서 모두를 명하
는 것은 할 수 있으며, 하지 못할 것을
명하지 아니하였기 때문에,
15 내가 죽을 때까지 지금 가지고 있는
악습이요, 잘못된 것을 털어 버리고
아름다운 마음으로 살아가면 그 길을
갈 수 있을 것이다.
16 그리하여 나는 아버지께서 내리신 인
간이 할 수 없는 것을 해내서 아버지
께 기쁨을 드리는 자식이 되겠다.' 하
여 너희들이 피나는 노력을 하며 삶의
변화의 역사를 이룬다면,
17 그가 바로 완벽한 백성이요, 내가 구
원하는 백성일 것이니라.
18 그러나 이와 같은 내용을 기록함이니,
다른 지도자가 나와서 무어라 가르치
느냐?
19 '인간은 완벽할 수가 없으며 인간은
신이 될 수 없다 창조주께서 말씀하셨
으니, 오늘의 너희들은 죄를 지을 것
이며, 죄를 짓지 아니하고 살 수 없다,
20 그러니 너희들이 죄를 짓고 나서 죄의
용서를 비는 그와 같은 장소를 만들어

너희 죄를 회개하고 비는 그와 같은
삶을 살아가야 된다.' 그리 말할 것이
니라.
21 그리하여 너희들은 그리 모이는 자에
게 그 장소를 제공하며, 그와 같은 것
을 깨우쳤다 하여 대가를 받는 그와
같은 형국으로 흘러가고 변화될 것이
니라.
22 그러니 이것이 얼마만큼 무서운 차이
이며, 너희들의 생각이 얼마나 무서운
것인지 알겠느냐?
23 사랑하는 나의 아들아, 너의 제자들은
전자를 택해서 가는 것만 생각하라 그
리 전하라.
24 인간이기 때문에 그리 갈 수 없다, 인
간이기 때문에 그리 역사할 수 없다,
그리하여 인간은 죄를 지을 수 있으며
죄를 짓지 아니하고 살 수 없다,
25 '창조주 아버지께서 인간은 신이 아니
며 죄를 짓지 아니하고 완벽하게 될
수 없다 하신 것을, 완벽하게 될 수 있
다, 완벽한 삶을 살아야 한다고 가르
치는 자는 이단이요, 사탄이요, 아버
지를 능멸하는 자다.' 하며 저희들이
도리어 뒤집어씌움이니, 이것이 무슨
일이더냐?
26 너희들 말에 있지 않으냐, '닭이라는
짐승을 잡아먹고 오리발을 내민다.'
하는 말의 그와 같은 행위를 하는 자
와 무엇이 다르더냐?
27 그러니 너희들은 그와 같은 행위를 하
지 말며 그를 벗어나라.
28 다만 너희들은 '아버지께서 역사할 수
없다 하신 것을 내가 역사하여 그분을
기쁘게 하며, 자식으로서 아버지께 효
성스러운 자식이 되어 보겠다.' 하는
피나는 노력이요,
29 그 어렵고 힘든 길로 선택하여 주저하
지 아니하고 가는 것, 그것만이 너희
들이 갈 길이니라.
30 그리하여 그 모든 점수의 결과로 내가
알곡식과 쭉정이를 구분하고 결정하
는 것이니,
31 그것은 너희들이 역사하는 것이 아니
며 너희들의 몫이 아니며,
32 구원하고 구원하지 않는 것, 거둬들이
고 안 거둬들이는 것은 너희 것이 아
니라 창조주 나 여호와의 몫이니, 내
가 알아서 함이라 그리 전하라.

9,403 번째 하나님 말씀

2004년 1월 30일 07시 14분

1 사랑하는 나의 아들아!
2 "네, 아버님! 말씀하옵소서."
3 내가 새로 내리는 성경이요, 나의 법
전이요, '하나님! 말씀하옵소서.' '하늘
에 오르는 길'이라는 내가 전하는 이
것은 무엇이라 말하였느냐?
4 거기에 기록되어 있는 내용이요, 내가
전한 그 모두는 이미 내가 너희들에게
내려보냈을 때, 세상의 어느 한 곳이
든 그와 같은 역사가 이루어지며 변화
가 있는 것이라 그리 가르쳐 주지 아
니하였더냐?
5 그러니 너희들은 그를 믿어야 될 것이
며, 그를 너희들은 보게 될 것이니라.
6 내가 너희들에게 무엇을 명하며, 너는
무엇이 될 것이며 무엇을 이룰 것이라
나의 아들을 통하여 너희에게 명하느

니라.
7 그러나 너희들은 그를 듣지 아니하며
믿지 아니함이니, 그를 절대적으로 믿
고 따르는 자, 그는 반드시 그와 같은
역사가 바로 이루어질 것이니라.
8 그러나 그와 같은 생각을 하지 아니하
며, 그를 믿지 아니하고, 순박하고 순
수한 마음이 없는 자는 결코 그를 이
룰 수 없으며 그것을 역사할 수 없는
것이니라.
9 내가 사랑하는 나의 아들의 제자 '조
나영'이라는 그 여인에게도 그리 말하
였느니라.
10 네가 인간 세상의 교육의 한계를 마치
고 있을 때 너는 다른 길을 갈 것이라
내가 그리 말하였으니,
11 그는 그를 믿고 그를 위하여 모두를
다 걸고 있음이니, 그는 그리될 것이
며 그럴 날이 머지않은 것이니,
12 너희들은 그와 같은 믿는 마음이요,
그 순수한 마음이 얼마나 소중한 것인
가를 알겠느냐?
13 내가 서울이라는 곳에 성전을 또 하나
만들 것이라 하였으니, 너희들 세 사
람이 그걸 만들 것이라 하였거늘,
14 그러면 너희들은 반드시 이루어진다,
역사한다는 것을 생각하고 그 길을 위
해서 노력하며 그를 역사하고자 피나
는 노력을 할 때,
15 나 여호와는 이미 너희들을 도울 자,
너희들에게 갈 자를 준비해 두었거늘,
16 지금의 너희 환경이 이러하며 너희 삶
이 이러하며 너희 위치가 이러하니,
그와 같은 금화와 은화가 어디 있어
너희가 이걸 만들겠는가 하며,
17 너희들이 그것을 회의적으로 생각하
며 믿지 아니한다면, 결코 너희들은
그것을 이룰 수가 없으며 역사할 수가
없음이니라.
18 그러나 너희들이 나 여호와 창조주 아
버지가 말씀을 내린 것이니 그것은 이
루어질 것이라 하여 너희들 주변에서
사람을 찾으며 그를 너희들이 만들고
자 하여 20퍼센트의 피나는 노력을
할 때,
19 그를 돕고 그를 역사할 사람들은 이미
내가 정해 놓았음을 너희들은 알라.
20 오늘의 너희들을 쓰기 위하여 몇 년
전에, 몇 개월 전에 이미 그리 사람을
명하고 선택하여 그와 같은 인간의 고
리를 다 내가 만들어 놓았거늘, 너희
들은 어찌 모른단 말이더냐?
21 그러니 정녕 나의 아들을 따르며 나의
성령이요, 나의 법전을 듣고 깨우친다
는 백성, 그 제자인 너희들이 과연 어
디까지 믿음이 있는가?
22 이것이 너희들이 잘못된 것이니라.
23 믿음을 가질 때, 마음을 잡고 믿고 따
를 때, 그것은 너희들에게 일순간에
올 것이니라.
24 그리고 그것은 반드시 행해지고 실현
될 것이니라.
25 그러나 그를 믿지 아니하고 의혹하는
자, 두려워하는 마음, 의혹하는 마음
은 그 기간이 멀어질 것이며,
26 너희들이 그 마음을 버렸을 때 그 모
두가 이루어짐이니, 그때 가서 너희들
은 알게 될 것이니라.
27 늦고 이른 것, 너희들이 나의 기적을
보고 못 보는 것, 그 모두는 너희들에

게 달렸음이니라.
28 내가 나의 아들을 통하여 나의 법전이
세상을 덮으며, 10년 안에 그 모두가
이루어지며, 지상의 낙원을 너희들이
만들어,
29 '창조주 하나님께서 역사하는 그 명을
받고 인간이 만든 지상의 낙원이 이리
아름다우니, 하나님의 나라요, 하나님
이 만든 그 낙원은 얼마나 위대하고
소중하겠는가, 얼마나 귀하며 보배로
울까!'
30 그리하여 너희들이 그리 가고자 노력
하는 백성 하나를 만들어 놓아도 된다
하였거늘,
31 너희들이 그를 얼마나 믿으며, 그를
위해 얼마만큼 노력하느냐에 그 모두
는 달렸음이니라.
32 나 여호와가 세상에 역사를 하며 기적
을 이루기 전에, 너희들이 구원을 받
는 것, 그리고 너희들이 그것을 보고
느끼는 것이 더 소중한 것이니,
33 너희 것은 너희들이 할 것이니, 내가
이루어 줄 것이라 생각하지 말라.
34 나는 다만 너희들이 그리 갈 때, 그를
역사할 수 있도록 명해 주는 것이며,
미리 너희들에게 갈 수 있는 길을 알
려 준 것이니,
35 알려 준 것으로써 나에게 너희들이 감
사하는 마음으로 해도 그 은혜를 갚을
길이 없거늘,
36 손에 떡을 만들어 주어 너희들의 입에
모두 넣어 주는 것, 그와 같은 것은 나
여호와는 하지 아니하며 역사하지 아
니함을 너희들은 알라.

9,404 번째 하나님 말씀

2004년 1월 30일 07시 23분

1 사랑하는 나의 아들아!
2 "네, 아버님! 말씀하옵소서."
3 내가 나의 법전에 기록하여 너의 제자
들이요, 이를 읽는 백성에게 깨우쳐
주었음이니라.
4 알지 못하는 자가 아는 체를 하며, 제
가 알지 못하는 것을 정답인 것처럼
가르치는 자, 그리고 제가 잘못 가고
있고 잘못된 것을 알면서 그를 시인하
지 않는 자, 그와 같은 행위야말로 나
여호와를 거역하는 짓이며 나의 뜻을
속이는 것이라 하였음이니라.
5 너희들이 거짓말하는 자의 말을 따르
며 그 말을 믿고 행하는 자, 그 모두는
낭패요, 실패라는 것이 너희들의 앞길
에 있는 것은 당연한 것이며, 그 어느
것도 너희들을 기다리는 것은 없는 것
이라 그리하였음이니라.
6 너희들은 나의 아들에게 완벽한 것을
바라며 완벽한 나의 아들이 되기를 바
라나, 나의 아들 또한 육을 가진 자요,
그가 지금까지의 삶이 있기에 하나하
나 변해 가는 그와 같은 삶의 과정에
서 역사한다 하였음이니라.
7 나의 아들이 살아가는 그 모습에서
나의 아들은 모르는 것은 모른다 그리
함이니라, 그리고 그가 지금 지키지
못하고 있으면 지키지 못한다 말하고
있음이니라.
8 그것이 바로 나의 아들이요, 너희들과
다른 점이며, 모든 종교 집단의 지도
자와의 그 차이점이니,

9 그와 같은 것을 너의 제자들이 어찌
모르며, 옆에 있는 자들이 그를 모르
며, 더불어 가는 자들이 그 마음을 모
르느냐?
10 나의 아들은 모르면서 아는 것처럼 말
하지 아니하며, 알지 못하면서 그것이
정답인 것처럼 너희들을 가르치고 너
희들에게 전하는 일이 없느니라.
11 다만 그는 모르면 모른다 하며, 정답
을 모르면 모른다 하느니라.
12 그리고 자신이 잘못 가고 있는 것을
시인하며, 제가 잘못 가는 것을 바로
잡고자 하니, 그것이 나의 아들의 증
표이며 그것이 그리 소중하거늘,
13 그를 가지고 너희들이 시시비비하는
어리석은 제자요, 백성이 되지 말라.
14 그리고 완벽한 나의 아들의 모습을 아
직 바라지 말며 원하지 말라.
15 너희들은 인간의 육을 가졌으며, 인간
의 육을 가진 자는 신이 아니라는 그
와 같은 이야기를 내가 왜 했는가를
너희들에게 깨우쳐 주지 아니하였더
냐?
16 그러니 나의 아들이 나의 아들이며 만
백성을 구하는 목자로 선택된 것은,
모르는 것은 모른다 하며 아닌 것은
아니라 그리 말함이니라.
17 그것이 바로 나의 아들이요, 만백성을
구하는 지도자의 덕목으로 가장 중요
한 것이며, 그것 하나로써 그 모두를
다 다스릴 자격이 있는 나의 아들임
을 너희들은 다시 한 번 깨우치도록
그리하라.

9,405 번째 하나님 말씀

2004년 1월 30일 07시 31분

1 사랑하는 나의 아들아!
2 "네, 아버님! 말씀하옵소서."
3 지금의 너를 따르는 제자들 그 모두는
너희들이 나의 강론을 들으며 나의 아
들을 통하여 내리는 나의 성령의 뜻을
듣는 것, 그와 같은 것이 어떠한 장소
요, 교회요, 성당이요, 법당이라 하여
정해진 곳에서만 강론을 들으며 정해
진 장소에서만 역사를 이룬다 그리 생
각하지 말라.
4 나로부터 선택된 백성 너희들은 강론
을 들으며 깨우치는 것은 어떤 장소와
시기가 필요치 아니하며, 환경이 필요
없는 것이니라.
5 나의 성령을 접했을 때, 내가 나의 아
들을 통하여 강론을 내릴 때, 그리고
나의 아들을 통하여 법전의 그 구절을
깨우쳐 주고자 할 때, 너희들은 장소
와 그와 같은 것이 필요 없느니라.
6 다만 너희들이 최선을 다하며 접함을
영광으로 생각하는 그와 같은 마음의
자세가 가장 소중한 것이니,
7 그리하여 그것을 너희들이 얼마만큼
너희 것으로 만들어 깨우침의 변화의
역사의 삶을 사느냐가 중요한 것이니
라.
8 그러니 지금의 모든 종교 집단이요,
지도자들은 나의 성령이요, 참진리가
세상에 다 내려와, 너희들이 보면 볼
수 있고 들으면 들을 수 있도록 세상
을 다 덮고 있으며,
9 산소보다도 더 깊이 너희들의 뼛속 깊

이 있는 것이 나의 진리요, 나의 뜻이
라 하였거늘,
10 그를 듣고 접하는 것을 너희들이 인간
의 손으로 만든 장소요, 그리고 성전
이요, 교회요, 법당이요, 그 안에 와서
들어야 된다 하면 이게 말이 되느냐?
11 이 세상에 모두를 다 덮고 있는 것이
나의 성령이요, 나의 뜻이요, 바람보
다 더 크거늘,
12 흘러가는 바람을 가둬 놓고 그곳에 오
는 것만이 숨을 쉬며 산소를 마실 수
있다 말하는 그와 같은 어리석은 백성
임을 너희들은 알겠느냐?
13 그러니 그와 같은 어리석은 짓을 하지
말라.
14 지금의 교회를 짓고 성전을 짓고 법당
이요, 회당이라는 것을 지어 놓고 저
희들이 그곳에 오는 자가 구원을 받으
며 그곳에 오는 자만 축복을 받는다
그리 말하는 자는,
15 쏟아지는 소낙비를 제 집이요, 제 장
소에서만 맞으며 밖에서는 맞을 수 없
으니, 오로지 단비는 그 안에만 내린
다 그리 말하는 것이나,
16 너희들이 밖에 나와 구름이 낀 하늘을
보라, 그 소낙비는 온 세상을 다 적시
며, 내가 만들어 놓은 모든 동식물의
생명수로 내려지는 것이니라.
17 나의 진리가 산소보다도, 너희들이 마
시는 공기보다도 더 깊이 있으며 넓
게 지금 내려와 있다 하지 않더냐?
18 그것보다도 더 먼저, 그것보다도 더
위대한 것이 나의 진리요, 나의 뜻이
라 하였거늘,
19 그것을 너희들이 만든 집이요, 그 죄
의 온상인 그곳에만 산소를 마실 수
있으며 신선한 공기를 마실 수 있으며,
20 밖에서 마시는 공기는 신선하지 못하
며 너희 생명을 유지하지 못한다 하
여, 그 바람을 가둬 놓았다 말하는 자
요, 공기를 가둬 놓았다 하는 자와 똑
같은 어리석은 백성들이니,
21 그와 같은 행위를 하지 말라, 사랑하
는 나의 아들딸들아!
22 이와 같은 하늘의 뜻이요, 하늘의 법
도를 내가 내려보내거늘,
23 이를 듣고 접하는 너의 제자들이 정신
을 차리지 아니하며, 이 법전을 만드
는 데 최선을 다하지 아니하며, 이 법
전을 만드는 데 너희들이 열과 성의를
다하지 아니하며, 이를 전하는 데 최
선을 다하지 아니하며,
24 너희들이 나의 법전을 만드는 장소가
필요하며 나의 법전을 만드는 환경이
필요하다는 그와 같은 어리석은 나의
아들을 따르는 제자가 되지 말라.
25 너희들이 법전을 듣는 장소가 필요 없
으며, 강론을 듣는 장소가 필요 없으
며,
26 너희들이 나의 법전을 얼마만큼 귀하
게 들으며, 얼마만큼 이 무서움을 알
며, 두려움을 알며, 너희 것으로 만들
며, '아버님의 말씀 한마디라도 흘리
지 않겠다.' 하는 마음을 가지면,
27 장소가 필요 없으며, 강론의 시기가
필요 없으며, 환경이 필요 없거늘,
28 나의 법전을 만드는 제자 너희들이 환
경이요, 여건이요, 그를 시시비비하지
말라.
29 그것이 너희들이 나의 뜻이요, 나의

성령의 두려움을 모르는 것이니라.
30 천둥 번개가 치면 어떠하며 너희들이
무엇이 이루어진들 어떠하더냐?
31 나의 소중한 법전이요, 나의 뜻을 역
사하고 만드는 자가 그것 외에 너희들
의 귀가 들리며 말이 들리며 눈이 보
인다면, 너희들이 온갖 정성과 열의를
다하여 나의 법전을 만드는 백성이 아
님이니,
32 이 두려움과 무서움을 깨달아 두 번
다시 시시비비하지 말라.
33 나의 아들을 따르는 법전을 만드는 제
자, 너희들의 마음에 달렸음을 알라.
34 그러니 다만 너희들이 그와 같은 것으
로만 모두를 역사한다는 것은 나의 피
조물 만백성에게 재물을 거둬들이며
너희들이 금화와 은화를 거둬들이는
그와 같은 자니,
35 그와 같은 자가 나의 법전을 만드는
장소를 탓하며 시시비비를 하며 위치
를 탓하며 환경을 탓하는 것이니, 그
리 알라 전하라.
36 두 번 다시 그와 같은 말을 하지 말며
그와 같은 생각을 하지 말라.
37 물속인들 어떻고 불속인들 어떠하던
가?
38 나의 법전을 접하는 것, 그를 만드는
데 열과 성의를 다한다면 불도 물도
너희들에게 1미터 안에 근접하지 못
하며 너희들을 보호하는 막을 만든다
하였음을 너희들은 명심하고 또 명심
하는 제자가 되라.
39 이 세상에서 지금 나의 아들은 단 하
나요, 나의 아들을 따르는 제자 너희
들보다 소중하고 위대한 나의 백성이
없거늘,
40 너희들이 나의 생명수를 마시며 그 갈
증이 해소되는 위대함을 안다면, 그리
고 그 소중함을 안다면, 너희들이 어
찌 그릇을 탓하며 무엇을 탓하겠느냐?
41 그저 마실 수 있는 것이 최대의 영광
이요, 그보다 더 큰 은혜가 없음이니
라.
42 너희들이 그릇에 따라 마시는 생수가
너희들의 생명을 구하고 구하지 못한
다면 그리할 수 있으나,
43 너희들은 갈급할 때 그 생수를 어떤
방법이든 마시기만 하면 너희들의 생
명을 유지하며 너희들의 갈증을 해소
할 수 있는 소중하고 위대한 것임을
잊지 말도록 그리 전하라.
44 그리하여 너희들은 나의 피조물 만백
성에게 재물을 갈취하며 그와 같은 행
위를 역사하는 것으로 지금까지 왔음
이니,
45 너희들이 나에게 그를 용서받으려 하
지 말며, 너희들의 죄가 없다 생각하
며, 너희들이 가지고 있는 모든 죄를
나의 아들을 찾으며 나를 부르짖는 것
으로 용서받으며 너희들에게 멀어져
간다 그리 생각하지 말라.
46 반드시 너희들은 그 대가를 치러야 된
다는 것을 알라.
47 이제 너희들이 장소와 시기와 환경이
필요 없이 나의 성령을 듣는 것을 목
숨을 바쳐 최선을 다해 너희 것으로
만들며, 그것이 너희들이 가장 위대한
백성이요, 구원의 길을 볼 수 있는 백
성이라 하였음이니,
48 그와 같은 마음을 가지고 있다면 나의

법전을 만드는 그 제자들은 시기와 때
와 장소를 탓하지 말라 그리 전하라.

9,406 번째 하나님 말씀

2004년 1월 30일 08시 23분

1 사랑하는 나의 아들아!
2 "네, 아버님! 말씀하옵소서."
3 내가 성서에 기록하여 너희들에게 전
한 그 대목이 있음이니, 너희들은 그
대목의 한 절을 암송하고 또 배우면서
너희들 자신의 부끄러움이요, 너희 자
신의 믿음이 과연 어디에 와 있는가
생각해 보는 그와 같은 지혜가 있는가?
4 너희의 믿음이 겨자씨만큼만 있다 해
도 나 여호와가 이 산을 명하여 저기
에 옮기라 그리 명해도 그것이 옮겨질
것이며 그와 같은 역사가 이루어질 것
이라 그리하였느니라.
5 그리고 너희들이 겨자씨만 한 진정한
믿음이 있다 해도 너희들이 못 이룰
것이 없으며 못 역사할 것이 없다 하
였음이니,
6 과연 이와 같은 성경의 대목을 너희들
은 어찌 공부하며 어찌 깨닫고 반성하
며 너희 것으로 만들고자 하는가?
7 정녕 너희들이 겨자씨만 한 믿음이요,
진실한 믿음이 있다면 못 이룰 것이
없다 하였음이니,
8 지금의 믿음의 길을 가는 백성들, 몇
천 년 동안 나를 경배하며 나에게 오
겠다 하는 너희들의 믿음의 길이 너무
나 잘못되었으며, 진정한 믿음의 길이
아니라는 것을 너희들은 알고 있는가?
9 정녕 참진리의 길이요, 나 여호와의
뜻에 의한 진정한 믿음이요, 신앙의
길을 가는 백성이라면, 어찌하여 너희
들이 겨자씨만큼도 작은 그 믿음이 없
으며 그와 같은 믿음이 없단 말이더냐?
10 그러니 나 여호와의 이 아픈 마음을
너희들이 아는가?
11 그러니 겨자씨만큼도 작은 믿음이 없
으니, 믿음 자체가 그 근본이 잘못되
었음이 아니더냐?
12 정녕 너희들이 바른 믿음의 길을 가며
진정한 참진리의 길을 역사했다면,
13 너희들이 평생을 바쳐 온 그 믿음이
요, 그 신앙의 생활이 어찌하여 그 작
고 작은 겨자씨만큼도 진실한 믿음이
요, 진실한 신앙의 생활을 가지 못하
고 있다 하며,
14 내 뜻을 너희들이 따르지 못하는 백성
이요, 거역하고 가는 백성이라는 말이
나오겠느냐?
15 그러니 그만큼도 못한 자들이기 때문
에 너희들이 진정한 믿음이 없으며 내
뜻에 순종하며 내 뜻에 따르고자 하는
것이 아니요, 나의 뜻을 거역하는 그
와 같은 너희들로서 지금 와 있다 함
이 아니더냐?
16 지금 너희들의 믿음이 나의 뜻에 의한
절대적인 믿음의 길을 간다 울고불고
맹종 맹신하며 광란의 짓을 하는 자,
17 그리고 너희는 구원을 받은 자요, 하
늘에 오르는 영광을 받은 자요, 그와
같이 말하며,
18 너희들과 같이 더불어 믿음의 길을 가
지 않는 자는 이방인이요, 형제요, 부
모까지도 적대시하는 그와 같은 너희
들의 오늘의 가는 그 믿음,

19 그것이 잘못되었다 함을 이제는 너희
들은 깨달아야 되지 않겠느냐?
20 믿음의 길을 간다는 것, 믿음의 깊이
가 없는 그 길을 간다는 것, 그와 같은
오늘의 너희들이 행사하고 역사하는
것은 나와 관계없는 믿음이며, 나와
관계없는 비진리의 길이라는 것을 너
희들은 이제 알아야 될 것이니라.
21 그러니 여기서 너희들이 잘못 가고 잘
못되었다면, 스스로 깨우쳐 돌아서는
그와 같은 현명함을 얻지 않는다면 너
희들은 나로부터 구원을 받을 수 없으
며 나를 볼 수 없는 백성이라는 걸 알
아야 될 것이니라.
22 그리하여 나의 백성을 구하고자 새로
운 성경이요, 새로운 법전이라 하여
내가 160권의 책으로 만들어 세상에
내려보냄이니,
23 이것이 너희들의 구원의 길이요, 이를
보지 아니하고는 너희는 절대 구원의
길을 올 수 없다 함이니라.
24 너희들이 오늘까지 온 그 믿음이 진정
한 믿음이요, 참진리의 믿음이라 하면
내가 어찌하여 이와 같은 길을 역사하
며,
25 나의 새로운 성경이요, 나의 법전을
보지 아니하면 너희들이 구원의 길을
볼 수 없으며 나에게 올 수 없는 백성
이라 내가 그리 말하겠는가?
26 그러니 지금 새로운 길이요, 새로운
역사가 새로운 뜻으로써 내가 책으로
써 글로써 만들어 새로운 법전이요,
새로운 성경이라 하여 너희들에게 내
려보내는 '하늘에 오르는 길'이요, '하
나님! 말씀하옵소서.' 이 책,
27 이것을 접하지 아니하고, 공부하지 아
니하고 연구하지 아니하면 아니 됨을
너희들은 알라.

9,407 번째 하나님 말씀

2004년 1월 30일 08시 27분

1 사랑하는 나의 아들아!
2 "네, 아버님! 말씀하옵소서."
3 오늘의 모든 종교 집단이요, 믿음의
길을 가는 그 백성들이 성경은 한 획
도 고쳐서도 안 되며 한 줄도 더하거
나 빼서도 안 된다 가르치고 전하지
아니하는가?
4 그와 같은 행위는 절대 아니 된다 하
며 그리하여 나의 뜻을 공부하고 성
경을 가르치는 너희들이 지금 이와 같
은 역사로 흘러가며 너희들 것이 옳
다 하며 너희들 것만 주장하고 있지
않은가?
5 한 획도 고쳐서도 안 되며 빼도 더해
도 안 된다는 너희들이 나의 뜻을 전
하는 그 시간에, 성서를 공부하는 시
간에 너희들이 찬송을 불러 대며 그
광란의 짓을 하는 것,
6 과연 그것은 나의 뜻에 의한 가르침이
며 나의 뜻에 의해 역사하는 것이던가?
7 한 획도 고치지 말며 한 줄도 빼도 더
해서도 아니 된다 하면서, 너희들의
행동은 어떠한 모습이며 어떠한 것으
로써 가르치고 설교하는가?
8 인간사 세속의 이야기를 가르치며 그
를 주워 담아 설교를 하며, 단상에 서
서 나의 피조물 만백성에게 그와 같
은 것을 가르치고 있는 것이 수천 년

동안 흘러온 오늘이 아니더냐?
9 너희들이 간증이라 하여 인간 세상에 이루어졌던 이야기들을 갖다 더불어 말하며 가르치고, 그것이 나의 뜻을 전하는 너희들이 나의 그 시간에 하고 있는 짓이 아니더냐?
10 그러니 너희들이야말로 몸통은 다 바꿔 버리며 몸통은 없애 버리며 그저 가지만 가지고 흔들어 대는 그와 같은 행위이니,
11 너희들이 몸통을 바라보지 못하고 보지 못하기에 하늘에 오르는 길이요, 참진리요, 나 여호와의 뜻을 따르지 아니하고 거역하는 자들이라 함이니라.
12 그러니 너희들이 모든 찬양을 하라는 것, 그리고 물질과 물질로써 바치면서 찬양하는 것, 그와 같은 너희들의 찬양의 방법이요, 그 행동 자체가 잘못되었다는 것을 내가 나의 법전에 기록하여 전하는 것을 알라.
13 너희들이 찬송을 부르고 찬양하는 것, 인간 세상에 살아가는 세속의 이야기를 가지고 너희들이 나의 피조물 만백성을 가르치며 설교한다 하여 단상에 서서 더 이상 떠들지 말라.
14 그것은 나의 뜻이 아니요, 너희들의 교리를 가지고 가르치는 것이니라.
15 그러니 나는 너희들에게 물질과 재물을 바쳐 찬양하는 것, 그와 같은 것을 원하지 아니함이니라.
16 너희들의 진정한 부드러운 마음이요, 참진리의 마음이요, 아름다운 그 마음을 가지고 너희들이 마음으로써 나를 찬양하며 나를 경배하는 것, 그것만 내가 너희들에게 바라는 것이니, 이제는 부질없는 그와 같은 행위를 하지 말라.
17 그리고 부서지고 무너지는 교회를 내가 짓지 말라 한 그 뜻을 너희들은 아느냐?
18 영원히 변하지 않는 너희들의 마음에 교회를 지으라 하는 것, 그 교회는 무엇이더냐?
19 나의 참진리를 깨우쳐 너희들 것으로 만들어 변화되는 삶을 사는 그것이라 하였음이니, 물질로써 찬양하는 행위를 하지 말라.
20 너희들이 마음의 변화요, 마음의 찬양이요, 너희들이 찬양하는 마음을 나에게 바치면 되는 것이지,
21 너희들이 악기를 동원하며 두드리면서 그와 같이 울고불고 광란의 짓을 하는 것, 그리고 각종 악기를 동원하고 손뼉을 치며 그저 울고불고 광란의 짓을 하는 것이 찬양이 아니라는 것을 명심하고 또 명심하도록 그리 전하라.

9,408 번째 하나님 말씀

2004년 1월 31일 01시 11분

1 사랑하는 나의 아들아!
2 "네, 아버님! 말씀하옵소서."
3 이제 모든 종교 집단이요, 지도자요, 그들이 가르치는 것, 그들이 지금 나의 피조물 만백성을 우롱하며 이끌고 가는 것, 그 모두를 중단하며 그들이 변화되지 아니하면 아니 됨을 알아야 될 것이니라.

4 너희들이 어린 학생을 가르치는 그 선생이 정답을 모르고 오답을 가지고 가르친다 한다면, 그 학생이 어려서는 그것이 정답인 줄 알고 그대로 배우고 갈 것이니라.

5 그러니 그 학생이 그것으로써 학문을 마친다면 그 오답을 배운 학생은 무엇이라 하겠는가?

6 세상에 살아가면서 모든 인간 세상에서 그것이 정답이며, 스승이 가르쳐 준 정답을 가지고 세상에서 정답이라 그리 부르짖지 아니하는가?

7 그러나 중등교육이요, 고등교육이요, 고등의 학문을 마친 학생이 다른 사람이 가르치는 다른 선생으로부터 정답을 알고 배웠다면, 과연 그는 어찌 생각하겠느냐?

8 그러니 제가 배움이요, 학문을 중단한 사람은 그 선생이 가르친 것만 가지고 인간 세상에 살면서 그것이 정답이라 그리 부르짖으니,

9 제대로 배운 자요, 깨우친 자가 그들을 볼 때 어떠하겠는가?

10 오늘의 종교 집단이요, 지도자 그들의 믿음이 무엇인 줄 알겠느냐?

11 지금 정답이 아닌 오답을 가지고 배운 종교 집단의 지도자들은 그 틀을 벗어나지 않으려 하며 그것을 헤어나지 아니하려 하며 제자리에서 그저 맴돌고 있음이니, 학문을 중단한 백성과 똑같으니라.

12 그러니 초등학문을 잘못 배운 자가 그 실력을 가지고 세상사에 정답이라고 우겨 댄다면 과연 그것이 세상에서 통하겠느냐?

13 이제 내가 나의 아들을 통하여 160권의 법전이요, 차원 높은 하늘의 뜻을 내려보내 너희들을 깨우치고 인도하고자 함이니,

14 너희들이 과연 이 학문을 감당할 수 있으며, 이를 고집 피우고 우긴다 하여 그 오답이 정답으로 둔갑될 수 있다 생각하는가?

15 이제 모든 백성 너희들은 들어야 될 것이니라.

16 지금의 너희들은 초등학문을 배우는 그와 같은 종교 집단의 믿음이니라.

17 그것도 너희들이 정답을 배우지 못하며 오답으로써 배운 걸 가지고 너희들이 아무리 정답이라 그리 부르짖으며 만백성을 깨우친다 해도,

18 차원 높은 정답인 나의 법전이요, 나의 새로운 성경이 세상에 내려감이니, 이를 보고 읽고 깨우치는 그 백성들이 있을 것이니, 정답을 부르짖는 자가 있으며 정답을 말하는 자가 있을 것이니,

19 너희들이 정녕 지금까지 오답을 가지고 정답이라 한 그 행위가 더 이상 지탱될 수 없다는 것은 당연한 것이 아니더냐?

20 그러니 너희들이 차원 높은 하늘의 뜻이요, 나 여호와가 직접 역사하는 것이요, 심판의 기준이요, 너희들이 하늘에 오르고 못 오르는 그 모든 근본을 담은 나의 법전을 세상에 내려보냄이니,

21 이를 읽는 자, 정녕 하늘에 오르는 길이 무엇이며 내가 원하는 것이 무엇이며 나 여호와의 기쁨이 무엇인가 알게

되니,
22 그 백성들이 정답을 가지고 역사하는
것을 지금의 오답을 가진 자들이 그를
능가하고 그를 이길 수 있으며 그들을
통제할 수 있다 생각하느냐?
23 더 이상 어리석은 생각을 하지 말며,
지금이라도 너희들이 깨우쳐, 바른길
이요, 하늘에 오르는 진정한 나의 법
전을 읽고 깨우쳐 거듭나는 그와 같은
길을 택하지 아니하면
24 너희는 절대 구원의 역사의 길에 들어
설 수 없으며 그 빛도 볼 수 없으며 구
원을 받을 수 없다는 사실을 알라.

9,409 번째 하나님 말씀

2004년 1월 31일 01시 22분

1 사랑하는 나의 아들아!
2 "네, 아버님! 말씀하옵소서."
3 네가 만백성에게 전하며 오늘의 광분
하는 자, 저희들만 구원을 받는 길이
요, 예수의 보혈로써 구원을 받으며
그것이 아니면 절대 구원받을 수 없다
하는 그 백성들,
4 그리고 성서의 한 자도 빼도 안 되며
한 획도 고쳐서도 안 된다 광분하는
자들, 그리하여 네 가슴에 활을 쏘려
는 그 어리석은 백성들에게 정녕 네가
하고 싶은 말이며 그들에게 깨우쳐 주
고 싶은 것이 무엇이 있느냐?
5 "네, 아버님! 그렇사옵나이다.
6 오늘의 가는 그 믿음이 하늘에 오르는
길이라 하며 그것밖에 모르는 그 백
성들에게 정녕 저는 다음과 같은 것을
깨우쳐 주고자 하나,
7 그들이 정녕 그것 또한 받아들이지 않
을 것이며 그를 인정하지 아니할 것이
며, 더욱이 제 가슴에 화살을 쏠 것만
같사옵나이다.
8 참진리의 아버님의 말씀을 전하면 전
할수록, 강도가 높으면 높을수록 그들
은 강한 화살로써 저를 공격할 것이며
저를 무너트리고자 하여,
9 제가 알고 있는 것을 전하기가 감히
두려우며, 또한 그 뜻을 기록하여 전
하는 것이 두렵사옵나이다.
10 아버님께서 명하심이니, 제 뜻은 이러
하옵나이다, 아버님!
11 2천 년 전에 예수님을 죽게 하였사옵
나이다.
12 그러니 그 아버님의 뜻이요, 아버님의
진리요, 아버님의 모든 역사하는 것을
가지고 모두를 역사하는 그 예수를 사
탄이요, 이단이라 몰아 처참하게 그리
죽게 하였사옵나이다.
13 그러니 그 예수를 죽게 한 그 백성들
이 예수님이 가르치고자 하던 참진리
요, 하늘의 뜻이요, 아버님의 뜻을 그
대로 전하게 하였겠사옵나이까?
14 그를 전하고자 하는 자들을 그들은
살해하였을 것이며, 이단이요, 사탄이
라 하여 그들을 핍박하는 그 고통은
이루 말할 수 없음이니, 그 뜻은 절대
전해질 수가 없었다 그리 생각하옵나
이다.
15 지금 제가 저를 따르는 그 제자들을
볼 때, 예수님께서 역사하여 가르친
그 제자들 또한 무엇이 다르겠사옵나
이까?
16 그 시대의 예수님의 제자도 다 인간의

형태를 가진 자들이요, 오늘의 저의
제자들 또한 인간의 형태를 가진 자들
이니,
17 다만 그때에 무력을 가진 자, 지배자
들이 마음대로 생명을 죽이고 살릴
수 있는 모든 생사여탈권을 가지고
있는 것이요, 지금은 그러하지 못한
것 그 차이밖에는 다른 것이 없거늘,
18 그 당시의 그들이 어떠하였사옵나이
까?
19 아버님의 아들이요, 아버님의 역사요,
참진리를 가지고 그를 부르짖는 예수
님을 그와 같이 죽게 하였으니,
20 예수님의 뜻을 가지고 전하고자 하는
그 제자들이요, 그들을 그대로 놔둘
리가 없으며, 그들을 사탄이라 하며
예수를 처단한 것보다도 더 참혹하게
처단하려 하니,
21 그 진리를 전할 수가 없으며, 그 진리
는 전해질 수가 없으며, 그 진리는 그
저 없어진 것이라 그리 생각되옵나이
다.
22 그러하기 때문에 오늘의 참진리요, 아
름다움이 전해지지 못했으며, 아버님
의 그 뜻이 역사하지 못하며 모두가
그대로 이루어지지 못한 것이옵나이
다.
23 지금 모든 종교 집단이요, 지도자들이
요, 그 선생들은 예수께서 역사한 그
것을 그 제자가 기록하지 못하고 그
다음 세대에 기록하고 또 그 제자들
이 기록한 것을 그들은 모르나 저는
그를 알고 있사옵나이다.
24 그 예수의 제자들이 그때 생명의 위협
이 두렵고 무서워, 예수께서 역사했던
참진리를 그대로 전한 자가 없으며,
25 또한 그대로 받아들이고 깨우친 자가
없다 그리 생각하옵나이다.
26 지금의 저의 제자들 또한 그와 같은
시대의 핍박을 당한다면, 제가 그와
같은 핍박으로써 죽어 간다면,
27 제 생명이 죽어 간 것을 대신하여 그
제자들이 제가 전하고자 한 그 뜻을
그대로 전할 수 있는 자가 아무도 없
다는 것을 저는 알고 있사옵나이다.
28 핍박하며 그를 죽이려 하며 그들을 가
두려 하며 그들을 이단이요, 사탄이라
하여 돌로 치려 하는 그와 같은 사악
한 자들의 그 힘과 그 무리에 의해 존
재할 수가 없사옵나이다.
29 지금의 모든 종교 집단이 저를 돌로
쳐 죽이며 저를 사탄이요, 이단이라
매도하여 저를 매달아 죽였을 때,
30 제가 전하고자 하는 아버님께서 역사
하신 이것은 묻힐 것이며, 이는 빛을
볼 수가 없으며, 이를 듣고 전할 제자
가 없으며, 이를 보고 깨우쳐 역사할
수 있는 제자가 한 사람도 없사오니,
31 이는 묻혀 버릴 것이며 그저 뒷전으로
날아갈 것이며 태워져 버릴 것이라
그리 생각되옵나이다.
32 2천 년 전에 아버님의 아들 예수께서
성령을 가지고 아버님의 뜻을 가지고
아버님의 아들이라 하기에 그를 참혹
하게 죽게 한 자들이, 그 가르침을 그
대로 전하는 그것을 존재하도록 놔두
겠사옵나이까?
33 그를 말하는 자, 그와 같은 것을 의논
하는 자, 그와 같은 것을 공부하고자
하는 자들까지 씨를 말리려 한 것이

그들의 형국일 것이며, 더 잔악한 행
위로 그를 거둬들였으니,
34 그리하여 그 진리는 전해질 수가 없으
며, 모두가 다 묻혀 버린 것이라 저는
그리 생각되옵나이다.
35 그러니 예수님의 제자의 제자가 기록
한 것도 그 제자들이 무섭고 무서우
니 그를 기록하지 못하고,
36 저희들이 그와 같은 핍박이 누그러졌
을 때 제자와 기자 같은 자들이, 언론
이요, 그 말을 담당하고 기록하던 자
들이 저희들이 들은 것과 아는 것을
기록하여 만든 것이 4대 복음서라 그
리 말함이니,
37 이 4대 복음서는 원형을 만들지 못하
였으며 그저 듣고 들은 것으로써 만든
것이옵나이다.
38 기능공이 무엇을 만들 때 그 기능공이
만든 것을 다 부수어 버렸으며, 그 지
혜를 다 전하지 못하도록 하였으며,
감히 그를 전수받지 못하게 하였다
하면,
39 결코 그 원형이 그대로 전해질 수는
없는 것이니,
40 이리하여 4대 복음이 그저 겉모양만
갖추고 있음이니, 성서가 잘못되었으
며 잘못 기록되었으며 오도된 것이라
그리 생각하옵나이다.
41 의학을 연구하며 의술이 뛰어난 자,
그를 시기하고 그것은 절대 믿지 않
는다 하여 죽였다 하면, 정녕 그걸 가
지고 배우는 자, 그걸 가지고 연구하
는 자는 그보다 더 핍박할 것이니 그
를 가지고 연구를 할 수가 없음이니,
42 다만 그것을 들은 자, 그리고 그것을
본 자, 그와 같은 자가 들은 것으로써
만들었음이니, 정녕 그것이 진정한 의
술이며, 그와 같은 것을 진정 가르칠
수 있는 길이겠사옵나이까?
43 아무리 말을 해도 그는 그대로 전해질
수가 없으며 그대로 역사할 수가 없사
옵나이다.
44 의술을 연구한 사람의 틀림없는 그
의술은 가둬 놓고, 그것은 잘못된 것
이며 사람을 죽이는 것이라 하여 그
를 죽이려 감옥에 가두었으니,
45 그가 의술을 전할 수가 없으며, 그 제
자를 만날 수 없으며, 유능하게 전수
할 사람을 만날 수 없으니,
46 그는 답답하고 답답한 마음으로 그저
자기를 감독하고 감시하는 그자를 감
화시켜 그에게 그 뜻을 전수하고 전했
음이니,
47 그는 그것을 깨달았으나 그도 그것을
기록할 수가 없으며 전할 수 없었으니,
48 그가 죽고 세상이 무너진 다음에 사람
들이 그가 옳았다 말하며 그 의술이
야말로 뛰어난 의술이라 말할 때,
49 그때서야 제가 배웠고 들은 그것을
가지고 그를 엮어서 책으로 만든다면
그것이 의서가 될 수 있겠사옵나이까?
50 그 의서는 백 가지 중에서 그저 몇 가
지는 맞으나 거의 틀릴 것이며, 그를
그대로 기록할 수는 없는 것이 아니겠
사옵나이까?
51 지구를 둥글다 말하는 자, 그는 둥글
다 말하기에 그가 말하는 것이 잘못
되었다고 그를 처형함이니, 그를 둥글
다 말할 수 있겠사옵나이까?
52 그러니 그가 그것을 전하기 위해 그저

친구요, 주변 사람에게 설명했으니,
53 그가 죽고 난 다음에 지구가 둥글다는
것은 맞다 이야기할 때, 그때 들은 자
가 그를 아무리 설명하고 말한다 해도
직접 체험한 사람만큼 그를 알 수 있
겠사옵나이까?
54 오늘의 성경이 그리 전하여졌으며 그
리하여 4대 복음서라는 것은 그저 겉
이요, 허울이요, 형식이요, 그 깊이를
모르고 기록된 것이라 아버님께서 말
씀하심을 저는 그리 깨닫고 있사옵나
이다.
55 또한 그것을 지식인이라는 자들이 또
다시 만들고 다스리면서 또 그들이 손
을 대고 또 변질시켰음이니, 그것이
오늘의 4대 복음이옵나이다.
56 다만 제가 지금 아버님께 감히 말씀드
리는 것은, 그래도 4대 복음서라는 그
틀이 완벽하지는 못하오나 그 형식의
모양을 갖추고 있으니,
57 그리하여 오늘의 그 아버님의 말씀이
요, 이 법전을 전하는 데 그래도 그들
을 깨우치며, 그들로 하여금 모두가
역사하는 것이 아닌가, 그리 생각되옵
나이다.
58 사자를 만들고자 하는 그 조각가가 완
전히 그를 만들었으나, 그가 죽게 되
었을 때, 그 말을 듣고 그린 자가 과연
어찌하겠사옵나이까?
59 눈으로 본 자가 보지 못하는 자에게
가르치며 볼 수 없는 자에게 설명해
서 가르친다면, 과연 그 조각품이 얼
마나 훌륭하게 되겠으며,
60 눈으로 보고 구성하고 자신 있게 깎는
사람보다 과연 그 조각품이 완전하게
되겠사옵나이까?
61 사자라는 것이 고양이 모양이 되었다
하면 결국 그것은 사자를 그리려 했던
것이 고양이가 되었음이니, 그것이 사
자의 모양이라 그리 말할 것이 인간들
의 흐름이요, 세월이 흘러가는 것이
요, 이 세상에 이루어지는 것이라 그
리 생각되오나,
62 이를 전하고 이를 설명할 때, 그들은
제 가슴에 더 강한 화살을 쏠 것 같아
말을 못 하며 입을 열지 아니하며, 강
론을 하지 아니한 뜻이 여기 있사옵나
이다."
63 사랑하는 나의 아들아, 그러나 그를
전해야 될 것이며 만백성이 그 뜻을
알아야 될 것이니,
64 성서가 바로 그와 같이 되었기에 지금
잘못되었음이라 그리 전하라.

9,410 번째 하나님 말씀

2004년 1월 31일 01시 39분

1 사랑하는 나의 아들아!
2 "네, 아버님! 말씀하옵소서."
3 예수를 따랐던 그 제자들, 그들이 나
에게 오른 자가 없다 하였음이니, 정
녕 너희들은 그 말을 믿지 않으려 할
것이며, 그와 같이 말하는 자, 사탄이
라 그리 말할 것이니라.
4 그러나 너희들은 들어야 될 것이니라.
5 예수를 따랐던 그 제자들이 3년이란
그 짧은 세월 속에 제 목숨을 바쳐 정
성을 다하여 그 모든 깨달음을 따랐더
라면 그들은 진정한 예수의 전하고자
하는 그 뜻을 알았을 것이니라.

6 그러나 그들이 최선을 다하지 못하며
그들이 제대로 깨달음을 얻지 못한 것
을 너희들은 알아야 될 것이니라.
7 지금 모든 종교 집단이요, 지도자들이
알고 깨우침은 간단한 이치가 아니더
냐?
8 지금 너희들이 몇십 년 동안 믿음의
길을 가며 하늘에 오르는 그 길을 간
다 하는 자들, 너희들이 과연 얼마나
깨우쳤으며 너희 자신이 얼마나 변했
는가 한번 생각해 보라.
9 그리고 나의 아들을 따르는 제자 너희
들 스스로 가슴에 손을 얹고 생각해
보라.
10 지금 나의 아들을 2년이요, 3년이요,
몇 년씩 따르며 같이 공부한 그 제자
들, 과연 너희들이 얼마나 변해졌으며
너희들이 얼마나 경지에 오른 백성들
인가?
11 나의 아들을 능가하는 그와 같은 경지
에 너희들이 과연 올랐는가?
12 그러니 예수를 따르던 그 제자들도 육
을 가진 백성이요, 그리고 오늘의 믿
음의 길을 가는 모든 백성들이요, 구
원을 받았다 감히 말하는 광신도들,
그리고 나의 아들을 따르는 제자 너희
들이 그 3년이라는 세월 속에 과연 얼
마나 경지에 올랐으며 얼마나 깨달음
이 변했는가 그것을 너희들이 생각한
다면,
13 내가 지금 나에게 온 사람이 없다는
그 의미를 알 것이며,
14 그들이 또한 나의 아들 예수를 따라
배움을 저희들이 얼마만큼 최선을 다
했는가 그것을 의심하지 아니할 수 없
음을 너희들은 알게 될 것이니라.
15 그러니 오늘의 너희들의 깨달음이요,
그리고 종교 집단 속에서 배우는 신도
너희들이 얼마나 많은 세월 속에서 평
생을 다 바쳐 얼마나 변화됐는가?
16 그러니 똑같은 인성을 가진 나의 아들
예수를 따른 그 제자들이 3년이라는
그 세월 속에 얼마나 많이 배우고 변
했겠는가?
17 그러니 이제 나는 그를 탓하려 하는
것은 아니니라.
18 다만 나의 아들을 따르는 그 제자들이
요, 내가 역사하는 데 선택된 너희들
에게 목숨과 몸과 마음을 다하라 함이
무엇인 줄 알겠느냐?
19 그것이 너희들이 짧은 세월 속에 모두
이룰 수 있으며 역사할 수 있기 때문
임을 너희들은 알아야 될 것이니라.
20 지금의 나의 아들을 따르는 그 제자
중에 깨달은 자가 있다면 너희들이 어
찌 되겠는가?
21 지금은 나의 아들이 이 세상에 존재하
지 아니해도 그가 모두를 끌어가고 역
사할 수 있을 것이니라.
22 그러니 2천 년 전에 예수를 따르는 그
제자 중에서 바로 깨우친 자요, 그리
고 바로 깨달은 자가 있었으며 바로
선 제자가 있었다면,
23 오늘의 종교 집단같이 천 갈래 만 갈
래로 절대로 갈라질 수 없으며, 오늘
의 세상이 되지 아니하였을 것이니라.
24 제대로 깨우치고 배운 제자가 있어 그
가 모두를 다스리고 역사했더라면, 너
희들은 참진리요, 나 여호와의 뜻이
그대로 전수되고 전해지지 아니하였

겠는가?
25 그러니 그 짧은 기간 동안에 그들이
제대로 배운 자가 없으며 제대로 깨우
친 자가 없기에,
26 지금 종교 집단들이 수천수만 갈래로
갈라진 그 원인이 거기에 있지 않은가?
27 그러니 너희들이 지금의 참진리요, 나
의 뜻이 아닌 비진리의 길로 가고 있
는 것이 그와 같은 원인이니라.
28 그러니 나의 아들 예수를 따랐던 그
제자에서 한 제자도 바로 선 자가 없
었음을 너희들은 알아야 될 것이며,
29 그 한 사람이라도 바로 선 자가 있다
면 예수의 뜻을 역사해 그 대업을 이
루었을 것이니라.
30 하나도 제대로 선 제자가 없었으며 그
들 또한 나에게 오른 자가 없다는 의
미를 알겠느냐?
31 한 사람의 제자도 제대로 바르게 깨우
친 자가 없었음이니라.
32 지금의 나의 아들이 이 세상에 살아감
이니라.
33 그리고 너희들에게 나의 성령을 전하
고 또 깨우쳐 줌이니, 나의 아들이 생
명을 다하고 오늘의 너희들이 인간 세
상에 사는 모두를 접어 두고 나에게
불려 온다면,
34 지금의 그를 따르는 제자들 너희들이
과연 나의 아들과 같이, 나의 아들이
역사하는 것처럼 모두를 역사할 수 있
는 제자가 있으며, 그 뜻을 바로 알아
가르칠 자가 있는가?
35 그리고 나 여호와가 가르치고자 하는
참진리를 너희들이 그대로 전수하고
가르칠 수 있는 그 제자들이 있는가?
36 그러니 그 제자들이 없다면 어찌되겠
는가?
37 또한 나의 법전이요, 내 성령은 천 갈
래 만 갈래 갈라질 것이며, 우후죽순
으로 서로가 이것이 진리요, 저것이
진리라 하여 너희들이 책 한 권씩을
들고 가서 조상처럼 모시며 그 앞에
절하고 경배하면서,
38 제가 참진리요, 하늘의 뜻을 가진 자
라 하며 너희들이 그리 갈라지고 또
싸움을 하지 않겠는가?
39 예수가 죽음의 길을 가며 그 제자들이
죽은 후에도 참진리를 깨우쳐 행했다
면, 지금처럼 험악한 세상은 절대 될
수가 없으니, 한 사람도 바로 선 자가
없음이니라.
40 그러나 내가 그들을 탓하고 원망하고
자 함은 아니니라.
41 나의 아들을 따르는 제자 너희들이 몸
과 마음과 정성을 다하여, 나의 아들
이 언제라도 이 세상을 등지고 떠날
때 너희들이 대신하여 역사할 수 있는
그와 같은 제자들이 준비되어 있을 때,
42 완벽한 경지에 오르는 제자, 내 뜻을
따라서 행할 수 있는 자, 나의 아들을
통하여 역사하고자 하는 것을 바로 듣
고 행할 수 있는 제자, 그들이 있지 않
다면,
43 나의 법전 또한 존재할 수 없으며, 천
갈래 만 갈래 또 부서지는 그와 같은
형국이 됨을 알라.
44 그러니 내가 그와 같은 뜻을 전하는
것은, 나의 아들을 따르는 제자 너희
들이 잠시도 헛된 생각을 해서는 아니
될 것이며,

45 몸과 마음과 정성을 다하여 너희들이
깨우침의 경지에 오르도록 그리하며,
46 나의 아들을 대신할 수 있는 그와 같
은 만반의 준비를 하고 있지 아니하면
절대 아니 된다는 것임을 알라.
47 그렇지 아니하면 모두가 부서지며 다
무너짐이니라.
48 나의 아들 예수를 따랐던 그 제자가
한 사람도 바로 선 사람이 없기에 비
진리가 세상을 덮어 버렸으며,
49 참진리요, 나 여호와가 전하고자 하는
것이 전수되지 못하며 역사하지 못한
오늘의 이 비극이 되었음을 너희들은
알아야 될 것이니라.
50 참진리를 깨우쳐 행한다면, 지금 나의
아들이 역사하고자 하는 그와 같은 뜻
을 그대로 전하여 이 세상을 통제하고
다스릴 수 있는 새로운 역사를 이루는
그 시대를 열 수 있는 제자들이 항상
준비되어 있어야 되며,
51 너희들이 그와 같은 길을 갈 수 있는
자로서 깨달음을 얻지 아니하면 절대
아니 되니 그리 알라.
52 나 여호와의 뜻을 거역하는 너희가 이
세상을 지배하는 이와 같은 험악한 세
상은 절대 되지는 아니하였음을 너희
들은 알아야 될 것이니라.
53 그리하여 이 사악한 자들이 제대로 알
지 못하며 제대로 깨우친 자가 없기에
너희들이 2천 년이라는 그 세월을 흐
르는 속에서 지금까지 나와 관계없는
역사의 흐름이라 하였느니라.
54 참진리요, 창조주 나 여호와의 뜻은
묻혀 버렸으며 다 버렸으며 그리하여
모든 것을 찾아볼 수 없는 그와 같은
형국이 되었으니,
55 이는 바로 나의 아들 예수가 그와 같
은 고통 속에 죽음을 당할 때 한 제자
도 바로 선 제자가 없었기 때문이니라.
56 이제 내가 나의 아들을 통하여 나의
아들과 너희들을 완벽하게 바로 세워
서,
57 내가 이루지 못했던 것을, 예수를 통
해서 역사하지 못했던 것을 이루고자
함을 너희들은 알아야 될 것이니라.
58 이제 나의 아들을 따르는 제자 너희들
자신이 과연 3년이요, 2년 동안에 얼
마나 변했는지 너희들이 변화된 그 잣
대를 본다면, 나의 아들 예수의 제자
들이 얼마만큼 변화되었는가 알 수 있
을 것이니,
59 너희들이 지금서부터 마음의 자세를
바로 세우지 아니하면 너희들이 3년
이요, 4년이요, 10년이 지나도 예수를
따랐던 그 제자들과 똑같은 그와 같은
형국이 될 것이니라.
60 이제 모든 종교 집단 속에서 가는 백
성, 10년 20년이요, 평생 동안을 그 믿
음의 길을 간 자, 너희들도 예수의 제
자들이 그 육을 가진 백성들과 똑같으
며 너희들도 똑같음이니라.
61 그리고 나의 아들을 따르는 자들도 똑
같은 백성이니, 너희들이 평생을 믿음
의 길을 간 자, 과연 네가 얼마나 변했
으며 얼마나 천사와 같이 변화된 삶을
살았는가?
62 그러니 너희들이 그 많은 세월 속에
너희 자신을 비춰보라.
63 너희가 바로 서지 못하며 세월만 흘려
보냈다면 나의 아들 예수를 따랐던 제

자들도 너희들처럼 그리 흘러왔으며,
그리하여 나에게 온 자 없다는 것이요,
64 또한 나의 아들의 제자들도 그와 같이
간다면 너희들도 그와 같이 쓸모없는
자가 될 것이니, 내가 너희들을 모른
다 하는 것은 당연하지 않는가?
65 그러니 이 순간부터 몸과 마음을 바
꿔, 너희들이 나의 아들이 모두를 접
어 두고 세상을 떠났을 때, 그 뜻을 그
대로 역사할 수 있는 자가 대비해 있
지 아니하면,
66 절대 나의 법전이 세상을 덮어 만백성
을 구하는 그와 같은 역사가 아니 되
며, 법전의 수대로 수많은 종파가 또
종파를 낳게 될 것이니,
67 나의 법전 한 권을 가지고 너희들이
참진리라 하는 것이 아니요, 그 한 장
을 뜯어 놓고 너희들이 참진리라 서로
싸우고 아귀다툼할 수 있는 것이 너희
들이니 그리 알라.

9,411 번째 하나님 말씀

2004년 1월 31일 01시 45분

1 사랑하는 나의 아들아!
2 "네, 아버님! 말씀하옵소서."
3 너희가 살아가면서 누구를 사랑하며
더불어 모두를 역사하는 동반자라 하
면 가장 우선할 것은 무엇이더냐?
4 너희들이 사랑하는 사람이요, 그리고
동반자가 될 수 있는 사람, 그 사람에
대해 너희들이 잘 알아야 될 것이니라.
5 잘 알아야 그를 이해하며 그 뜻을 알
기 때문에, 그 사랑하는 사람에 대해
서 너희들이 잘 알고 있는 그와 같은
인간관계가 형성되었을 때 모두가 다
역사하는 것이 아니더냐?
6 그러니 지금 하늘에 오르는 길이요,
구원을 받았다는 그 백성들, 그들이
결국 나를 사랑하며 나를 경배한다면,
과연 그 백성들이 나를 얼마나 알고
있는가?
7 그들은 나에 대해서 알아야 되지 않겠
느냐?
8 그리하여 내가 나의 아들 너를 통하여
무어라 말했느냐?
9 너는 나 여호와요, 아버지의 마음을
알려고 하며 알고 있기 때문이라 하지
않느냐?
10 그러니 너희들이 나를 얼마나 알며 내
뜻을 얼마나 아는가?
11 너희들이 지금 전혀 모르고 있음이니
라.
12 나의 아들 예수의 보혈로써 구원을 받
으며, 하늘에 오르는 길은 그것이며,
그것이 아니면 절대 구원을 받을 수
없다 그리 말하는 자,
13 너희들이 과연 나의 아들 예수를 얼마
나 알며 그 예수에 대해서 얼마나 잘
알고 있는가?
14 너희들은 아무것도 모르고 있는 자들
이니라.
15 그러니 아무것도 모르는 자가 그를 사
랑하며 경배한다 말만 하면 무엇하느
냐?
16 내가 나의 아들을 통하여 너희들에게
가르쳤느니라.
17 나의 아들을 따르는 제자 너희들은 자
기를 구원하기 위하여 기도하지 말며
자기가 구원받고자 기도하지 말라 그

리 말하였느니라.
18 그러면서 하나 있는 구원의 자리를 다
른 백성에게 양보할 수 있는 것이 너
희들의 마음의 자세요, 가야 하는 길
이라 하였음이니라.
19 그러니 그와 같은 말을 오늘의 종교
집단의 지도자요, 그리고 구원을 받았
다는 백성들에게 전해 보라.
20 그들은 무어라 하느냐, 미친놈이 헛소
리를 한다 할 것이니라.
21 '구원을 안 받으면 무엇하러 그짓을
하며, 구원을 받지 아니하려면 내가
왜 이 길을 가느냐?' 하며, 그들은 구
원이라는 것을 빼놓고는 이야기도 하
지 않으려 하며,
22 구원을 제가 받지 아니하고 남에게 그
자리를 준다는 것은 상상할 수도 없으
며 생각할 수도 없는 자들이니라.
23 그러니 과연 그들이 나를 경배하고 나
를 사랑한다는 자들이 나를 사랑하며
나를 경배하는 것이더냐?
24 그 음성이 지금 지상을 오염시키고 하
늘을 오염시켰으니, 그 소리를 듣고
싶지 아니하니,
25 너희들이 나의 법전을 전하여 그들의
입을 봉하는 그 길밖에 없음이니 그리
알라.

9,412 번째 하나님 말씀

2004년 1월 31일 01시 58분

1 사랑하는 나의 아들아!
2 "네, 아버님! 말씀하옵소서."
3 내가 너희들에게 평생 사랑을 베풀며
살라 하지 않느냐, 그리고 사랑을 베
풀며 사는 것이 너희들이 가는 길이라
하지 아니하였더냐?
4 사랑이란 너희들이 평생 베풀며 살아
도 끝이 없는 것이니라.
5 이제 내가 너의 제자들에게 묻고자
함이니라.
6 너희들이 지금까지 살면서 사랑을 베
풀었다 그리 말하느니라.
7 그러나 너희들이 지금까지 살아오면
서 과연 너희가 베푼 사랑이 많은가,
너희들이 앞으로 베풀어야 될 사랑이
더 많은가 한번 생각해 보라.
8 너희들이 지금까지 아무리 많은 사랑
을 베풀며 살았다 해도 너희들이 앞으
로 베풀 사랑이 더 많이 있으며 그 형
태가 수없이 많음이니,
9 너희들이 베풀지 않고 남아 있는 사
랑보다 베푼 사랑이 많은 자는 이 세
상에 하나도 없을 것이니라.
10 그러니 너희들이 사랑의 행함을 얼마
나 해야 너희들이 베풀지 못한 사랑보
다 베푼 사랑이 더 많다 그리 말하겠
느냐?
11 나는 너희들에게 말함이니라.
12 너희들이 베풀지 못한 그 많은 사랑을
과연 언제 다 베풀어 너희들이 나에게
상을 받는단 말이더냐?
13 아무리 내가 내려다봐도 너희들이 베
푼 사랑은 백사장의 모래알만큼도 못
한 것이요, 너희들이 베풀 사랑은 그
백사장의 모래 덩어리보다도 더 많이
남아 있음이니, 언제 너희들이 그 사
랑을 다 베풀고 살겠느냐?
14 그 많은 사랑을 어찌하여 너희들이
베푸는 데 인색하며 베푸는 데 주저

한단 말이더냐?
15 너희들의 삶이 짧으니, 너희들이 베푼
사랑이요, 실천하며 살았던 사랑이 과
연 남아 있는 사랑의 몇 분의 몇이나
되는지 한번 생각해 보았느냐?
16 그러면서도 너희들이 사랑을 베풀며
나눔을 베풀며 살았다 말하느냐?
17 너희들이 지금까지 베푼 사랑보다 남
아 있는 사랑이 더 헤아릴 수 없이 많
거늘,
18 지금의 종교 집단이요, 지도자 너희들
이 베풀 수 있는 많은 사랑을 베풀며
살아가는 것이 하늘의 뜻이요, 나에게
오르는 길이라 가르치는가?
19 그들은 육의 사랑이요, 베푸는 것은
구원과는 관계없다 그리 가르침이니,
결국 이것이 무엇이더냐?
20 이게 바로 나의 피조물 만백성을 죽
게 하는 짓이요, 그리고 저희들이 그
와 같이 말하는 이면에는 무엇인 줄
알겠느냐?
21 너희들은 인간이요, 하늘의 뜻에 따라
모든 백성을 사랑하고 베풀며 사는 것
이 아니라,
22 오로지 종교 집단이요, 지도자 저희들
만 사랑하고 저희들에게 바치며 저희
들만 섬기라는 그와 같은 사악하고 간
교한 가르침이 아닌가, 너희들은 한번
돌이켜 보라.
23 그들이 육의 세상에서 하는 것, 남에
게 베푸는 것, 남을 구제하는 것, 그리
고 선하게 사는 것으로써 절대 구원을
받지 못한다, 그저 나의 아들 예수의
보혈로써 구원을 받는다 그리 가르침
이니,
24 그리고 남들을 사랑하지 못하며 남에
게 베풀지 못하며 남에게 주지 못하는
것이 무엇이더냐?
25 제가 갖고 싶어서, 제가 뺏고 싶어서,
제가 챙기고 싶어서, 저만 사랑하며
저만 받들며 저만 섬기라는 그와 같은
간교하고 사악한 방법으로써 저희들
이 그리 말하고 가르침이니,
26 나의 어리석은 백성들은 그를 모르나
나의 아들은 이미 알고 있으며, 나 여
호와 또한 그를 알고 있는 것이 너희
들의 그 사악한 방법임을 알겠는가?
27 너희들이 인간 세상에서 남에게 누가
베푼다면 저와는 관계없으면서 그걸
베풀지 못하게 하며, 그자는 이러이러
한 자이니 베풀어 봐야 은혜를 모르고
공을 모른다 하는 자가 있음이니, 그
얼마나 사악한 마음이더냐?
28 너희들은 왜 그 앞에 베풀지 못하도록
하는가?
29 떡이라도 한 쪽이 저에게 떨어질까 봐
서, 그리고 저에게 떨어질 것이 남에
게 가는 것이 마음이 아파서 그와 같
이 남을 음해하며, 남에게 베푸는 사
랑을 실천하지 못하도록 가는 정을 막
는 것이 인간의 상태이니,
30 이를 거꾸로 뒤집으면 종교 집단의 지
도자들이 무엇이더냐?
31 그들이 남에게 베푼다면 저희에게 오
는 것이 없어짐이니, 그들에게 베풀지
말고 사랑하지 말라, 그것은 하늘에
구원받는 것과 관계없다 하며,
32 나에게 바치며 나를 섬기고 내 앞에만
쌓아 놓으라는 간교하고 사악한 가르
침이요, 그들의 잔수라는 것을 알라.

33 그러니 성서가 왜곡되게 전해지며 내
뜻이 다 거꾸로 전해지는 그와 같은
형국이라 함을 알라.

9,413 번째 하나님 말씀

2004년 1월 31일 06시 45분

1 사랑하는 나의 아들아!
2 "네, 아버님! 말씀하옵소서."
3 나의 법전을 접하고 나의 아들을 따라
가는 그 제자요, 그리고 나의 법전을
읽고 깨우친 백성 너희들에게 무어라
말하였느냐?
4 아무것도 손에 쥐지 말라 그리하였느
니라.
5 그러니 너희들이 살아가는 그 마음이
요, 또한 너희들이 살아가는 그 기본
이요, 근본은 무엇이라 하였느냐?
6 사랑을 베풀며 살아가는 것이라 내가
그리 말하지 아니하였더냐?
7 그러니 사랑이라는 것은 아무런 조건
없이 주는 것이며, 사랑이란 아무런
기대나 이유가 없이 베푸는 것이니라.
8 그리고 사랑이라는 것은 끝없이 베푸
는 것이니라.
9 그러니 너희들이 사랑이라는 것을 베
풀며 정녕 사랑이라는 것을 행한다면,
과연 너희들이 무엇을 바라고 무엇을
기대하겠는가?
10 너희들이 기대하지 아니하는 마음이
요, 대가를 원하지 않는 그와 같은 마
음으로 살아가는 것이요, 그것이 사랑
의 근본이요, 사랑을 실천하는 자라
그리하였느니라.
11 그러니 너희들이 섭섭한 마음이요, 또
한 아쉬운 마음을 가지고 있는 것, 그
모두는 마음을 비우지 못하며 욕심을
아직 버리지 못하였으므며, 정녕 사랑이
라는 것을 행하지 못하기 때문임을 너
희들은 알아야 될 것이니라.
12 내가 무어라 말하였느냐?
13 너희들이 정도의 길이요, 나의 법전대
로 살아가는 것이 세상에 손해 보는
삶을 사는 것 같으나, 너희들이 결코
손해 봄이 아니요, 너희들이 잃는 것
이 없다 내가 그리 말하였느니라.
14 그러니 나의 아들을 따르는 제자 너희
들은, 사랑은 그저 끝없이 붓는 것이
요, 끝없이 그저 쏟아 주는 것이니, 이
를 너희들이 행하지 아니하며 이와 같
은 마음으로 하지 아니한다면 정녕 그
것은 사랑이 아니니라.
15 너희들이 준 것만큼 받지 못하니 마음
이 섭섭하며, 너희들이 준 것만큼 너
희에게 주지 않으니 더 이상 너희가
그를 사랑할 수 없으며,
16 너희들이 역사하는 것만큼 돌아오는
것이 없음이니 그를 중단한다면, 그것
은 계산된 것이며 너희들이 정녕 사랑
을 베푸는 것이 아니라는 것을 알라.
17 너를 따르는 제자 그들에게 무어라 말
하였느냐?
18 아무것도 네 마음에 남는 것이 없으
며, 아무것도 마음에 쌓아 놓는 것이
없이 그리 가라 했느니라.
19 그것이 하늘에 오르는 길이라 내가 그
리하였느니라.
20 2천 년 전 나의 아들 예수를 따랐던
그 제자들이 바로 서는 백성이요, 바
로 깨우친 제자가 한 사람이라도 있었

더라면 오늘과 같이 사악한 세상은 되
지 아니하였으며,
21 참진리가 아닌 비진리를 연구하고 가
지고 있는 그와 같은 백성들이 하늘에
오르는 길이라 하며, 저희들이 나에게
명을 받은 자라 하여 이 세상을 그와
같은 자들이 덮는 역사는 있을 수 없
다 하였음이니라.
22 그는 무엇이더냐, 바로 그가 휘어잡을
수 있으며, 바로 인도할 수 있으며, 바
로 깨우칠 수 있었기 때문이니라.
23 그러나 그들도 그를 바로 하지 못했으
며 그대로 깨우친 자가 없어 오늘과
같이 험악한 세상이 되었으며,
24 참진리는 접어 두고 비진리가 세상을
지배하는 형국이 되었다 그리하지 아
니하였더냐?
25 그러니 지금 나의 아들을 따르는 제자
요, 나의 법전을 읽고 깨우친 만백성
너희들은 그를 깊이 깨우쳐 생각하고
또 연구해야만 됨을 알라.
26 과연 너희들은 어떠한 백성들이며, 지
금의 너희들의 마음은 과연 어떠하던
가?
27 나의 아들 예수를 따랐던 제자들도 사
랑을 행하지 못했으며 마음을 비우지
못하였기 때문이니라.
28 사랑은 부어 주는 것이라 하였으니,
그저 부어 주고 베푸는 것이요,
29 그리고 너희가 마음을 비우며 아무것
도 네 가슴에 쌓지 말라 하였으니, 쌓
아 놓은 자가 없었더라면 나의 아들
예수의 제자 중에서 위대한 자가 나왔
을 것이며,
30 예수를 대신하여 지도할 자가 나왔으
며 그 뜻을 따라 행할 수 있는 자가 나
왔다면,
31 2천 년이 흐른 오늘같이 썩은 세상이
되지 아니하였으며, 타락된 세상이 절
대 되지 아니하였음이니라.
32 그러니 나의 아들이 역사하며 그가 모
두를 마치고 나의 뜻에 따라 하늘의
부름을 받았을 때, 정녕 나의 법전이
빛을 보고 역사할 수 있는 것은 너희
들 제자 중에서 대신할 수 있는 자, 경
지에 오른 자가 있어야 한다 하였음이
니, 너희들이 마음을 비우라.
33 그리고 사랑을 행함에 있어서 그저 부
어 주는 것이니, 계산된 것, 너희가 소
외되는 것, 너희가 억울한 것, 너희가
이용당하는 것, 너희가 버림받는 것,
그와 같은 마음, 그것이 다 부질없는
욕심이니라.
34 그리고 너희들이 나 여호와를 사랑하
며 나 여호와의 뜻에 의해 모두를 경
배하고 간다면, 나의 법전을 나의 성
령을 받아 기록하는 나의 아들을 너희
들이 무조건적인 사랑의 시선으로 봐
야 될 것이며, 더불어 나의 법전을 접
해서 가는 너희들의 형제 또한 누구더
냐?
35 나로부터 부름을 받은 소중한 자들이
니, 너희들이 나를 사랑하는 것보다도
서로를 더 사랑하며 아끼는 마음으로
살아가야 되니,
36 네 마음에 가지고 있는 생각이 어디
있는가, 그리고 너희들이 베푸는 사랑
이 어디 있느냐?
37 너희들이 같은 형제로서 나 여호와의
참뜻을 연구하고 선택된 백성 너희들

이 한 배를 타고 하나가 되라 하였음
이니,
38 너희 자신보다 그들을 더 사랑해야 될
것이며, 성령을 받아 기록하는 나의
아들을 나를 사랑하는 만큼, 나를 경
배하는 마음으로 너희들이 그리 봐야
될 것이며, 그와 같은 마음이 훈련된
자는 나를 경배하고 나를 사랑함이니,
39 너희들은 하나이니 모두를 너희 자신
이라 생각하라 했으니, 너희 자신을
사랑하는 것보다 모두를 사랑하는 그
와 같은 마음으로 변화되지 아니하면
아니 되느니라.
40 모두가 서운한 마음, 섭섭한 마음, 그
리고 지울 수 없는 아쉬움이 있는 것,
그게 다 욕심이며 너희들이 하나도 비
우지 못한 증거이니,
41 그 벽을 넘고 넘어야 되는 것이 나의
법전을 읽고 깨우친 백성 너희들이 가
야 할 길이니라.
42 다만 너희들은 그리 갈 수 있음이니라.

9,414 번째 하나님 말씀

2004년 1월 31일 06시 50분

1 사랑하는 나의 아들아!
2 "네, 아버님! 말씀하옵소서."
3 너희들이 인간 세상에 자식을 낳고 살
아감이니라.
4 그러니 그 자식이 세상에 태어날 때
너희들의 형태요, 너희들과 똑같이 닮
은 인간의 형태가 아닌 자식이 세상에
태어난다면, 과연 그를 사랑할 수 있
으며 그를 네 자식이라 하여 소중히
간직할 수 있겠는가?
5 그러니 그와 같은 부모는 얼마나 고통
스럽고 황당하겠는가?
6 지금 나의 백성을 바라보는 나의 마음
이 어떠한 줄 알겠는가?
7 나는 너희들이 인간의 형태요, 인간의
모습으로써 살아가기를 바라는 것이
요,
8 창조주 나 여호와의 뜻에 의하여 내가
역사했던 최초의 그 아름다운 모습을
보고자 하며 그리 돌아오기를 바라는
것이 나 여호와의 뜻이니,
9 내 마음이 과연 얼마나 아픈지 너희들
은 알겠느냐?
10 짐승이란 무엇이더냐?
11 그저 강자가 약자를 포식하며 살아가
는 것이 아니더냐?
12 그러니 너희들이 인간 세상에 살아가
면서 제가 남보다 낫기 위하여, 제가
남보다 앞에 가기 위하여, 이웃의 고
통과 시련을 보지 아니하며 그냥 저만
을 위해 모두를 취하며,
13 그리고 너희들이 약자를 짓밟고 약자
를 악용하며 살아가는 그와 같은 세상
이라면, 너희들은 짐승이 약자를 포획
하여 살아가는 것과 무엇이 다르더냐?
14 갖은 수단과 방법을 가리지 않고 약자
를 너희들이 마음대로 이용하여 그들
의 고통에서 너희들이 삶의 향락을 얻
으며, 자신의 부와 영화를 위하여 너
희들이 그와 같은 행위를 하고 산다면,
15 너희들은 인간으로서 그와 같이 살아
가나, 그를 보는 나 여호와요, 그들의
마음이요, 그 심성을 보는 내 마음이
과연 어떠하겠느냐?
16 천사와 같은 나의 아들딸이 자식을 잉

태했을 때, 그는 자식을 가진 부모의
아름다운 그 모습이요, 인간이요, 여
인의 그 아름다운 모습으로써 너희를
보는 것이 나의 소원이니라.
17 그러나 자식을 잉태한 그 여인이 사악
한 생각을 하며, 한 가정을 가진 가장
이 사악한 짓을 하며 짐승만도 못한
행위를 하며,
18 오로지 재물과 부귀와 영화를 이루는
데 너희들이 좌우를 보지 아니하며 인
간의 소중함을 보지 아니하고 살아가
는 나의 아들딸이라면, 그를 바라보는
나 여호와에게 너희들은 무엇으로 보
이겠느냐?
19 사랑하는 나의 아들아, 그리고 나의
아들을 따르는 제자 너희들은 들으라.
20 나 여호와가 너희들에게 무엇을 원하
겠느냐?
21 재물과 금화요, 그 모두를 원하는 것
이 아니니라.
22 사랑하는 나의 아들딸을 내가 인간으
로 만들어 세상에 내려보냈으니,
23 인간 본연의 자세로 인간으로서 내가
바라볼 수 있으며, 인간으로서 내가
볼 수 있는 그와 같은 아들딸이 되라
하는 것이 나의 소원이요, 나의 바람
이니,
24 이와 같은 뜻을 역사하고 이루는 것은
너희들밖에 없음이니라.
25 너희들이 밀림 지대에서 강자가 약자
를 포획하며 살아가는 그와 같은 것보
다도 더 험악한 것이 지금 살아가는
세상이 되어 버렸음이니,
26 그를 바라보는 나 여호와가 어떠하며,
그와 같은 행위를 하는 자를 내가 어
찌 보겠는가?
27 그러니 사랑하는 나의 아들딸들아, 너
희들은 내가 나의 법전에 기록하여 전
하는 그 뜻을 알 것이며 그 내용을 알
것이니라.
28 인간으로서 너희들이 나기를 바라며,
나는 인간을 창조하여 세상에 내려보
냈느니라.
29 그러니 내가 최초에 창조해서 내려보
낸 그 인간의 모습을 보여 달라는 것
이며 그리 살아 달라는 것이 나 여호
와의 애절한 뜻임을 너희들은 알라.

9,415 번째 하나님 말씀

2004년 1월 31일 06시 57분

1 사랑하는 나의 아들아!
2 "네, 아버님! 말씀하옵소서."
3 목적지를 두고 멀리 달려야 하는 선수
가 출발선에 서서 몸만 풀고서 뛰어나
가지 않는다면, 과연 그는 어찌 되겠
는가?
4 출발선에 서 있는 달리는 선수는 출발
선에서 힘차게 뛰어나가 목적지를 향
하여 달려가야만 모두를 이룰 수 있으
며 얻을 수 있으며 역사할 수 있는 것
이 아니더냐?
5 그러나 제가 목적지에 가서 정복할 수
있는 자요, 그 누구도 저를 따를 자가
없으며, 오로지 저만 선두 주자로서
우승자로서 그 목적지에 도달할 수 있
는 자라 그리 말하면서,
6 막상 두렵고 겁이나 제가 출발선에서
출발도 하지 못하는 그와 같은 선수가
있다면, 과연 그 모습이 어떠하겠느냐?

7 지금 나의 모든 백성들이요, 그리고
수천 년 동안 구원의 길이요, 하늘에
오르는 길이라 하여 가고 있는 종교
집단이요, 지도자 그들의 신앙이요,
믿음이라는 것이 어떠한 줄 알겠느냐?
8 제자리에 서서 그저 소리만 지르고 있
는 그와 같은 형국이니라.
9 저 자신이 뛰어나가지는 못하고 뛰어
나가지도 아니하면서 제가 우승자라
호언장담하니, 그것이 얼마나 어리석
은 선수이더냐?
10 달려가 목적지까지 가는 길이 얼마나
험난하고 어려운 길이며, 그리고 또한
제가 우승이라는 그 자리를 차지하기
위해 그 얼마나 노력과 고통이 있어야
되겠는가?
11 그 길은 정녕 행하지 아니하고 출발선
에 서서 제가 그저 몸만 풀며, 제가 우
승자라 그리 말하며, 저를 이길 자 없
다 그리 말한다면, 그 얼마나 어리석
고 불쌍한 백성이더냐?
12 내가 말하지 아니하였더냐, 모든 믿음
의 집단이 그러하니라.
13 변화하지 못하며 나가지 못하며, 그저
저희들이 제자리에 서서 오로지 그것
이 구원의 길이요, 하늘에 오르는 길
이라 그리 말한다 하였음이니라.
14 내가 나의 아들을 통하여 너희들에게
뭐라 법전에 기록하여 전했느냐?
15 2천 년 전, 사랑하는 나의 아들, 인간
의 형태를 가지고 있는 나의 아들을
그리 처참하게 죽일 수 있는 자들이,
16 그가 죽은 후에 나 여호와의 뜻이요,
그가 전하고자 한 그 뜻을 전하는 사
람들이 있다면 과연 그를 받아들이며
그를 용서했겠느냐 물었느니라.
17 그러니 그를 용서하지 아니하며 받아
들일 수 없으며 전하지 못하도록 한
것이 그들이라 하였음이니,
18 그리하여 그것이 제대로 전해지지 못
하였으니, 오늘의 너희들이 말하는 그
복음이 진정한 나의 뜻대로 기록되어
전해지지 못한다 하지 아니하였더냐?
19 그때 출발선에서 뛰쳐나가 목적지를
향하여 그 길만 달려가는 제자들이 있
었다면 그 복음서는 완벽한 것이며,
그 복음서는 진주보다도 더 귀하고 소
중한 것으로써 역사했을 것이니라.
20 그러나 그 모두가 다 무너지고 부서져
그렇게 되었음을 알겠느냐?
21 이제 나의 아들을 따르는 제자들이요,
나의 법전을 읽는 만백성 너희들은 나
의 법전을 가지고 만백성을 구하며,
이게 세상을 덮을 것이라는 그와 같은
생각만 하라.
22 너희들이 직접 이고 지고 전하며 너희
들이 만들어 역사하는 것만이 그 모두
를 이룰 수 있음이니,
23 너희들이 출발선에서 그저 소리만 지
르고 제가 우승자라 호언장담하는 그
와 같은 어리석은 백성이 되어서는 아
니 될 것이니라.
24 그리하여 이제 출발선에서 소리 지르
고 있는 그 백성들을 밀어붙이며 그들
이 뛰어나가도록 하며, 끌고 달려가는
그와 같은 사람이 필요함이니라.
25 지금 용기 없는 자가 호언장담하며 소
리만 지르고 제자리에서 몸만 풀고 있
는 그와 같은 형국이니,
26 나의 아들을 따르는 제자요, 나의 법

전을 읽고 깨우친 백성 너희들이 그를
밀어붙이며 그 손을 잡고 목적지까지
뛸 수 있는 용기를 줘야 될 것이며,
27 그리하여 저 자신이 어떠한 자인가 깨
달을 수 있도록 그리해야 되는 것이
너희들이 해야 할 길이니, 얼마나 힘
들고 어려운 길이더냐?
28 짐승도 제가 물을 먹고자 하지 아니하
면 물을 먹일 수가 없으며 먹이기 힘
들다 하였으니,
29 지혜가 있고 요령이 있고 반대 급부를
가지고 있는 그와 같은 자들을 깨우쳐
너희들이 그 길을 갈 수 있도록 한다
는 것은 정녕 어렵고 힘든 길이니라.
30 그리하여 내가 만 명에 하나 정도가
나의 법전을 읽고 깨우칠 수 있다 하
니,
31 만 명 중에 하나가 너희들을 따를 수
있으며, 너희들이 이끄는 대로 따라갈
수 있으며, 너희들이 밀어붙이는 대로
출발선에서 용기 있게 뛰어나갈 수 있
는 백성이 있음이니, 그것이 얼마나
어렵고 힘든 고개인 줄 알겠느냐?
32 사랑하는 나의 아들딸들아, 그렇다 해
서 주저하지 말며 너희들이 포기하지
말라.
33 너희들이 가는 것, 너희들이 뛰는 것
을 보고 자연히 그들은 따라올 것이니
라.
34 제가 출발선에 서서 소리만 지르며 말
로써 장담하는 것은 아무것도 이루어
질 수 없으며 제가 비겁자라는 것을
알기 때문이니, 그 비겁한 마음을 던
져 버릴 때가 있을 것이니 그리 알라.

부 록

【하나님께서 가르쳐 주신 운동】

천재지변이 일어날 때, 동물이나 미물들은 미리 알고 대피하지만, 인간은 알지 못하고 큰 화를 당합니다. 하나님께서 인간에게 가장 높은 지혜를 주시고 완벽하게 창조해 주셨기에 동물들보다 더 잘 알 수 있지만, 욕심으로 마음이 혼탁해져서 한 치 앞을 보지 못하는 것입니다.

마찬가지로, 인간은 누구나 스스로 필요한 운동을 해서 건강을 지킬 수 있도록 하나님께서 만들어 주셨습니다. 우리의 머리에서 우리 몸에 필요한 동작을 해 달라고 끊임없이 신호를 보내지만, 인간이 혼탁하게 살아서 그 신호를 알아채지 못합니다. 그러니 자연스럽게 자기 몸이 원하는 그 신호를 따라서 운동하는 것이 하나님께서 가르쳐 주신 운동 방법입니다. 바로, 우리의 영이 육을 이끄는 운동입니다.

▶ 하나님 운동법

1. 눈을 감고, 발을 어깨너비로 벌리고 바르게 선다.
2. 몸에 힘을 풀고, 허리를 숙이면서 손과 머리를 아래로 내린다.
3. 허리를 펴고 싶을 때, 천천히 펴면서 하고 싶은 동작을 하면 운동이 시작된다. (사람마다 다르다.)
4. 멈추지 말고, 어떤 동작이든지 자기 몸의 느낌대로 계속 이어서 한다.

▶ 참고 사항

① 눈을 감은 상태로 아무 생각 하지 않고, 자기 몸의 느낌대로 움직입니다.

② 마음을 비우고, 욕심을 버리고, 지난날의 잘못을 반성하면서 몇 차례 시도하다 보면, 자기도 모르게 하고 싶은 동작이 끊임없이 생깁니다.

③ 운동 장소는 방 안이든 운동장이든 관계없으며, 걷거나 달리고 싶을 때는 눈을 떠도 됩니다.

④ 매일 40분 이상, 주 4회 이상, 3개월 이상 하면 음식 조절에 들어갑니다.
- 음식으로 생긴 병은 음식으로 치료하게 되며, 어떤 음식을 먹어야 하는지 스스로 알게 됩니다.
(자기 몸에 필요한 음식만 먹고 싶어집니다.)

⑤ 사랑하는 사람과 함께 운동하면 서로 치료해 주기도 합니다.

⑥ 운동을 하다가 몸의 어느 한 부분을 계속 손으로 자극한다면 그쪽에 이상이 있는 것이니, 의사에게 상담을 받고 적절한 치료를 받으면 됩니다.

⑦ 다이어트 및 기타 건강관리에 효과적입니다.

⑧ 꾸준히 운동하여 영이 맑아지면, 자신의 과거와 미래를 스스로 보게 됩니다.

누구나 스스로 하실 수 있습니다.

간 행 사

《새로운 성경》은:

· 새로운 성경은, 하나님께서 선량하고 선한 자를 선택하여 십계명을 암송하도록 하시고, 십계명을 암송한 다음에 음성으로써 들려주시는 말씀을 듣고 그대로 카세트테이프에 녹음해서 받아쓴 책입니다.

· 90분짜리 녹음테이프 700여 개에 달하는 말씀으로, 1999년 8월부터 2004년 7월까지 총 160권(권당 288쪽)을 완성하였으며, 그 이후에도 현재까지 계속 말씀을 내려 주고 계십니다.

· 새로운 성경은 "하늘을 두루마리 삼고 바닷물을 먹물 삼아 쓰고 써도 다 못 쓴다"는, 끝없이 방대한 하나님의 말씀이 두루마리로 직접 내려오는 것입니다. 이러한 새로운 성경은 구약과 신약을 폐하려는 것이 아니라 "인봉된 성서의 비유의 뜻"을 상세히 설명하여 완성하고자 하나님께서 직접 내려 주신 말씀입니다.

《새로운 성경》의 구성:

· 제 목: 2013년, 160권 모음집을 발간하면서, 본 도서의 제목을 "하나님! 말씀하옵소서"에서 《새로운 성경》 으로 명해 주셨습니다.

· 단행본: 각 권당 288쪽(신국판) 책이 160권까지 시리즈로 출판됩니다.
(모음집은 단행본을 16권씩 묶어서, 총 10부로 구성됩니다.)

《새로운 성경》의 성경적 근거:

· 신약 성경 [요한복음] 16장 13절에 "진리의 성령이 오시면 그가 너희를 모든 진리 가운데로 인도하시리니 그가 자의로 말하지 않고, 오직 듣는 것만을 말하며" 하신 말씀처럼 하나님의 음성을 들은 것만 기록하였으며,

· "장래 일을 너희에게 알리시리라" 하신 말씀과 같이 개인, 나라, 인류의 "장래"일을 하나님께서 알려 주시는 것만 기록하여 책으로 만들었습니다.

《새로운 성경》의 기록 방법:

· 1999년 8월부터 하나님께서 저에게 들려주시는 음성을 기록하였습니다. 처음에는 제가 들은 말씀을 불러 주면 저의 아내가 기록하여, 2000년 1월 29일에 1권 초판이 세상에 나왔습니다. 2000년 4월부터는 주시는 말씀을 받아 녹음기에 기록하기 시작하였습니다.

· 녹음을 시작하면서 하나님의 말씀을 받는 데 가속도가 붙었고, 2001년 5월 3일에 1부(1~16권까지)를 인쇄하여 출판하였으며, 2004년 7월까지 총 160권 분량의 말씀을 받아 기록하였습니다.

하나님께서 저에게 주신 것은:

· 첫째, 만백성을 상대로 내려 주시는 "기도", 둘째, 수시로 내려 주시는 "묵상", 셋째, 개인의 과거, 현재, 미래를 알려 주시는 "개인 기도", 넷째, 개인의 건강을 위해서 내려 주시는 "음식 처방", 다섯째, 하나님께서 가르쳐 주신 "운동"등이 있습니다. 이 중에 첫 번째, "기도"를 책으로 편찬하였습니다. 사람의 생사, 개인의 미래에 관한 천기는 수록하지 말라 하셨습니다.

강론 안내:

· 하나님께서는 지금도 매일 저에게 새로운 하늘의 비밀의 말씀을 내려 주고 계십니다. 수시로 내려 주시는 말씀을 정리해서 제자를 육성하라는 말씀에 따라 매주 강론을 하고 있습니다. 누구나 무료로 들으실 수 있습니다. (book160.com)

《새로운 성경》을 읽는 분들에게 드리는 선물:

· 개인 기도: 개인의 과거, 현재, 미래에 관하여 말씀을 내려 주십니다.

· 음식 처방: 사람은 음식을 먹고살다가 건강을 잃으니, 음식과 운동으로 건강을 되찾는 방법을 알려 드립니다. 단, 하나님이 계심을 믿고, 십계명을 지키겠다고 진실로 서약하는 분들께 알려드립니다.

《새로운 성경》의 은혜와 기적:

· 새로운 성경 전160권은 16권씩 묶어서 총 10부의 모음집으로 구성됩니다. 모음집 한 부를 읽고 깨우치는 자에게 하나님께서 다음과 같은 기적이 있다고 하셨습니다.

· "첫째, 그가 죽어 하늘에 갔을 때 그의 죄를 묻지 아니하며, 구원을 받는 위대한 은혜가 있으며, 둘째, 그의 소원과 소망이 이루어지고, 셋째, 죽은 자(부모, 형제, 자식, 사랑하고 은혜 입은 분)의 이름으로 구입한 책을 읽고 누군가 한 사람이 깨우칠 때, 그 죽은 자가 지옥에서 천국으로 구원을 받게 되며, 넷째, 유산, 중절 수술 등으로 태어나지 못한 아이를 위하여 구입한 책을 보고 한 명이 깨우쳤을 때, 그 아이가 사람으로 다시 한 번 태어나는 은혜를 받는다."

· "새로운 성경"을 3회 이상 정성을 다해 정독하는 자, 성서의 비밀을 알게 되고, 세상의 이치를 알게 되며, 세상을 지배하고 통제할 수 있는 지혜를 다 얻게 된다고 하셨습니다. 이 책은 만백성이 정독하고 이웃에게 전하여, 평생 가슴에 묻은 슬픔과 고통의 짐을 벗고 미래를 위한 힘찬 삶을 살아가도록 하는 책입니다.

끝으로

· 하나님께서는 흰 눈이 세상을 덮듯이 새로운 성경을 온 세상에 전하라고 하셨습니다. 《새로운 성경》을 각국어로 번역해서 온 인류에게 구원의 길을 깨우쳐 주고, 그 수익으로 가난하고 어려운 백성을 구제하여, 만백성의 영과 육을 함께 구원하는 선지자의 임무를 수행하라고 저에게 명하셨습니다.

· 하늘에서 내려 주신 말씀의 보화를 만백성에게 나누어 주는 것이 선지자의 임무라고 하셨습니다. 새로운 성경을 통해서 얻는 재물을 사용할 곳도 하나님께서 일일이 명해 주십니다. 모든 재물은 저의 자의로 쓸 수 없고, 하나님께서 명하시는 대로만 쓰여집니다.

· 어떤 명분으로든 십일조나 각종 헌금을 거두어들이지 말라 하셨으며, 국내뿐 아니라 각국에 성전과 단독 서점을 운영하며, 한국의 많은 젊은이들을 전 세계에 지도자로 내보내라고 하셨습니다.

· 우리는 세계적으로 새로운 성경을 보급하며 어려운 이들을 돕는 역사를 해 나갈 것입니다. 지금까지 비록 몇 명 안 되는 제자들과 함께 이러한 일을 역사했지만, 앞으로도 계속 하나님께서 기뻐하시는 일들을 해 나갈 것입니다. 부족한 저희에게 여러분들의 지혜와 성원을 보내 주시기를 바랍니다. 많은 분들의 참여와 도움을 간절히 기다립니다. 감사합니다.

한국어로 내려온 《새로운 성경》 단행본을 출간하며
2016년 4월 10일

발행인 **김 용 철**

한국어로 내려온

새로운 **성 경** · 8부 · 제126권

지은이 하나님 말씀
대역자 김용철

ⓒ 김용철, 2017. Printed in Korea
저자와의 협약으로 인지는 붙이지 않습니다.

초판인쇄 1쇄 2017년 4월 3일

펴낸 곳 도서출판 하얀마음
등록번호 제 10-2107호 (2001년 2월 14일)
주소 서울시 노원구 덕릉로86길 5, 2층
전화번호 02) 313-1114
팩스 02) 393-5554
전자우편 book160@hanmail.net
편집위원 조나영 김미향 이석교
제작지원 조형구 백영숙 이석교 이수희

도서상담 1600-7527
ISBN 978-89-5875-226-4 (04230)
978-89-5875-100-7 (세 트)

값 10,000원
잘못된 책은 구입하신 곳에서 바꾸어 드립니다.

※이 책은 10부로 제작되며, 각 부 16권씩 총160권으로 구성됩니다.※

1부	2부	3부	4부	5부	6부	7부	**8부**	9부	10부
1권	17권	33권	49권	65권	81권	97권	113권	129권	145권
2권	18권	34권	50권	66권	82권	98권	114권	130권	146권
3권	19권	35권	51권	67권	83권	99권	115권	131권	147권
4권	20권	36권	52권	68권	84권	100권	116권	132권	148권
5권	21권	37권	53권	69권	85권	101권	117권	133권	149권
6권	22권	38권	54권	70권	86권	102권	118권	134권	150권
7권	23권	39권	55권	71권	87권	103권	119권	135권	151권
8권	24권	40권	56권	72권	88권	104권	120권	136권	152권
9권	25권	41권	57권	73권	89권	105권	121권	137권	153권
10권	26권	42권	58권	74권	90권	106권	122권	138권	154권
11권	27권	43권	59권	75권	91권	107권	123권	139권	155권
12권	28권	44권	60권	76권	92권	108권	124권	140권	156권
13권	29권	45권	61권	77권	93권	109권	125권	141권	157권
14권	30권	46권	62권	78권	94권	110권	126권	142권	158권
15권	31권	47권	63권	79권	95권	111권	127권	143권	159권
16권	32권	48권	64권	80권	96권	112권	128권	144권	160권